Bankertrag und Bevölkerungsdynamik

Schriften zur Wirtschaftstheorie und Wirtschaftspolitik

Herausgegeben von Klaus Beckmann, Michael Berlemann, Rolf Hasse, Jörn Kruse, Franco Reither †, Wolf Schäfer und Klaus W. Zimmermann †

Band 45

PL ACADEMIC RESEARCH

Marco Oestmann

Bankertrag und Bevölkerungsdynamik

Eine empirische Untersuchung für deutsche Sparkassen

PL ACADEMIC RESEARCH

Bibliografische Information der Deutschen Nationalbibliothek
Die Deutsche Nationalbibliothek verzeichnet diese Publikation in der Deutschen Nationalbibliografie; detaillierte bibliografische Daten sind im Internet über http://dnb.d-nb.de abrufbar.

Zugl: Hamburg, HSU HH, Diss., 2011

Gedruckt mit Unterstützung
der Helmut Schmidt Universität /
Universität der Bundeswehr Hamburg

D 705
ISSN 1433-1519
ISBN 978-3-631-61936-0 (Print)
E-ISBN 978-3-653-04881-0 (E-Book)
DOI 10.3726/978-3-653-04881-0

PL Academic Research ist ein Imprint der Peter Lang GmbH.

Peter Lang – Frankfurt am Main · Bern · Bruxelles · New York · Oxford · Warszawa · Wien

Diese Publikation wurde begutachtet.

www.peterlang.com

Für Christin, Emma und Rune

Vorwort

Der Weg zur Promotion ist mitunter lang und steinig. Und auch wenn es einem manchmal so vorkommt, man geht ihn nie alleine. Deshalb möchte ich an dieser Stelle die Gelegenheit nutzen, den wichtigsten Begleitern und Unterstützern - natürlich ohne Anspruch auf Vollzähligkeit - zu danken.

An erster Stelle steht hierbei ohne Zweifel Prof. Dr. Michael Berlemann, mein Doktorvater, der diesen Titel mit Fug und Recht trägt. Er brachte bei seiner Berufung an die Helmut-Schmidt-Universität Hamburg (HSU) ein Drittmittelprojekt mit und hatte die Idee, mich mit der Durchführung und weiteren konzeptionellen Entwicklung zu betreuen. Aus diesen Anfängen ist letztendlich diese Arbeit als wissenschaftliches Kuppelprodukt entstanden. Er war als Freund und Ratgeber immer präsent und half als Navigator, wenn es notwendig war, methodische Klippen und strukturelle Untiefen gekonnt zu umschiffen. Ein besserer Betreuer auf fachlicher, aber auch auf persönlicher Ebene dürfte kaum zu finden sein. Ebenfalls danken möchte ich in diesem Zusammenhang Prof. Dr. Wolf Schäfer, der ebenfalls eine intellektuelle Inspirationsquelle für mich ist und dankenswerter Weise das Zweitgutachten erstellt hat.

Die vorliegende Dissertation entstand schließlich im Zeitraum zwischen Mitte 2007 und Ende 2010 an der HSU und am Hamburgischen WeltWirtschaftsInstitut (HWWI) im Rahmen von zwei Forschungs- und Beratungsprojekten mit insgesamt elf deutschen Sparkassen. Sie spiegelt insofern den institutionellen Stand zum Jahresende 2010 wider. Da die Arbeit ohne die herausragende Kooperationsbereitschaft dieser elf beteiligten Sparkassen nicht hätte entstehen können, möchte ich mich hiermit nochmals bei den involvierten Instituten und besonders bei den verantwortlichen Mitarbeitern für ihre großartige Unterstützung bedanken.

Ebenso gebührt ein Dank allen ehemaligen Kollegen an der HSU und am HWWI, insbesondere aber Prof. Dr. Alkis Otto und Prof. Dr. Henning Vöpel, für die angenehme und produktive Arbeitsatmosphäre, die die Fertigstellung dieser Arbeit sehr befördert hat. Befördert hat die Fertigstellung auch Benjamin Baumgärtel, der mit beeindruckendem Fleiß und Können große Teile des Manuskriptes Korrektur gelesen hat. Egle Wahl schließlich leistete wertvolle Unterstützung bei den letzten Formatierungsarbeiten. Vielen Dank dafür!

Auf privater Ebene möchte ich meiner Frau Christin danken, die alle Höhen und Tiefen aus nächster Nähe mit mir durchlebte und sich Ihre Erwähnung redlich verdient hat. Meinen Eltern und insbesondere meinem Vater gebührt schließlich mein letzter und herzlichster Dank für alles. Sie haben immer an mich geglaubt, mich gefördert und unterstützt. Ich wünsche allen Lesern eine spannende und erhellende Lektüre.

Hamburg im Mai 2014 Marco Oestmann

Inhaltsverzeichnis

Abbildungsverzeichnis

Tabellenverzeichnis

1 Einleitung

1.1 Motivation und Konzeption der Untersuchung

Der demographische Wandel, charakterisiert durch Verschiebung der Altersstruktur und Rückgang der Bevölkerung in der Mehrzahl der deutschen Regionen, wird in naher Zukunft zu dramatischen Veränderungen in allen Bereichen des Wirtschaftslebens führen. Bislang standen dabei vor allen Dingen die makroökonomischen Auswirkungen auf die sozialen Sicherungssysteme und die Arbeits- und Kapitalmärkte im Mittelpunkt der wissenschaftlichen Analyse und öffentlichen Diskussion. Die erwartete Bevölkerungsdynamik wird jedoch auch erhebliche mikroökonomische Konsequenzen für einzelne Unternehmen und Branchen haben, die bislang kaum untersucht wurden.

So steht auch der volkswirtschaftlich bedeutende Bankensektor, der hier analysiert werden soll, vor erheblichen demographisch induzierten Herausforderungen. Zum einen werden in den meisten Regionen Schrumpfungsprozesse das absolute Potential an (Neu-) Kunden und damit auch das Ertragspotential der Kreditinstitute senken. Zum anderen hängt der Ertrag pro Kunde stark vom Alter ab. Durch die veränderte Bevölkerungsstruktur ist insofern ein Einfluss auf die Ertragssituation der Kreditinstitute zu erwarten. Dies gilt insbesondere für regional tätige Banken, wie Sparkassen oder Genossenschaftsbanken, die stark von der demographischen Entwicklung in ihrem Geschäftsgebiet abhängig sind. Aber auch für national tätige Banken, die demographische Auswirkungen besser kompensieren können (z.B. durch Fokussierung auf bestimmte Regionen oder Internationalisierung), oder für regional agierende Banken in wachsenden Regionen ist es von großem Interesse, die Einflüsse der demographischen Veränderungen auf ihr Geschäft zu prognostizieren.

Bislang ist jedoch vollkommen unklar, welche Konsequenzen sich aus der zukünftigen Bevölkerungsdynamik für Banken und deren Ertragslage ergeben. Die vorliegende Arbeit soll helfen, diese Lücke zu schließen, indem die regionalen und altersspezifischen Ertragswirkungen einer sich ändernden Bevölkerungs- und Kundenstruktur quantifiziert werden. Diese Analyse kann dann anschließend die Grundlage adäquater strategischer Reaktionen sein.

Der Untersuchungsansatz fokussiert sich dabei auf das Privatkundengeschäft der Sparkassen, da im Retailbanking die demographischen Auswirkungen am deutlichsten spürbar sein werden und Sparkassen in diesem Segment über die größte Bedeutung, d.h. eine Art Marktführerschaft verfügen. Zudem können sie, bedingt durch ihren öffentlichen Auftrag und das Regionalprinzip, das ihre Geschäftstätigkeit prinzipiell auf das Gebiet ihres Trägers begrenzt (Abschnitt 2.1.5.1), den demographischen Prozessen nur sehr eingeschränkt ausweichen.

Neben der mikroökonomischen, betriebswirtschaftlichen Untersuchung einzelner Banken, die hier für elf Sparkassen durchgeführt wird, enthält die vorliegende Arbeit auch eine Hochrechnung und Prognose für den gesamten Sparkassensektor. Diese Analyse auf volkswirtschaftlicher Ebene ist wichtig, da potentielle, demographisch bedingte Einflüsse auf die Ertragslage auch Auswirkungen auf die Finanzmarktstabilität, die Kreditvergabe und damit die wirtschaftliche Entwicklung insgesamt haben können. Basis der Analyse sind dabei insgesamt knapp 2,5 Millionen detaillierte Kundendatensätze, die von den untersuchten Sparkassen zur Verfügung gestellt wurden. Die Datensätze enthalten neben dem Deckungsbeitrag, den die Sparkasse mit dem Kunden generiert hat, Informationen zu den individuellen Anlage- und Kreditvolumina, aber auch zu soziodemographischen Kriterien wie Einkommen, Alter und Wohnort.

Zur Durchführung der Untersuchung auf Bankebene wurde ein neuartiges Simulationsmodell für Banken entwickelt, mit dem es möglich ist, die Kundenbasis und Ertragskraft im Privatkundengeschäft über den Zeitraum bis 2020/2025 zu prognostizieren.[1] Das Simulationsmodell ist dabei wegen der Verfügbarkeit und Validität von regionalen Bevölkerungsprognosen für einen mittelfristigen Prognosezeitraum von 10-15 Jahren ausgelegt und wurde bereits in wissenschaftlich-strategischen Kooperationen erfolgreich in der Praxis erprobt.

Die Analyse wird dabei in drei Schritten durchgeführt. In einem ersten Schritt wird mit Hilfe einer Regressionsanalyse unter Verwendung der Kundendaten für ein Basisjahr untersucht, welche kundenindividuellen Faktoren (z.B. Wohnort, Alter, Geschlecht, Einkommen, Produktportfolio, etc.) auf den Ertrag, gemessen durch den Deckungsbeitrag II (DB II), wirken und wie groß diese Effekte sind. In einem zweiten Schritt wird mittels offizieller Bevölkerungsprognosen der Statistischen Landesämter oder des Bundesamtes für Bauwesen und Raumordnung (BBR) und Annahmen über die Entwicklung der erwarteten Wettbewerbssituation die zukünftige Kundenstruktur bis zum Jahr 2020/2025 prognostiziert. Die Analyse findet dabei für drei Szenarien statt, um neben den

1 Die Länge des Prognosehorizonts hängt dabei grundsätzlich von der Verfügbarkeit entsprechender Bevölkerungsprognosen ab.

reinen demographischen Einflüssen (Szenario I), zusätzlich auch Effekte eines zunehmenden Wettbewerbs (Szenario II) und einer steigenden Preissensitivität der Kunden (Szenario III) zu modellieren.

Für jedes Szenario wird anschließend für den Zeitraum bis 2020/2025 ermittelt, wie viele Kunden die untersuchte Bank voraussichtlich in jeder Altersklasse und jeder Untersuchungsregion (z.B. Kreise) ihres Geschäftsgebiets haben wird. Mit Hilfe der in der Regression ermittelten, ertragsrelevanten Eigenschaften kann dann in einem dritten Schritt durch Nutzung des Simulationsmodells prognostiziert werden, welcher Ertrag sich in den einzelnen Szenarien aus der zukünftigen Kundenstruktur ergibt und wie sich der Deckungsbeitrag über den Untersuchungszeitraum entwickeln wird.

Mit Hilfe der vorliegenden Informationen für die elf Sparkassen wird im Anschluss unter Verwendung der oben skizzierten Methodik in einer Art Hochrechnung die Kunden- und Ertragsentwicklung für die 39 deutschen NUTS II-Regionen[2] prognostiziert. Durch Aggregation dieser Ergebnisse können abschließend Aussagen für den gesamten deutschen Sparkassensektor abgeleitet werden. Im relevantesten Szenario 3 verlieren besonders die ostdeutschen Sparkassen bis 2025 erheblich an Ertragskraft (-18%). Für den Sparkassensektor als Ganzes ergibt sich ein moderater Rückgang von gut 3%. Betrachtet man regionale Auswirkungen, so existieren Regionen wie Sachsen-Anhalt oder der Regierungsbezirk Chemnitz, in denen fast ein Viertel des Sparkassenertrags wegbrechen.

1.2 Aufbau der Untersuchung

Die vorliegende Arbeit ist dabei wie folgt aufgebaut. Im folgenden Kapitel 2 wird zunächst der Untersuchungsgegenstand „Sparkasse" näher beleuchtet, um die institutionellen Besonderheiten und spezifischen Charakteristika (Kapitel 2.1), sowie die Rolle und Bedeutung im deutschen Bankenmarkt herauszuarbeiten (Abschnitt 2.2). Im Anschluss (Sektion 3) erfolgt ein Literaturüberblick zum

---

2 NUTS (Nomenclature des unités territoriales statistiques) ist eine hierarchische Systematik zur eindeutigen Identifizierung und Klassifizierung der räumlichen Bezugseinheiten der amtlichen Statistik in den Mitgliedstaaten der Europäischen Union. Die NUTS II-Regionen entsprechen in Deutschland dabei im Wesentlichen den aktuellen oder ehemaligen Bezirken der deutschen Bundesländer.

Themenkomplex „Banken und Demographischer Wandel", der wie das Kapitel 2 dazu dient, die Relevanz der vorliegenden Untersuchung zu unterstreichen und einzuordnen. Im folgenden Kapitel 4 wird dann die Untersuchungsmethodik im Detail beschrieben. Dies betrifft zum einen die Vorgehensweise bei der Untersuchung der einzelnen Sparkassen (Fallstudien) und zum anderen die Methodik der darauf aufbauenden Hochrechnung für den Sparkassensektor. Der sich anschließende Hauptteil der Arbeit (Kapitel 5 bis 8), lehnt sich prinzipiell an die oben beschriebenen drei Schritte zur Ertragsprognose an. Bevor in Kapitel 6 die Determinanten des Bankertrags (Schritt 1) untersucht werden, wird in Abschnitt 5 die zu Grunde gelegte Datenbasis näher charakterisiert. Dies betrifft die Kundendatensätze der elf Sparkassen (Abschnitt 5.1) und zum anderen die verwendeten Bevölkerungsvorausberechnungen (Kapitel 5.2). Abschnitt 7 widmet sich dann den Ergebnissen der Kundenprognose (Schritt 2) für die Szenarien I und II, die hier im Detail vorgestellt werden. In Sektion 7.1 werden die Ergebnisse der Analyse für die einzelnen Banken präsentiert, Sektion 7.2 enthält die Resultate für den Sparkassensektor. In Abschnitt 8 werden darauf aufbauend die Ergebnisse der beiden ersten Schritte zusammengefügt, um zur Ertragsprognose zu gelangen (Schritt 3). Wie bei der Kundenprognose, werden die Ergebnisse für die bankenindividuelle Analyse und die Hochrechnung separat dargestellt (Abschnitte 8.1 bzw. 8.2). Kapitel 8.3 beschließt den Hauptteil der Arbeit. Hier wird das angesprochene Szenario III, in dem eine zunehmende Preissensitivität der Kunden modelliert wird, vorgestellt und analysiert. Abschnitt 9 fasst die wesentlichen Ergebnisse der Arbeit zusammen und gibt einen Ausblick auf mögliche Erweiterungen.

2 Sparkassen als Untersuchungsgegenstand

Nachdem die grundsätzliche Problematik und Fragestellung deutlich geworden ist, soll im folgenden Kapitel der Untersuchungsgegenstand „Sparkasse" näher beleuchtet werden. Ein besonderes Augenmerk liegt dabei auf den spezifischen Charakteristika von Sparkassen (Abschnitt 2.1). Hierbei geht es insbesondere um institutionelle Eigenschaften, die sie von anderen Banken unterscheiden und die für die nachfolgende Untersuchung von Bedeutung sind. Eine elementare Rolle kommt dabei dem sogenannten Regionalprinzip zu, welches die regionale Limitierung der Geschäftstätigkeit festlegt und deshalb detaillierter dargestellt wird.

Der erste Hauptteil des Kapitels ist dabei wie folgt aufgebaut: Zuerst werden in Abschnitt 2.1.1 die Sparkassen von anderen Banken abgegrenzt. Als wesentliche Unterscheidungsmerkmale in der Geschäftspolitik kristallisieren sich das Prinzip der Gemeinnützigkeit und die regionale Orientierung heraus. Wie in den folgenden Abschnitten 2.1.2 und 2.1.3 dargestellt, besitzen Sparkassen einen öffentlichen Auftrag, der ihre Rechtsform als eigenständige rechtsfähige Anstalten öffentlichen Rechts legitimiert und die Gewinnerzielung als Hauptzweck des Handelns ausschließt. Neben diesen und einigen anderen historisch gewachsenen Spezifika unterliegen Sparkassen zudem Einschränkungen in der Geschäftstätigkeit, die in den Sektionen 2.1.4 und 2.1.5 näher charakterisiert werden. Hierzu zählen zusätzlich zum angesprochenen Regionalprinzip, das Enumerationsprinzip und Restriktionen, die sich aus dem Subsidiaritätsprinzip ergeben.

Um die Relevanz der Untersuchungskonzeption (d.h. die Fokussierung der Analyse auf das Privatkundengeschäft der Sparkassen) zu verdeutlichen, werden im zweiten Schwerpunkt des Kapitels (Abschnitt 2.2) die Rolle und Bedeutung der Sparkassen im deutschen Bankensystem näher beleuchtet. Innerhalb dieses Abschnitts erfolgt zunächst eine Beschreibung der aktuellen Trends und der Ausgangssituation im deutschen Bankenmarkt (Abschnitte 2.2.1 bis 2.2.3). Im sich anschließenden Kapitel 2.2.4 werden dann Gesamt- und Teilmarktanteile in einzelnen Produktsegmenten berechnet, die Rückschlüsse auf die Wettbewerbsposition und die Geschäftsschwerpunkte der Sparkassen erlauben. Da im Mittelpunkt der nachfolgenden Untersuchung der Bankertrag eine zentrale Rolle spielt, wird im Anschluss in Sektion 2.2.5 die aktuelle und jüngere Ertragslage der Sparkassen und ihrer Wettbewerber untersucht. Abschnitt 2.3 fasst das Kapitel zusammen. Es wird deutlich, dass Sparkassen ein bedeutender Bestandteil des deutschen Bankensystems sind und sich bislang gut im Wettbewerb behauptet konnten. Dennoch sehen auch sie sich den in Abschnitt 2.2.6 dargestellten potentiell ertragsdämpfenden Entwicklungen gegenüber. Eine bisher weitgehend vernachlässigte Herausforderung dürfte in den Auswirkungen der demographischen Entwicklung zu sehen sein, die im Hauptteil der Arbeit (Kapitel 5 bis 8) näher untersucht werden.

Die folgende Darstellung der institutionellen Sachverhalte ist grundsätzlich als positive bzw. deskriptive Analyse angelegt, die sich einer normativen Bewertung soweit wie möglich enthält. Die ordnungspolitische Diskussion über den grundsätzlichen Nutzen, die Daseinsberechtigung bzw. die rechtliche und organisatorische Ausgestaltung des Sparkassensektors soll somit nicht Gegenstand dieser Arbeit sein.

2.1 Charakteristika öffentlich-rechtlicher Sparkassen

2.1.1 Begriffsdefinition Sparkasse

Was unterscheidet Sparkassen von anderen Banken? Zieht man die Definition eines Kreditinstituts nach §1 Abs. 1 S.1 KWG heran, nach denen Kreditinstitute Unternehmen sind, „die Bankgeschäfte gewerbsmäßig oder in einem Umfang betreiben, der einen in kaufmännischer Weise eingerichteten Geschäftsbetrieb erfordert", existieren keine Unterscheide zwischen Sparkassen und ihren Wettbewerbern.

Eine erste formale Annährung an den Begriff der Sparkasse liefert dagegen § 40 KWG, der die Bezeichnung „Sparkasse" schützt. Demnach ist eine Sparkasse ein Unternehmen, das aufgrund seiner Satzung „eine am Gemeinwohl orientierte Aufgabenstellung und eine Beschränkung der wesentlichen Geschäftstätigkeit auf den Wirtschaftsraum, in dem das Unternehmen seinen Sitz hat" aufweist.

An dieser Definition kann man bereits zwei wesensbestimmende Merkmale identifizieren, die Sparkassen von anderen Banken unterscheiden. Dies sind zum einen die Orientierung am Gemeinwohl und zum anderen die regionale Beschränkung der Geschäftsaktivitäten. Weitere Merkmale, die Sparkassen von ihren privaten und genossenschaftsrechtlichen Konkurrenten abgrenzen, lassen sich aus den Sparkassengesetzen[3] der Länder herausarbeiten. Exemplarisch können hierzu die §§ 1 und 2 des Thüringer Sparkassengesetzes (ThürSpKG) herangezogen werden:

> „§1 (1): Die Sparkassen sind als Einrichtungen der Landkreise oder der kreisfreien Städte (…) rechtsfähige Anstalten des öffentlichen Rechts.
>
> §2 (1): (Sie) sind dem gemeinen Nutzen dienende Wirtschaftsunternehmen mit der Aufgabe, in ihrem Geschäftsgebiet die Versorgung mit Finanzdienstleistungen sicherzustellen (…).
>
> §2 (2): (…) Sparkassenzentralbankgeschäfte, Bauspargeschäfte, Immobiliengeschäfte, Investmentgeschäfte und Versicherungsgeschäfte sollen im Verbund mit den Unternehmen der Sparkassenorganisation Thüringens betrieben werden.
>
> §2 (3): (Sie) führen ihre Geschäfte nach kaufmännischen Grundsätzen unter Wahrung ihres öffentlichen Auftrags; die Gewinnerzielung ist nicht Hauptzweck des Geschäftsbetriebs."

Aus den Bestimmungen des Sparkassengesetzes Thüringen[4] können die tragenden Elemente und wesentlichen Charakteristika des kommunalen Sparkassenwesens herausgefiltert werden, sowie sie sich auch in der relevanten Literatur wiederfinden (z.B. Schütz [2006] 64, Stern [1999] 470f.). Hierzu zählen der öffentliche Auftrag, die kommunale Trägerschaft, die öffentliche Rechtsform, die eigenverantwortliche Entscheidungskompetenz vor Ort bei gleichzeitiger Arbeitsteilung im Verbund, sowie die regionale Fokussierung der Geschäftsaktivitäten.

Diese speziellen institutionellen Charakteristika sollen im Folgenden einführend näher beleuchtet werden. Ein besonderer Schwerpunkt liegt dabei auf Eigenschaften, die für die nachfolgende Untersuchung bedeutend sind.

---

3 Sparkassen unterliegen neben den allgemeinen Bestimmungen des KWG zusätzlich besonderen Vorschriften, die in den sogenannten Sparkassengesetzen fixiert sind. In diesen Gesetzen werden die gesetzlichen Grundlagen für das Sparkassenwesen festgelegt. Weitere wichtige Bestandteile des Sparkassenrechts, das in der Kompetenz der Länder liegt, sind die auf Basis dieser Gesetze erlassenen detaillierteren Sparkassenverordnungen und Mustersatzungen.

4 In allen anderen Sparkassengesetzen finden sich inhaltlich analoge Ausführungen.

2.1.2 Öffentlicher Auftrag, Gewinnerzielung und -verwendung

Sparkassen besitzen als dem Gemeinwohl verpflichtete Banken einen öffentlichen Auftrag, der sie von privaten Kreditinstituten unterscheidet und der ihre Existenz als öffentlich-rechtliche Institute rechtfertigt. Die zu diesem Auftrag gehörenden Aufgaben sind in den Sparkassengesetzen, Verordnungen und Satzungen der Länder kodifiziert. Trotz der föderalen Vielfalt und regionalen Spezifika lassen sich nachfolgende vom Gesetzgeber bestimmte allgemeine öffentliche Aufgabenkomplexe identifizieren, die die Sparkassen erfüllen sollen.[5] (Gärtner [2008] 108ff.; Klein [2003] 44f.; Lütke-Uhlenbrock [2007] 13; Neuberger/Schindler [2001] 89ff.).

Wettbewerbsergänzungsfunktion: Sparkassen sollen durch ihre flächendeckende Präsenz zu einem intensiven Wettbewerb im Bankenmarkt beitragen und helfen monopolistische oder oligopolistische Strukturen zu verhindern.

Gewährleistungsfunktion: Diese Aufgabe beinhaltet die Verpflichtung zur Versorgung aller Bevölkerungskreise und insbesondere der mittelständischen Wirtschaft des Geschäftsgebiets mit Finanzdienstleistungen. Auch in der Fläche, d.h. dünn besiedelten und strukturschwachen Gebieten sollen Sparkassen Bankgeschäfte zu angemessenen Preisen anbieten und den Zugang zum Geld- und Kapitalmarkt ermöglichen.

Struktursicherungs- und Regionalförderungsfunktion: Sparkassen sollen zu einer räumlich ausgeglichenen Entwicklung beitragen, diese unterstützen und fördern.[6]

Hausbank- und Kommunalberatungsfunktion: Sparkassen sollen ihre Träger, die Kommunen und Kreise bei ihren finanzwirtschaftlichen Geschäften und bei deren Abwicklung unterstützen.

Vermögensbildung und Wirtschaftserziehung: Sparkassen sollen aktiv zur Förderung des Sparsinns und der Vermögensbildung beitragen.

---

5 Inwieweit die Sparkassen diese Funktionen tatsächlich erfüllen (bzw. zur Erfüllung notwendig sind), ist Gegenstand einer ordnungspolitischen Diskussion, die auf die Daseinsberechtigung des öffentlich-rechtlichen Sparkassenwesens abstellt. Siehe hierzu z.B. Klein [2003] 98ff.. Diese Kontroverse ist –wie zu Beginn des Kapitels angemerkt- jedoch nicht Gegenstand dieser Arbeit und wird deshalb nicht vertieft.

6 Die strukturpolitische Funktion von Sparkassen rückt in jüngster Zeit vermehrt in den Fokus. Gärtner [2008] belegt z.B., dass Sparkassen wichtige Akteure zur Förderung einer ausgeglichenen regionalen Wirtschaftsentwicklung sein können.

Zusätzlich werden gelegentlich auch weitere Funktionen zum öffentlichen Auftrag hinzugerechnet. Hierzu zählen die Stabilitätsfunktion der Finanzmärkte oder die Finanzierungsfunktion für den Mittelstand und Existenzgründer (Sommerfeld [2005] 34ff.; Neuberger/Schindler [2001] 95ff.).

Sparkassen besitzen somit als raison d'être eine formale Verpflichtung zur Gemeinnützigkeit. Darüber hinaus sind sie aber auch Wirtschaftunternehmen, die nach „kaufmännischen Grundsätzen"[7] handeln sollen und somit bei der Erfüllung ihres öffentlichen Auftrags ökonomische Zielgrößen wie Gewinn, Rentabilität, Wachstum oder Liquidität berücksichtigen müssen. Die Gewinnerzielung ist demnach nicht Selbst- oder Hauptzweck, sondern ein Mittel zur Erfüllung des öffentlichen Auftrags. Im Gegensatz zu nicht-öffentlichen Geschäftsbanken darf somit die Gewinnmaximierung nicht das alleinige oder hauptsächliche Ziel geschäftspolitischer Entscheidungen sein.

Obwohl die Gewinnerzielung formal nicht das Hauptziel der Sparkassen ist, so ist sie doch eminent wichtig für die öffentlich-rechtlichen Kreditinstitute und deren Eigenkapitalbasis. Da in den relevanten Gesetzen und Verordnungen in der Regel keine Verpflichtung zur Ausstattung der Sparkassen mit Eigenkapital vorgesehen ist und die kommunalen Träger faktisch kein Dotationskapital zur Verfügung stellen, verfügt die Mehrzahl der Sparkassen über kein Grund- oder Stammkapital.[8] (Lütke-Uhlenbrock [2007] 10; Ashauer [2005] 37). Die Thesaurierung von Gewinnen stellt somit bislang die einzige Quelle der Eigenkapitalbildung dar. Eine Außenfinanzierung, bspw. über Ausgabe von Aktien im Zuge einer Kapitalerhöhung oder durch Akquirierung von neuen Mitgliedern, ist den Sparkassen im Gegensatz zu anderen Kreditinstituten verwehrt. Das Eigenkapital, das zur Erfüllung der aufsichtsrechtlichen Eigenkapitalvorschriften (die sich in Zukunft vermutlich noch verschärfen werden) muss bislang im Wesentlichen aus thesaurierten Gewinnen gebildet werden, die der Sicherheitsrücklage zugeführt werden (Lütke-Uhlenbrock [2007] 10). Gewinne die nicht thesauriert werden und der Stärkung der Eigenkapitalbasis dienen, müssen von den Sparkassen selbst oder von den Trägern gemeinnützig verwendet werden (Neuberger/Schindler [2001] 88ff.).

Sparkassen unterliegen also einer öffentlichen Verantwortung und haben neben der Gewinnerzielung zusätzliche, übergeordnete Zieldimensionen. Sollte

---

7 Siehe z.B. §2 (3) ThürSpKG.

8 Ausnahmen bestehen mittlerweile z.B. in Hessen und in Schleswig-Holstein und sind dort in den jeweiligen Sparkassengesetzen verankert.

sich im Handeln der Sparkassen kein Unterscheid mehr zwischen privaten und öffentlich rechtlichen Banken zeigen, entfällt aus rechtlichen und vor allen Dingen aus ordnungspolitischen Gründen die Existenzberichtigung der Sparkassen.

2.1.3 Rechtsform

Sparkassen besitzen im Gegensatz zu ihren Wettbewerbern nicht nur einen öffentlichen Auftrag, sie weisen auch eine besondere Rechtsform auf. Mit Ausnahme der Freien Sparkassen[9] handelt es sich bei Sparkassen um rechtlich selbstständige (kommunale) Anstalten des öffentlichen Rechts. Die Rechtsform ist zum einen Ausfluss der Gemeinnützigkeit, muss aber vor allen Dingen auch in einem historischen Kontext gesehen werden.

Die ersten Sparkassen wurden von philanthropisch gesinnten Bürgervereinen gegründet und entstanden im 18. Jahrhundert. Die sogenannten „Ersparungscassen“ oder „Sparanstalten“ sollten wirtschaftlich schwächeren Bevölkerungsschichten die Möglichkeit eröffnen, Ersparnisse sicher und verzinslich anzulegen. Dieses Angebot war zu diesem Zeitpunkt neuartig, da weder Bankiers noch Privatleute kleinere Beträge zum Zweck der sicheren Anlage entgegennahmen. Als älteste deutsche Sparkasse gilt die 1778 von der „Patriotischen Gesellschaft“ errichtete Hamburger „Ersparungskasse“ der allgemeinen Versorgungsanstalt, eine Vorgängerinstitution der heutigen Hamburger Sparkasse (HASPA). Ihr folgte eine Welle privater Sparkassengründungen, vorwiegend in der Rechtsform von bürgerlichen Vereinen. Ziel der liberalen Gründer war es, durch die Förderung der Ersparnisbildung und die Etablierung von finanziellen Vorsorgemöglichkeiten, das Armutsproblem zu bekämpfen. Zudem sollten die Ersparnisse in der Region für die wirtschaftliche Entwicklung eingesetzt werden (Klein [2003] 33; Brandt [1993] 54; DSGV [2009]).

Neben diesen privaten Sparkassen entstand erst im Jahr 1801 die erste kommunale Sparkasse in Göttingen („Spar- und Leihkasse Göttingen“). Im 19. Jahrhundert breiteten sich schließlich überall in Deutschland öffentliche Sparkassen aus. Bereits 1836 dominierten die öffentlichen Sparkassen die Sparkassenlandschaft: 203 öffentlichen Instituten standen 78 privaten Sparkassen gegenüber, die im weiteren Verlauf des 19. Jahrhunderts nach und nach ebenfalls in die Trägerschaft der Kommunen übergingen und bis 1931 in der Regel als

9 Die Besonderheiten der Freien Sparkassen werden in Abschnitt 2.1.5 skizziert.

rechtlich unselbstständige Einrichtungen der Gemeindeverwaltungen geführt wurden. Gleichzeitig bildete sich beginnend mit dem „Preußischen Sparkassenreglement“ von 1838 ein rechtlicher Rahmen für das Betreiben der Sparkassen heraus (Klein [2003] 34).

Im Jahr 1931 folgte dann im Zuge der Bankenkrise ein gravierender Einschnitt in das Sparkassenwesen. Die Sparkassen wurden mit den Notverordnungen vom 6.10. und 8.12. aus den kommunalen Hoheitsverbänden herausgelöst und bekamen den Status rechtlich selbstständiger kommunaler Anstalten öffentlichen Rechts (AöR).

Die Sparkassen, die selbst in Liquiditätsschwierigkeiten geraten waren, sollten somit dem direkten und übermäßigen Zugriff der in Finanznot steckenden Kommunen entzogen werden. Mit der organisatorischen Entflechtung sollte ein „abgeschirmtes Sondervermögen“ (Lütke-Uhlenbrock [2007] 9) etabliert werden. Gleichzeitig wurden mit den Verordnungen auch die personellen Verbindungen und Überschneidungen zwischen Sparkassenverwaltung und Kommune limitiert. Die bis zu diesem Zeitpunkt unmittelbare und unbegrenzte Haftung der Kommunen für Verbindlichkeiten wurde durch die Konstrukte „Anstaltslast“ und „Gewährträgerhaftung“ ersetzt, um die Bonität der Sparkassen nicht zu verschlechtern.[10]

Die Rechtsgüter Anstaltslast und Gewährträgerhaftung wurden 2001 nach einem Kompromiss zwischen EU-Kommission und der damaligen deutschen Regierung mit entsprechenden Übergangsfristen angepasst (Anstaltslast) bzw. abgeschafft (Gewährträgerhaftung). Die Anstaltslast soll dabei in eine marktübliche Eigentümerbeziehung überführt werden. Als Konsequenz wurden die

10 Die Anstaltslast beschrieb dabei die Verpflichtung der Anstaltsträger, die Sparkasse während der gesamten Dauer ihres Bestehens funktionsfähig zu erhalten und bei der Erfüllung ihres öffentlichen Auftrags zu unterstützen. Dies beinhaltete konkret z.B. die Auflage, eine etwaige Unterbilanz auszugleichen oder bei Liquiditätsschwierigkeiten Mittel zuzuführen. Die Anstaltslast regelte somit das Innverhältnis zwischen Träger und Institut. Die Gewährträgerhaftung charakterisierte dagegen das Außenverhältnis zwischen Anstaltsträgern und den Gläubigern der Sparkasse. Die Gewährträgerhaftung beinhaltete dabei die unbegrenzte Haftung der Anstaltsträger für die Verbindlichkeiten der Sparkasse, soweit diese nicht durch das Institut selber befriedigt werden konnten. Die Gewährträgerhaftung wirkte somit wie eine öffentlich-rechtliche Ausfallbürgschaft und war der Anstaltslast nachgelagert, da die Gewährträger nur in Anspruch genommen werden konnten, wenn sie vorher ihren Verpflichtungen aus der Anstaltslast nicht nachgekommen waren.

Sparkassengesetze der Länder entsprechend modifiziert und die Anstaltslast durch eine „Unterstützungspflicht" ersetzt. So sieht beispielswiese das Niedersächsische Sparkassengesetz (NspG) in §5 in Absatz 1 vor, dass „der Träger (...) die Sparkasse bei der Erfüllung ihrer Aufgaben mit der Maßgabe (unterstützt), dass ein Anspruch der Sparkasse gegen den Träger oder eine sonstige Verpflichtung des Trägers, der Sparkasse Mittel zur Verfügung zu stellen, nicht besteht". In Absatz 2 wird die Gewährträgerhaftung ausgeschlossen: „Der Träger der Sparkasse haftet nicht für deren Verbindlichkeiten."

Im Unterschied zu den Haftungsregelungen hat sich jedoch die Rechtsform der AöR bis heute erhalten. Öffentlich-rechtliche Sparkassen sind somit sich selbst verwaltende, rechtsfähige juristische Personen mit eigenem Vermögen. Sie besitzen keine Eigentümer sondern Anstaltsträger. Die zulässigen Anstaltsträger sind in den Sparkassengesetzen der Länder festgelegt. In der Regel handelt es sich um Gemeinden, Städte, Gemeindeverbände, Landkreise oder auch Zweckverbände.

2.1.4 Subsidiaritätsprinzip - Arbeitsteilung innerhalb der Sparkassenorganisation

Ein weiteres Wesensmerkmal, das Sparkassen von ihren Konkurrenten unterscheidet, ist die Integration in eine Verbundorganisation. Jede Sparkasse ist Bestandteil und Basiselement der historisch gewachsenen Sparkassen-Finanzgruppe (SFG). Die SFG umfasst dabei im Wesentlichen die öffentlich-rechtlich organisierten Kredit-, Finanz- und Versicherungsinstitute, sowie die zugehörigen Verbände und eine Vielzahl von weiteren unterstützend wirkenden Spezialinstitutionen, wie z.B. den Sparkassenverlag oder die FinanzInformatik. Der Kern der SFG kann in einen operativen Banken- und Versicherungs- sowie den Verbandsbereich unterteilt werden.

Insgesamt zählten am 31.12.2009 rund 620 Unternehmen mit etwa 366.500 Mitarbeitern zur Sparkassenorganisation. Das Geschäftsvolumen im Jahr 2009 belief sich auf 3.410 Mrd. €, von denen über 80% auf die Bilanzsumme der

Sparkassen (1.073 Mrd. €, 31,5%) und Landesbanken (1.689 Mrd. €, 49,5%) entfällt.[11] (DSGV [2010a]).

Die Basis und Keimzelle des Verbundes stellen die 431 kommunalen und freien Sparkassen (Stand 31.12.2009). Die Sparkassen und deren Träger sind in 12 regionalen Landesverbänden organisiert.[12] Die Landesverbände wiederum sind zusammen mit den Bundesländern an den sieben verbliebenen Landesbankkonzernen beteiligt, die ebenfalls zur SFG gehören.[13] Regionalverbände und Landesbanken tragen schließlich den Deutschen Sparkassen- und Giroverband (DSGV), den Dachverband der Sparkassen-Finanzgruppe. Der DSGV vertritt die Interessen der SFG, er koordiniert die Willensbildung innerhalb der Gruppe und ist für die grundsätzliche strategische Ausrichtung verantwortlich (Lütke-Uhlenbrock [2007] 15; Gärtner [2008] 111; DSGV [2010a]; Ashauer [2005] 19,24).

Die grundlegende Struktur des Kerns der SFG sowie die wesentlichen Beteiligungs- und Trägerverhältnisse können Abbildung 1 entnommen werden.

---

11 Zum Vergleich: Das größte deutsche private Kreditinstitut, die Deutsche Bank, verfügte zum 31.12.2009 über eine Bilanzsumme 1.501 Mrd. € und beschäftigte 77.503 Mitarbeiter, davon 27.321 in Deutschland (Deutsche Bank [2010] 12).

12 Zusätzlich existiert noch der Verband der Deutschen Freien Öffentlichen Sparkassen e.V., der außerordentliches Mitglied des DSGV ist.

13 Im Landesbankensektor gab es im letzten Jahrzehnt und gerade auch in jüngster Zeit – bedingt durch die Finanzkrise- große Umwälzungen. Hierzu zählen Übernahmen, Fusionen und der Einstieg von privaten Gesellschaftern (bei der HSH-Nordbank). Nichts desto trotz halten Sparkassen bzw. deren Zweckorganisationen und Verbände immer noch erhebliche Anteile an den verbliebenen Instituten. Einen Überblick über die aktuelle Situation der Landesbanken liefert z.B. Schrooten [2010].

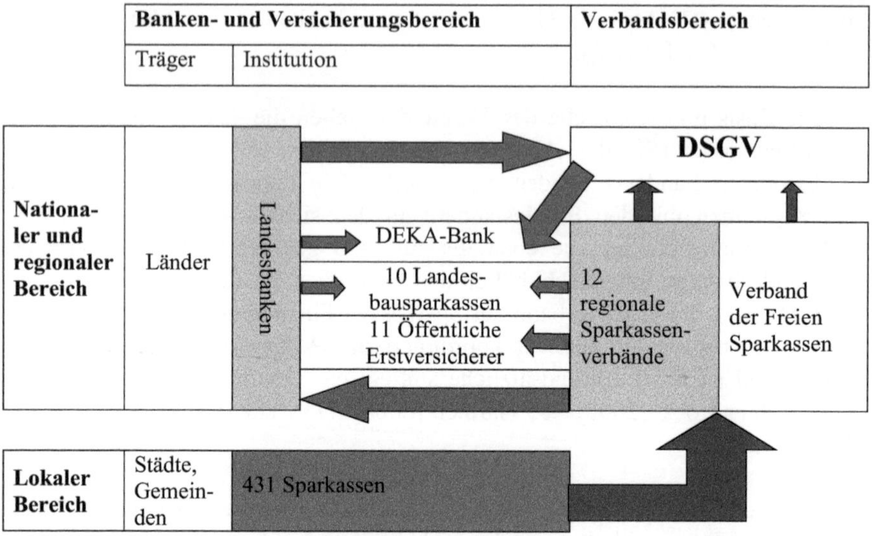

Abbildung 1: Grundlegende Struktur der Sparkassen-Finanzgruppe (SFG) (Stand 31.12.2009); Quelle: Eigene erweiterte Darstellung nach Gärtner [2008] 111

Bei der SFG handelt es sich somit um einen nur teilweise hierarchisch gegliederten Verbund selbstständig und arbeitsteilig arbeitender Institutionen, der gekennzeichnet ist durch komplexe, in der Regel dualistische Beteiligungs- bzw. Trägerverhältnisse. Dies wird deutlich, wenn man die restlichen drei wichtigen Kerninstitutionen der SFG, d.h. die öffentlichen Bausparkassen und Versicherer, sowie die DEKA-Bank, betrachtet. Gemeinsame Anteilseigner der 10 Landesbausparkassen sind in der Regel die Landesbanken und Regionalverbände. Die regionalen Sparkassen- und Giroverbände sind zusätzlich die wesentlichen Träger bzw. Eigentümer fast aller öffentlichen Versicherer. Die DEKA-Bank, die u.a. standardisierte Anlageprodukte (i.d.R. Fonds) für den Sparkassensektor entwickelt, anbietet und verwaltet, befindet sich im Besitz von Landesbanken und DSGV.

Subsidiaritäts- und Dezentralitätsprinzip

Sparkassen sind grundsätzlich vor Ort in Ihrer Entscheidungskompetenz unabhängig und autonom. Sie besitzen jedoch schon alleine aufgrund ihrer regionalen Beschränkungen relativ kleine Betriebsgrößen und verfügen in der Regel nicht über ausreichend Ressourcen, alle Elemente des modernen Bankgeschäfts eigenständig und effizient durchzuführen sowie die Vielzahl der gängigen Finanzdienstleistungen einer Universalbank kostengünstig vor Ort anzubieten. Aus diesem Grund ist die Integration in einen Verbund für die Sparkassen äußerst vorteilhaft. So führt bspw. Buchmann [2001] 578 aus: „Das Verbundsystem bietet einzelnen Sparkassen (…) alle Vorteile eines Großunternehmens, sichert aber die Vorzüge einer regional eingebundenen flexiblen Organisationseinheit." Bei der Zusammenarbeit und der Aufgabenverteilung innerhalb des Verbunds gilt das Subsidiaritäts- und Dezentralitätsprinzip. Die Kompetenzen für die Geschäftspolitik (z.B. hinsichtlich der Marktbearbeitung und Kundenbetreuung) liegen grundsätzlich dezentral auf der Ebene der Sparkassen, die das „Gesicht" der SFG vor Ort sind (Lütke-Uhlenbrock [2007] 15). Sofern dabei eine Aufgabe von den Sparkassen nicht mehr effizient durchzuführen ist, werden die hierfür notwendigen Aktivitäten von der nächsthöheren Stufe bzw. von einer spezialisierten Verbundinstitution durchgeführt.

Die Integration in die Verbundorganisation unter der Prämisse des Subsidiaritätsprinzips führt tendenziell zu Kostendegressionseffekten, die positive Auswirkungen auf die Ertragslage haben und den Sparkassen eine konkurrenzfähige Position im Wettbewerb mit ihren privaten und genossenschaftlichen Konkurrenten verschaffen. Die entstehenden Skaleneffekte durch die Zentralisierung des Mengengeschäfts und Auslagerung von bestimmten Aktivitäten in Kooperationen und Service-Gesellschaften sind dabei allerdings noch nicht vollkommen ausgeschöpft.[14]

Das Subsidiaritätsprinzip regelt also insbesondere die vertikale Arbeitsteilung, d.h. die Kompetenzabgrenzung zwischen den einzelnen Elementen und Stufen der Sparkassenorganisation. Dies betrifft insbesondere die regional täti-

---

14 Ellgering [2002] 39ff. gibt einige Beispiele zu bislang ungenutzten Potentialen. Die verstärkte Nutzung von Verbundvorteilen führt zwangsläufig auch zu einer zunehmenden Standardisierung und Uniformität, die mittelfristig die Aufrechterhaltung der extrem unterschiedlichen Betriebsgrößen, der lokalen Identität und letztlich die Hoheit und Selbstständigkeit der örtlichen Sparkassen gefährden könnte. Für eine Diskussion des Spannungsfelds „Kostendegression durch Menge" vs. „Unternehmertum vor Ort" siehe z.B. Ellgering [2002] 36ff..

gen Sparkassen und die Verbundinstitutionen. Sparkassen sind dabei Ansprechpartner und selbstständige Geschäfts- und Vertriebseinheiten vor Ort mit großer Marktkenntnis. Sie nutzen, soweit möglich, das Verbundsystem zur Abwicklung des Mengengeschäfts im Back-Office-Bereich und hinsichtlich besonderer Produkte und Dienstleistungen, die sie nicht selber anbieten bzw. erbringen können.[15] So hielten bislang bspw. die Landesbanken traditionell spezialisierte Kompetenzen im Bereich des Wertpapier- und Auslandsgeschäft vor und haben in der Funktion von „Sparkassenzentralbanken" die Zahlungsverkehrsabwicklung rationalisiert sowie den Liquiditätsausgleich zwischen den Sparkassen maßgeblich organisiert (Gärtner [2008] 111).

Im Gegensatz zur vertikalen Arbeitsteilung durch das Subsidiaritätsprinzip beschreibt die horizontale Arbeitsteilung, die nachfolgend in Abschnitt 2.1.5.1 zum Regionalprinzip skizziert wird, die räumliche Begrenzung und Aufteilung der Geschäftstätigkeit auf bestimmte Regionen und die damit verbundene Einschränkung des Wettbewerbs zwischen den Sparkassen.

2.1.5 Beschränkungen der Geschäftstätigkeit

2.1.5.1 Regionalprinzip - Räumliche Beschränkungen

Die regionale Fokussierung der Geschäftstätigkeit der Sparkassen auf ihr Geschäftsgebiet ist im sogenannten Regionalprinzip verankert. Hierbei handelt es sich um ein nur zum Teil kodifiziertes Konstrukt[16], das durch Literatur, Rechtsprechung und Praxis gewachsen ist und besondere organisations- und geschäftsrechtliche Vorgaben enthält. Ziel ist es im Sinne einer horizontalen Arbeitsteilung, Zuständigkeiten gegenüber benachbarten Instituten zu definieren und abzugrenzen. Das Regionalprinzip beinhaltet somit „zentrale Ordnungsgrundsätze zur Beschränkung der Geschäftstätigkeit auf das Gebiet des Trägers." (Schütz [2006] 65).

---

15 Die Nutzung des Verbundsystems kann -neben anderen Vorteilen- u.a. auch zu einem vielfältigeren Produktangebot beitragen. So können Sparkassen durch die Integration der öffentlich-rechtlichen Versicherungsunternehmen im Rahmen einer Allfinanzstrategie bspw. Versicherungsdienstleistungen, die dem Verbund entstammen, anbieten (Gärtner [2008] 111 und Sommerfeld [2005] 17ff.).

16 In der Regel sind einzelne Elemente des Regionalprinzips in den Sparkassengesetzen der Länder bzw. in den auf Basis dieser Gesetze erlassenen Verordnungen und Satzungen zu finden.

Das Fundament des Regionalprinzips, d.h. insbesondere die Deckungsgleicheicht von Geschäfts- und Trägergebiet, ist in der verfassungsrechtlich geschützten kommunalen Selbstverwaltung zu sehen. Zu den Aufgaben, die Landkreise und Gemeinden eigenverantwortlich regeln dürfen, gehört auch, die Versorgung und den Zugang der Bevölkerung zu Finanzdienstleistungen durch kommunale Kreditinstitute zu garantieren (Sparkassenhoheit). Da der Aktionsradius der Kommunen als Träger der Sparkassen kommunalverfassungsrechtlich auf ihr Hoheitsgebiet limitiert ist, sollte dies prinzipiell auch für Sparkassen als Teil der mittelbaren Kommunalverwaltung gelten (Stern [1999] 470; Schütz [2006] 64; Stern/Nierhaus [1992] 14).

Inhaltlich besteht das Regionalprinzip im Wesentlichen aus organisationsrechtlichen Vorgaben, d.h. insbesondere der Zweigstellenerrichtungsbefugnis, und geschäftsrechtlichen Prinzipien (Schütz [2006] 64). Hier handelt es sich vorrangig um Einschränkungen im Kreditgeschäft und in der Werbetätigkeit. Beide Teile des Regionalprinzips werden im Anschluss kurz dargestellt und mögliche Durchbrechungen und Ausnahmen diskutiert. Die Einordnung des Regionalprinzips hinsichtlich der Bedeutung für die Ertragslage der Sparkassen erfolgt in Abschnitt 2.3, der das gesamte Kapitel 2 zusammenfasst.

2.1.5.1.1 Organisationsrechtliches Regionalprinzip

Im Grundsatz dürfen Sparkassen nur innerhalb ihres Geschäftsgebiets Geschäftsstellen errichten. Das Geschäftsgebiet ist dabei im Allgemeinen mit dem Territorium des Trägers identisch. Dieses Zweigstellenerrichtungsprinzip inklusive der Zulassung von Ausnahmen ist in der Regel in den Sparkassengesetzen der Länder verankert (siehe z.B. für Niedersachsen: §4 (2) NSpG) und stellt ein wesentliches Element der Sparkassenorganisation als Ganzes dar. Mit Hilfe dieses Grundsatzes wird die Konkurrenz zwischen den einzelnen Sparkassen weitegehend unterbunden und gleichzeitig die Grundlage für die notwendige Kooperations- und Koordinationsbereitschaft der Sparkassen innerhalb des Sparkassenverbunds geschaffen (Ashauer [2005] 38).

Obwohl der formale Spielraum zur Errichtung von Filialen außerhalb des Trägergebiets relativ eng ist,[17] existieren in der Sparkassenpraxis einige Durchbrechungen und Ausnahmen. Hierfür verantwortlich sind meistens sogenannte

---

17 In der Regel ist die Zustimmung der Sparkasse, in deren Rechte eingegriffen wird, sowie die Zustimmung der kommunalen Rechtsaufsicht erforderlich.

historisch bedingte „Gemengelagen", die den wichtigsten Fall der Durchbrechung der Einheit von Geschäfts- und Trägergebiet darstellen. Weitere Abweichungen vom organisationsrechtlichen Regionalprinzip können bspw. durch eine drohende Unterversorgung eines Gebiets oder durch eine mangelnde Leistungsfähigkeit und Effektivität einer Sparkasse entstehen (Schütz [2006] 65f.; Ashauer [2006] 38f.).

Historisch gewachsene Gemengelagen existieren z.B., wenn eine Kreissparkasse ihre Hauptstelle in einer (innerhalb des Kreises liegenden) kreisfreien Stadt mit eigener Stadtsparkasse besitzt. Dies ist z.B. bei der Kreissparkasse Köln der Fall, deren Hauptsitz in Köln und damit im Geschäftsgebiet der Sparkasse KölnBonn liegt. Diese Fälle werden jedoch durch Fusionen immer seltener. Ein anderer Sonderfall sind sogenannte freie Sparkassen[18], die über kein in der Satzung umschriebenes festes Geschäftsgebiet verfügen. Überschneiden sich die Tätigkeitsgebiete dieser freien Sparkassen mit denen kommunaler Sparkassen wie im Fall der HASPA (Hamburger Sparkasse) und den umliegenden öffentlich-rechtlichen Sparkassen, können ebenfalls Durchbrechungen des organisationsrechtlichen Regionalprinzips entstehen. So besitzt die HASPA diverse Filialen im Hamburger Umland, umgekehrt hat bspw. die Umlandsparkasse Harburg-Buxtehude ihren Unternehmenssitz in Hamburg.

18 Insgesamt existierten im Jahr 2009 sechs Freie Sparkassen in privater Rechtsform der Aktiengesellschaft, die nicht im Besitz oder unter der Kontrolle einer öffentlichen Gebietskörperschaft standen. Die Freien Sparkassen sind Bestandteil der deutschen Sparkassenorganisation, da sie ebenfalls gemeinnützige Ziele verfolgen. Aufgrund ihres privaten Status gelten für die Freien Sparkassen bestimmte, in den Sparkassengesetzen der Bundesländer enthaltene Einschränkungen wie z.B. das Regionalprinzip, grundsätzlich nicht. Einige Freie Sparkassen haben jedoch auf freiwilliger Basis ausgewählte Regelungen übernommen und Vereinbarungen mit den zuständigen Sparkassen- und Giroverbänden getroffen (VÖFS [2010]).

2.1.5.1.2 Geschäftsrechtliches Regionalprinzip

Unter dem geschäftsrechtlichen Regionalprinzip werden im Wesentlichen die Einschränkungen im Kreditgeschäft, bei möglichen Beteiligungen und hinsichtlich der Werbeaktivitäten zusammengefasst.

Auch wenn keine uniforme gesetzliche Normierung im Sparkassenrecht der Länder existiert, so ist festzustellen, dass der Schwerpunkt der Regelungen auf dem Kreditgeschäft liegt (Schütz [2006] 66). Zieht man exemplarisch die Sparkassenmustersatzung Hessen heran, so sollen bspw. Personalkredite „grundsätzlich nur an solche natürliche oder juristische Personen vergeben werden, die im Geschäftsbereich der Sparkasse ihren Sitz, Wohnsitz, gewerbliche Niederlassung oder eine sonstige wirtschaftliche oder berufliche Anknüpfung gefunden haben.“ Beim Realkredit wird dagegen nur festgelegt, dass sich die betreffende Immobilie im Geschäftsgebiet der Sparkasse befinden soll.[19]

Hinsichtlich möglicher Beteiligungen der Sparkassen existieren kaum explizite formale Einschränkungen. Mit Ausnahme der Verbund- und Gemeinschaftsbeteiligungen mehrerer Sparkassen sind hier allerdings nach allgemeiner Auffassung die gleichen Maßstäbe wie beim Kreditgeschäft anzusetzen (Raskin [2001] 119f.; Klüpfel et al. [2001] 74; Schütz [2006] 66).

Im Gegensatz dazu unterliegt das Passivgeschäft keinen Einschränkungen, da die Einlagen unabhängig von ihrer Herkunft nach maßgeblicher Meinung das regionale Kreditvergabepotential der Sparkassen erhöhen und somit der wirtschaftlichen Entwicklung des Geschäftsgebiets dienlich sind (Güde [1995] 42; Gärtner [2008] 108). So findet sich regelmäßig sogar in den Satzungen der Sparkassen die (Selbst-)Verpflichtung, von jedermann Spareinlagen anzunehmen (vgl. z.B. §3 (1) Satzung der Sparkasse Darmstadt). Neben dem Passivgeschäft unterliegt auch das Dienstleistungsgeschäft keinen Restriktionen (Blume [2000] 25; Schlierbach/Püttner [2003] 138; Lütke-Uhlenbrock [2007] 14).

Auch hinsichtlich der Werbeaktivitäten bestehen Einschränkungen, die im Regionalprinzip begründet liegen. So ist prinzipiell das Geschäftsgebiet das Territorium, in dem die Sparkasse für ihre Produkte werben darf (Schlier-

---

19 Siehe z.B. §§ 2 und 9 der Mustersatzung (MuSa) Hessen. Grundsätzlich ist aber in einer Satzung eine Ausdehnung des Ausleihbezirks bzw. Verleihungsgebiets möglich.

bach/Püttner [2003] 134). Die Werbeaktivitäten bzw. Produktwerbung der Sparkassen muss zumindest erkennbar auf die Bevölkerung im Geschäftsgebiet abzielen (Klüpfel et al. [2001] 51; Raskin [2001] 132).

In der Sparkassenpraxis hat sich ein relativ flexibler Umgang mit dem geschäftsrechtlichen Regionalprinzip herausgebildet, das insofern lediglich als „Richtschnur“ (Hoffmann-Theinert [2000] 360) zu verstehen ist. Entscheidend ist, dass bei den geschäftlichen Aktivitäten ein Bezug zum Geschäftsgebiet hergestellt werden kann und dass keine andere Sparkasse bei der Erfüllung ihres öffentlichen Auftrags behindert wird. Nach dem sogenannten Anknüpfungsgrundsatz von Klüpfel muss die geschäftliche Tätigkeit außerhalb des Trägergebiets in einem unmittelbaren und wirtschaftlich engen Zusammenhang mit der Versorgung der Bevölkerung und der Wirtschaft des Geschäftsgebiets stehen. Bei Ausnahmen und Abweichungen vom Regionalprinzip im Kreditgeschäft muss zumindest eine konkretisierbare, persönliche oder sachliche Anknüpfung zwischen dem Kreditnehmer und dem Geschäftsgebiet der Sparkasse bestehen (Raskin [2001] 112; Oberbeckmann [1982] 443; Schütz [2006] 69).

Sparkassen dürfen demnach im Kreditgeschäft mit Kunden außerhalb ihres Geschäftsgebiets nicht aktiv, d.h. initiativ und gezielt, tätig werden, sondern sollten lediglich eine passive Geschäftsbereitschaft signalisieren. Der Anknüpfungsgrundsatz gilt grundsätzlich auch hinsichtlich Beteiligungen, bei denen ebenfalls ein wirtschaftlicher Zusammenhang zum Geschäftsgebiet, d.h. eine konkrete sachliche Anknüpfung notwendig ist.

2.1.5.1.3 Das Regionalprinzip und neuere Entwicklung in der IKT

Die Nutzung neuer Informations- und Kommunikationstechnologien (IKT), z.B. beim Internetbanking oder bei der Präsentation von Produkten und Konditionen auf einem Internetportal, führt zwangsläufig zu Konflikten mit dem Regionalprinzip in seiner bisherigen Auslegung. Grundsätzlich soll das Regionalprinzip nicht verhindern, dass eine Sparkasse zur effektiven Erfüllung ihres öffentlichen Auftrags alle stationären und elektronischen Vertriebswege nutzt. Da zudem Wettbewerbsgründe die Nutzung neuer Kommunikationsmedien und -plattformen erfordern, wird in der Sparkassenpraxis und der wissenschaftlichen Literatur für eine gegenwartsnahe Auslegung des Regionalprinzips plädiert.

Demnach sollten Geschäfte mit gebietsfremden Kunden vor dem Hintergrund einer wettbewerbsnahen Aufgabenerfüllung auch in Abweichung vom

Anknüpfungsgrundsatz prinzipiell möglich sein, wenn diese „nicht auf aktive Angebote zurückzuführen sind und (...) die Kunden sich aus eigener Initiative an die Sparkasse gewendet haben." (Schütz [2006] 72).

Zu den aktiven Angeboten zählen z.B. „aggressive Werbung" oder „Zinsdumping", aber auch gezielte Werbemaßnahmen für gebietsfremde Kunden ohne Bezug zum Geschäftsgebiet, die nicht mit einer gegenwartsnahen Auslegung vereinbar und daher abzulehnen sind (Schütz [2006] 71ff.). Prinzipiell soll bei allen Maßnahmen ein Zurückhaltungsgebot bzw. -grundsatz gelten, d.h. Aktivitäten dürfen die Erfüllung des öffentlichen Auftrags gebietsfremder Sparkassen nicht beeinträchtigen.

2.1.5.2 Enumerations- und Verbotsprinzip - Einschränkung zulässiger Geschäfte

Zusätzlich zu den Restriktionen des Regionalprinzips existieren für Sparkassen weitere Einschränkungen der Geschäftstätigkeit. So dürfen Sparkassen grundsätzlich nur die Geschäfte betreiben, die nach den jeweiligen Sparkassenverordnungen und Satzungen durch detaillierte Aufzählung ausdrücklich erlaubt und als zulässig aufgeführt sind. Dieser Sachverhalt wird als „Enumerationsprinzip" bezeichnet. Nach diesem Grundsatz sind z.B. Spekulationsgeschäfte mit eigenen Mitteln verboten.

Das Enumerationsprinzip ist in den letzten Jahren in den Sparkassengesetzen vieler Bundesländer durch das Verbotsprinzip abgelöst worden.[20] Demnach sind bis auf die explizit verbotenen bzw. eingeschränkten Aktivitäten, prinzipiell alle banküblichen Geschäfte erlaubt. Ein Beispiel für ein explizites Verbot findet sich in der Sparkassenverordnung Sachsen §9 (2): „Derivate in Form von Termingeschäften in Waren oder Edelmetallen sind unzulässig." (Klein [2003] 48, Lütke-Uhlenbrock [2007] 17; Matschke/Witt [2004] 256). Das Enumerations- und neuerdings das Verbotsprinzip sorgen also für eine über die allgemein geltenden Beschränkungen des KWG hinausgehende inhaltliche Limitierung der Geschäftstätigkeit, indem bestimmte, anderen Banken erlaubte Tätigkeiten ausgeschlossen werden. Ursprüngliches Ziel dieser Regelungen war die Risikobegrenzung, um die Einleger und Anstaltsträger zu schützen (Blume [2000] 23f.).

---

20 Siehe z.B. Sparkassengesetz Baden-Württemberg § 6 (2).

2.2 Die Rolle der Sparkassen im deutschen Bankenmarkt

Nachdem die wichtigsten institutionellen Besonderheiten der Sparkassen vorgestellt wurden, soll im Anschluss die Rolle der Sparkassen im deutschen Bankenmarkt beleuchtet werden. Gleichzeitig dient das folgende Kapitel dazu, einige wichtige Trends und Entwicklungen im deutschen Bankensektor aufzuzeigen. Hierzu zählen z.B. Konzentrationsprozesse, die in den Abschnitten 2.2.1 und 2.2.2 mit Hilfe von zwei Indikatoren (Entwicklung der absoluten Zahl der Kreditinstitute sowie der Zweigstellen) charakterisiert werden. Im Anschluss (Abschnitt 2.2.3) folgt eine knappe Analyse der Beschäftigtenzahlen im Kreditgewerbe, die hilft, die Größe und Gewicht der einzelnen Banken bzw. Bankengruppen einzuschätzen und Rationalisierungstendenzen im Bankgeschäft zu identifizieren. Da von Beschäftigtenzahlen nicht eindeutig auf Größe und Relevanz geschlossen werden kann, liegt ein besonderes Augenmerk auf der sich anschließenden Marktanteilsanalyse (Kapitel 2.2.4). Hier werden mit Hilfe von Bilanzsummen aus der Bankenstatistik der Bundesbank Gesamtmarktanteile sowie Marktanteile bei einzelnen Bilanzpositionen ermittelt, um die Bedeutung der Sparkassen und ihre Geschäftsschwerpunkte herauszuarbeiten, d.h. insbesondere ihre Stellung im Privatkundengeschäft zu quantifizieren. Da im Mittelpunkt der Arbeit die Ertragslage steht, wird abschließend in Abschnitt 2.2.5 die aktuelle Ertragssituation im deutschen Bankensektor zu Beginn des neuen Jahrtausends betrachtet und die Effizienz der Institute bzw. Bankengruppen untersucht und eingeordnet.

Die Analyse folgt dabei in der Regel der klassischen Dreiteilung des deutschen Bankensektors in drei sogenannte „Säulen“. Die erste Säule umfasst dabei den öffentlich-rechtlichen Bankensektor, der aus den Sparkassen, Landesbanken und sonstigen verbundenen Kreditinstituten besteht, wobei Erstgenannte -soweit möglich- gesondert betrachtet werden. Die zweite Säule bilden traditionell die genossenschaftlich organisierten Banken mit ihren Verbundinstituten. Sofern entsprechende Informationen vorliegen, werden aus diesem Bereich die Kreditgenossenschaften als Hauptkonkurrenten der Sparkassen näher analysiert. Zur dritten Säule werden üblicherweise die privaten Geschäfts-, Spezial- und Regionalbanken zusammengefasst. Da die privaten Großbanken (Deutsche Bank, etc.) innerhalb dieses Segments eine herausragende Rolle spielen, werden sie gegebenenfalls separat betrachtet und den Sparkassen und Kreditgenossenschaften gegenübergestellt.

Abgerundet wird das Kapitel durch den exkursartigen Abschnitt 2.2.7 zur Rolle der Sparkassen in der DDR, der vornehmlich dazu dient, die in der späteren Analyse auftauchenden strukturellen Unterschiede zwischen ost- und westdeutschen Sparkassen zu erklären.

2.2.1 Zahl der Kreditinstitute

Der deutsche Bankenmarkt ist seit der Nachkriegszeit hinsichtlich der absoluten Zahl von Kreditinstituten durch Konzentrationsprozesse gekennzeichnet, die bis heute unverändert anhalten. Wurden in den 50er Jahren noch über 13.000 selbständige Institute gezählt, so sind zum Jahresende 2009 -trotz zwischenzeitlicher Marktöffnungs- und Liberalisierungsbemühungen für ausländische Banken- lediglich noch 2.121 Banken in Deutschland aktiv. Diese starke Konsolidierungsdynamik betrifft die einzelnen Säulen des Bankensystems sehr unterschiedlich. Wie Abbildung 2 für die Jahre 2000 bis 2009 zeigt, ist insbesondere bei Sparkassen und Genossenschaftsbanken ein starker Rückgang der selbstständigen Institute zu verzeichnen.[21]

Im Betrachtungszeitraum 2000 bis 2009 nimmt die Gesamtzahl der Institute um ein Viertel von 2.829 auf 2.121 Banken ab.[22] Dieser Trend wird wesentlich durch die Kreditgenossenschaften und Sparkassen getrieben, wobei erstere relativ und absolut den stärksten Rückgang zu verzeichnen haben. Die Zahl der Genossenschaftsbanken reduzierte sich innerhalb von 10 Jahren von 1.764 auf 1.144 (-35,1%), sie stellen jedoch 2009 immer noch knapp 54% aller Banken (2000: 62,3%) und bilden damit nach wie vor die größte Einzelgruppe unter den Kreditinstituten. Bei der zweitgrößten Gruppe, den Sparkassen, sank der Be-

21 Um die besondere Rolle der regional tätigen Institute, d.h. der Genossenschaftsbanken und insbesondere der Sparkassen, die im Mittelpunkt der folgenden Analyse stehen, herauszustellen, wurden die Auswertungen der Bankstellenstatistik nicht nach Säulen konsolidiert. Dies hat zur Folge, dass sich in der Gruppe „alle anderen Banken" auch öffentlich-rechtliche oder genossenschaftliche Institute, wie die Landesbanken oder die genossenschaftlichen Zentralbanken, befinden. Aus Gründen der Vergleichbarkeit wurden zudem für die Jahre 2000 bis 2007 die Kapitalanlagegesellschaften heraus gerechnet, da sie nach einer Umstellung der gesetzlichen Systematik seit 2007 nicht mehr zum Kreis der Kreditinstitute zählen.

22 Berücksichtigt man die Verbundstruktur von Sparkassen und Kreditgenossenschaften, die innerhalb ihres Verbundes nicht konkurrieren, wären 2009 für Deutschland insgesamt sogar nur 548 Kreditinstitute auszuweisen.

stand im gleichen Zeitraum dagegen lediglich um 23,3%, d.h. von 562 auf 431 Institute. Die relativ kleine Zahl der ausländischen Banken hat sich von 2000 (87 Institute) bis 2009 (167 Banken) fast verdoppelt (+92,0%).[23]

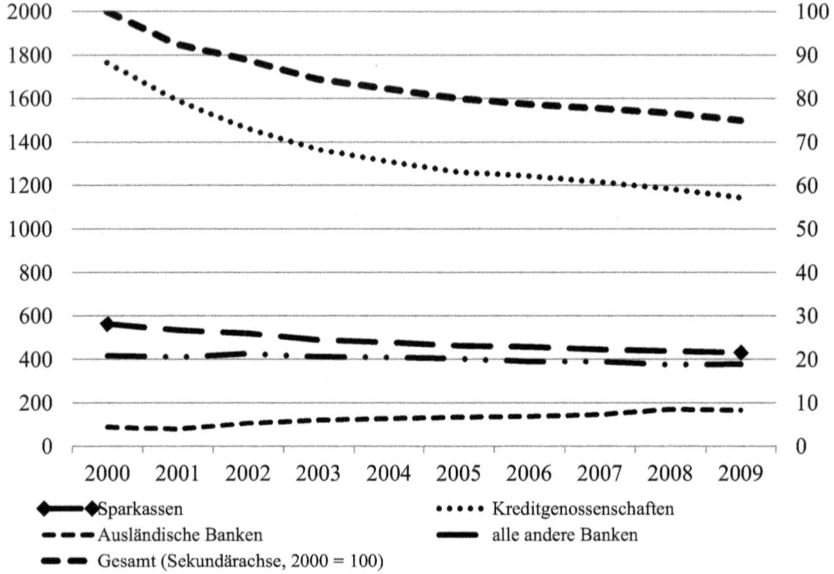

Abbildung 2: Bestand an Kreditinstituten 2000-2009 (inkl. Postbank, ohne Kapitalanlagegesellschaften); Quelle: DBB [Bankstellenstatistik] verschiedene Jahrgänge, eigene Berechnungen

Ursache für die Entwicklung bei Sparkassen und Genossenschaftsbanken sind meist aus betriebswirtschaftlichen Erwägungen durchgeführte Zusammenschlüsse von regional benachbarten Instituten mit kleinen Betriebsgrößen zu größeren Einheiten. Diese, streng nach Säule getrennte, ausgeprägte Fusionstätigkeit ist dabei auf die traditionell stark fragmentierten sektoralen Organisationsstrukturen zurückzuführen. So existieren historisch bedingt innerhalb beider Säulenverbünde eine Vielzahl von rechtlich selbstständigen kleineren und Kleinsteinheiten, die dem zunehmenden Wettbewerbsdruck nicht immer gewachsen sind. Auf Sparkassenseite handelt es sich meist um Stadtsparkassen, die sich durch eine kleine Belegschaft und ein zwangsläufig äußerst überschau-

23 Zur Lage und Strategie ausländischer Banken im deutschen Bankenmarkt siehe z.B. Köhler [2008].

bares Filialnetz auszeichnen. Zum Jahresende 2009 existierten beispielsweise immer noch 47 Sparkassen mit einer Bilanzsumme von unter 500 Mio. €, die zugleich weniger als 150 Beschäftigte und 15 „Sparkassenstellen" (inkl. SB-Stellen) besaßen. Die nach Bilanzsumme kleinste Sparkasse war mit 129,6 Mio. € die Stadtsparkasse Bad Sachsa (DSGV [2010b]).[24] Auf Genossenschaftsseite zeigt sich sogar noch eine wesentlich stärkere strukturelle Zersplitterung mit einem erheblich größeren Anteil von kleinen und Kleinstbanken. Von den insgesamt 1.154 selbstständigen Volks- und Raiffeisenbanken zum 31.12.2009 wiesen 801 eine Bilanzsumme unter einer halben Milliarde € auf. Die kleinste Genossenschaftsbank zu diesem Zeitpunkt war die Raiffeisenbank eG, Struvenhütten mit einer Bilanzsumme von nur 12,3 Mio. € (BVR [2010]).

Diese Struktur birgt das Potential für eine weitere Konsolidierung, die sich wahrscheinlich in den kommenden Jahren verlangsamt fortsetzen wird. So plant nach einer Befragung der Steria Mummert Consulting AG von 2008 jedes dritte teilnehmende Institut bis 2011 eine Fusion im Kerngeschäft. Bei den Genossenschaftsbanken ist sogar jedes zweite befragte Institut zu einer Verschmelzung bereit. (Steria Mummert Consulting [2008] 11; DBB [2009] 6). Der BVR selbst hatte Anfang des Jahrzehnts in einem Strategiepapier eine Zielvorgabe von 800 Primärinstituten bis 2008 formuliert, die mittlerweile aber lediglich als Ergebnis einer langfristigen Entwicklung gesehen wird (DBB [2005] 4).

2.2.2 Zahl der Zweigstellen

Im Gegensatz zur Gesamtzahl der Kreditinstitute konnte bis zur Wiedervereinigung ein starker Ausbau des Filialnetzes in Deutschland beobachtet werden. Innerhalb von ungefähr 30 Jahren hatte sich die Zahl der Zweigstellen aller Banken mehr als verdreifacht. Wurden in den 50er Jahren noch um die 13.000 Zweigstellen gezählt, so kam man 1987 bereits auf annähernd 40.000 (Stiele [2008] 35). Dieser Trend kehrte sich jedoch nach der Wiedervereinigung nachhaltig um. Seit Beginn der 90er Jahre ist eine stetige Ausdünnung des Filialnetzes festzustellen, die, wie Abbildung 3 belegt, auch im neuen Jahrtausend unverändert anhält.

---

24 Zum Vergleich: die größte Sparkasse, die HASPA, verfügte zum selben Zeitpunkt über Aktiva von über 37 Mrd. €, die Deutsche Bank als privater Branchenprimus wies eine Summe von 1.501 Mrd. € auf.

Insgesamt reduzierte sich im Zeitraum 2000 bis 2009 die Gesamtzahl der Zweigstellen um 30,7%. Von den Ende 2009 existierenden 39.441 Geschäftsstellen entfielen ein gutes Drittel (33,6%) auf die Sparkassen (13.266 Zweigstellen), 30,1% auf die Kreditgenossenschaften (11.888 Zweigstellen) und 22,2% auf die Großbanken inkl. der Postbank (8.773 Filialen).[25] Diese drei Gruppen stellen zusammen somit über 86% aller Zweigstellen. Den Rest der Filialen stellen im Wesentlichen die privaten Regionalbanken sowie private und öffentlich-rechtliche Bausparkassen. Ausländische Banken verfügen nur über 106 Zweigstellen, d.h. 0,27% aller Filialen.

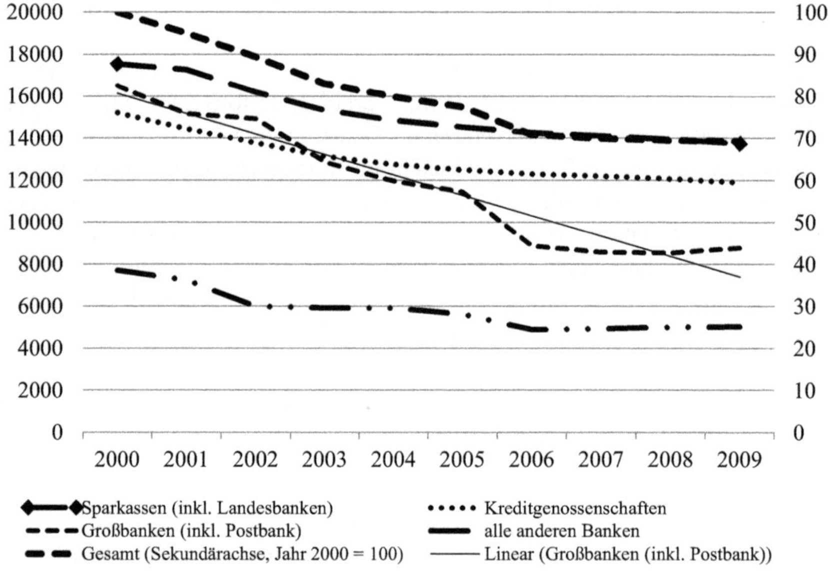

Abbildung 3: Zahl der Zweigstellen 2000-2009 (inkl. Postbank, ohne Kapitalanlagegesellschaften); Quelle: DBB [Bankstellenstatistik] verschiedene Jahrgänge, eigene Berechnungen

25 Die Kapitalanlagegesellschaften wurden wie bei der Betrachtung der Gesamtzahl der Kreditinstitute aus Vergleichsgründen heraus gerechnet. Die Deutsche Postbank AG wird seit 2005 in der Bankstellenstatistik der Deutschen Bundesbank der Gruppe der Großbanken zugeordnet und nicht mehr separat aufgeführt. Um die Erhebungsgrundlage zu vereinheitlichen wurde die Postbank deshalb auch vor 2005 unter den Großbanken subsumiert.

Betrachtet man die Entwicklung im Zeitraum 2000-2009 innerhalb der drei relevanten Gruppen, so wird deutlich dass bei den Großbanken der stärkste Einschnitt in das Filialnetz stattgefunden hat. Insgesamt hat diese Gruppe fast die Hälfte (46,8%) ihrer ursprünglich 16.502 Filialen geschlossen. Dies ging einher mit einem signifikanten Rückzug aus der Fläche, d.h. mit einer Aufgabe von kompletten Regionen. Ende 2003, im letzten Jahr der detaillierten regionalen Erfassung von Bankstellen, waren die Großbanken bereits in nahezu 10 % der Landkreise nicht mehr vertreten.[26] In mehr als 20% der Kreise besaßen sie lediglich eine Zweigstelle, in gut weiteren 20% verfügten sie zusammen nur über zwei Filialen. Dies bedeutet, dass die Großbanken in mehr als der Hälfte Deutschlands ihre Präsenz stark eingeschränkt bzw. aufgegeben haben. In diesen meist ländlichen und strukturschwachen Regionen traten nur Sparkassen, Genossenschaftsbanken und die Postbank mit einem nennenswerten Filialnetz auf (Stiele [2008] 37; DBB [Bankstellenstatistik, detailliert] 2004; DSGV [2006] 7f.). An dieser grundsätzlichen Situation dürfte sich seit 2003 nichts gravierend verändert haben. Der drastische Rückgang der Zweigstellen von Großbanken auch nach 2003 legt sogar die Vermutung nahe, dass sich der bis dahin beobachtbare Trend weiter fortgesetzt hat.

Sparkassen und Genossenschaftsbanken haben ihr Zweigstellennetz dagegen im Verlauf des letzten Jahrzehnts beide nur um etwas mehr als 20% reduziert. Die Sparkassen verloren dabei ausgehend von 16.892 Zweigstellen im Jahr 2000 21,5%, die Kreditgenossenschaften ausgehend von 15.206 Filialen 21,8% ihrer Dependancen. Bei Sparkassen und Genossenschaftsbanken sind die Filialschließungen tendenziell sehr vorsichtig ohne wirkliche Aufgabe von geographischen Standorten durchgeführt worden. Die Ausdünnung des Filialnetzes fand oftmals im Rahmen der Bereinigung von Gemengelagen[27] statt (Stiele [2008] 36) oder diente der Arrondierung der Filiallandschaft z.B. in Folge von Fusionen. Gelegentlich war sie auch einer Umstrukturierung des Vertriebsnetzes geschuldet, wenn bspw. zu Gunsten größerer Niederlassungen Kleinstfilialen geschlossen und in SB-Standorte[28] umgewandelt worden sind.

---

26 Die regionale Verteilung der Zweigstellen wird von der Deutschen Bundesbank seit 2004 wegen gesetzlichen Erleichterungen der Meldepflichten nicht mehr erfasst. Die Kreditinstitute sind seitdem nur verpflichtet, die Gesamtzahl der inländischen Zweigstellen zu melden.

27 Siehe hierzu Abschnitt 2.1.5.1.1.

28 Reine Automaten-Bankstellen zählen in der Bundesbank-Statistik nicht als Zweigstellen (Ashauer [2005] 23).

Abschließend bleibt zu erwähnen, dass hinsichtlich der Filialdichte ein deutliches Ost-West-Gefälle zu beobachten ist. Die Bankstellendichte in Ostdeutschland ist erheblich geringer als im Westen (DBB [Bankstellenstatistik, detailliert] 2004).

2.2.3 Zahl der Beschäftigten

Mit der Schließung von Filialen setzte sich auch der Personalabbau im Bankensektor fort. Waren im gesamten Kreditgewerbe zum Jahr 2000 noch 774.550 Beschäftigte zu verzeichnen, konnten 2009 nur noch 663.000 Personen gezählt werden. Dies entspricht einem Rückgang von 14,4%. Abbildung 4 gibt einen Überblick über die Verteilung dieser Beschäftigten auf die einzelnen Bankengruppen in den Jahren 2000 und 2009.

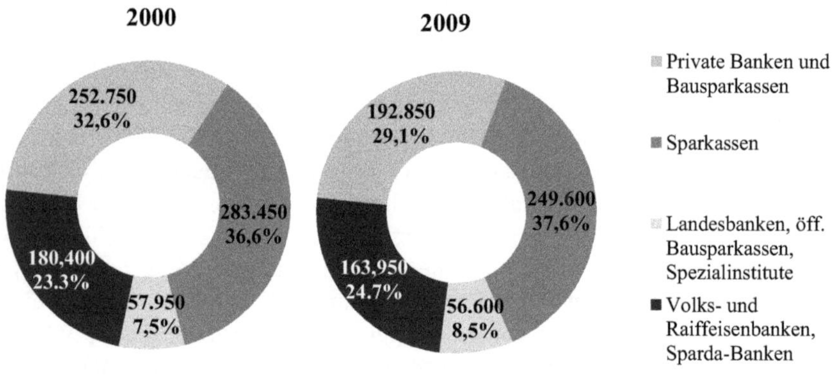

Abbildung 4: Beschäftigte im Kreditgewerbe 2009 (ohne Bundesbank) ; Quelle: AGV-Banken [Beschäftigtenstatistik] 2010, eigene Berechnungen

Im Jahr 2009 war das Gros der Beschäftigten (46,1%) -wie im Jahr 2000 mit 44,1% - im öffentlichen Bankensektor tätig, der seine relative Bedeutung in diesem Zeitraum ausbauen konnte. Den Sparkassen kommt dabei eine herausragende Position zu. Sie alleine beschäftigten 2009 insgesamt 37,6% aller Angestellten. Die privaten Banken sind wie im Jahr 2000 trotz eines massiven Abbaus von fast 60.000 Stellen (-23,7%) mit knapp 200.000 Mitarbeitern immer noch der zweitgrößte Arbeitgeber im Kreditgewerbe und stellen fast 30% der Beschäftigten. Im genossenschaftlich organisierten Sektor verringerte sich die Mitarbeiterzahl mit 9,1% dagegen nur unterproportional. Als Folge arbeitete im Jahr 2009 fast jeder vierte Arbeitnehmer im Bankensektor für eine Kreditgenossenschaft.

2.2.4 Marktanteile der Bankengruppen

Zur Beurteilung der Größe und zum Vergleich von Kreditinstituten wird neben der Beschäftigtenzahl in der Regel zusätzlich die Bilanzsumme herangezogen. Die Quotienten aus der aggregierten Bilanzsumme einzelner Bankengruppen (z.B. der Sparkassen oder der Großbanken) und der Gesamtsumme aller Kreditinstitute werden dabei üblicherweise als Marktanteile interpretiert. Zur Beurteilung der Marktstellung der Sparkassen wird analog zu dieser Vorgehensweise in Abbildung 5 der jeweilige Anteil der einzelnen Gruppen (gemäß Bundesbanksystematik) innerhalb des deutschen Bankensystems an der Gesamtbilanzsumme abgetragen.

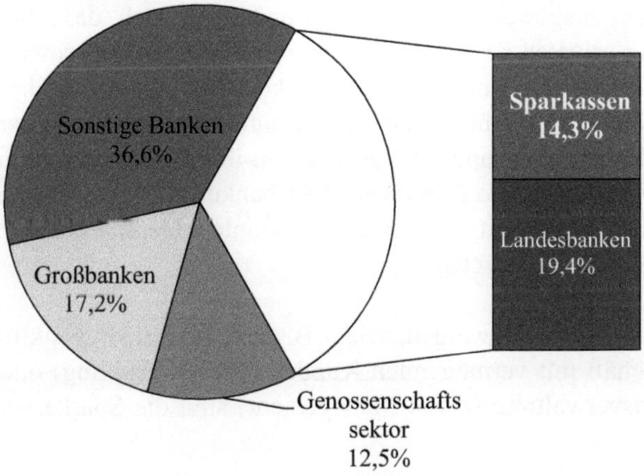

Abbildung 5: Marktanteile der Bankengruppen Ende 2009 (in % der Gesamtbilanzsumme); Quelle: DBB [Bankenstatistik], eigene Berechnungen

Die größte Bedeutung kommt nach dieser Systematik dem öffentlich-rechtlichen Bankensektor zu, der hier durch Sparkassen und Landesbanken abgebildet wird. Beide Gruppen verfügen zum Ende 2009 zusammen über einen Gesamtmarktanteil von 33,7%, wovon 14,3% auf die Sparkassen entfällt. Gemessen an der Bilanzsumme sind die Sparkassen somit etwas größer als der Genossenschaftssektor[29] mit 12,5%. Die Großbanken verfügen über einen Marktanteil von 17,2%, der ihrer finanzwirtschaftlichen Bedeutung jedoch nicht ganz gerecht wird, da sie stark in außerbilanziellen Geschäften engagiert sind. Die „sonstigen Banken", d.h. alle anderen von der Bundesbank gesondert betrachteten Kreditinstitutsgruppen, stellen insgesamt mehr als ein Drittel der Bilanzsumme (36,2%).[30]

Die Aufteilung des Marktes zwischen den großen Akteuren „Sparkassen und Landesbanken", „Genossenschaftssektor" sowie „Großbanken" hat sich in den letzten 5 Jahren nicht gravierend verändert. Im Vergleich zum Ende 2004 haben die Großbanken (2004: 18,3%) und die öffentlich-rechtlichen Institute (2004: 34,2%) leicht verloren, die Genossenschaftsbanken (11,7%) und die sonstigen Banken (35,8%) dagegen marginal Marktanteile hinzugewonnen.

Der auf den ersten Blick relativ klein erscheinende Gesamtmarkanteil der Sparkassen von gut 14% täuscht über die herausragende Stellung in einzelnen Marktsegmenten hinweg. Betrachtet man die in Tabelle 1 zusammengestellten Marktanteile bei ausgewählten Bilanzpositionen zeigt sich, dass die Sparkassen Marktführer im privaten Kredit- und (Spar-) Einlagengeschäft sowie bei der Unternehmensfinanzierung sind. Die Großbanken, bedingt durch ihren Rückzug aus der Fläche und der weniger starken Akzentuierung des Retailbankings, verfügen hier lediglich über eine im Vergleich zu ihrem Gesamtmarktanteil unterproportionale Aktivität. Die Genossenschaftsbanken sind insgesamt ähnlich wie die Sparkassen positioniert und in den genannten Geschäftsfeldern ebenfalls überproportional stark vertreten.

In anderen Geschäftszweigen, wie z.B. dem Investmentbanking, dem Privatkundengeschäft mit vermögenden Kunden (Private Banking) oder allgemein der Vermögensverwaltung (Asset Management) sind die Sparkassen insgesamt

---

29 Der Genossenschaftssektor setzt sich zusammen aus den Kreditgenossenschaften und den Genossenschaftlichen Zentralbanken.

30 Die Kategorie „sonstige Banken" umfasst gemäß Bundesbanksystematik Bausparkassen, Realkreditinstitute, Regionalbanken, Zweigstellen ausländischer Banken und Banken mit Sonderaufgaben.

dagegen unterrepräsentiert.[31] So kann man z.B. mit Hilfe der Depotstatistik der Bundesbank für Sparkassen einen Marktanteil im Wertpapiergeschäft (Kundendepots zu Kurswerten, Stand Juni 2010) ermitteln, der mit 8,7% deutlich unterhalb ihres Gesamtmarktanteils liegt (DBB [Depotstatistik] 2010).

Tabelle 1: Marktanteile bei ausgewählten Bilanzpositionen (in %, Stand 31.12.2009); Quellen: 1 DBB [Bankenstatistik], 2 DSGV [2010a] 18ff

	Sparkassen	Landesbanken	Genossenschaftssektor	Großbanken	Sonstige Kreditinstitute	Gesamtvolumen (Mrd. €)
Bilanzsumme[1]	**14,3**	19,4	12,5	17,2	36,6	**7.509,8**
Private Wohnungsbaukredite[2]	**32,9**	3,7	23,2	13,8	26,4	**691,4**
Konsumentenkredite[2]	**26,2**	4,3	21,5	7,0	41,0	**227,5**
Unternehmenskredite[2]	**23,3**	18,4	14,6	13,5	30,2	**1.315,8**
Einlagen Privatpersonen[2]	**40,4**	2,5	26,6	12,6	17,9	**1.469,7**
Einlagen inländischer Unternehmen[2]	**10,5**	26,6	9,2	21,4	32,3	**1.102,8**

2.2.5 Ertragssituation

Wie in der Einleitung der Arbeit bereits dargestellt wurde, steht die zukünftige Ertragssituation im Mittelpunkt der nachfolgenden Analyse. Bevor jedoch die Auswirkungen demographischer Veränderungen quantifiziert werden, lohnt sich ein Blick auf die Ausgangssituation im deutschen Bankensektor zu Beginn des neuen Jahrtausends, wobei ein besonderes Augenmerk auf der relativen Position der Sparkassen liegt. Zur Beurteilung der Profitabilität und Effizienz der Kreditinstitute werden im Folgenden die Indikatoren Eigenkapitalrentabilität (EKR) und Cost-Income-Ratio (CIR) herangezogen.

---

31 Neben Imagegründen hat dies zum Teil sicherlich auch institutionelle Ursachen, wenn z.B. innerhalb der SFG die Landesbanken bestimmte Geschäfte abwickeln oder Sparkassen per Satzung bestimmte Geschäfte nicht oder nicht im vollem Umfang durchführen dürfen. Eine Ausnahme bildet in diesem Kontext die freie Hamburger Sparkasse (HASPA), die z.B. ein eigenes erfolgreiches Segment „Private Banking" betreibt.

Die Eigenkapitalrentabilität (EKR), hier abgebildet durch den Quotienten aus Jahresüberschuss vor Steuern und durchschnittlichem bilanziellen Eigenkapital (einschließlich Fonds für allgemeine Bankrisiken, jedoch ohne Genussrechtskapital), ist ein Maß für die Profitabilität der Kreditinstitute. Je größer der Wert, desto größer die Verzinsung der eingesetzten Mittel der Eigner. Abbildung 6 fasst die Entwicklung für ausgewählte Bankengruppen und den gesamten deutschen Bankensektor für die Jahre 1999 bis 2008 zusammen. Zusätzlich wurden zu Vergleichszwecken die korrespondierenden Werte für das Jahr 1995 aufgenommen.

Ausgehend von Werten um die 14% Mitte der 90er Jahre konnte bis zum Jahr 2003 (0,7%) im deutschen Bankensektor insgesamt ein stetiges Sinken der Eigenkapitalrentabilität beobachtet werden, so dass Anfang des Jahrtausends des Öfteren eine „Bankenkrise" diagnostiziert wurde.[32] Im Zuge des konjunkturellen Aufschwungs war jedoch ab 2004 bis 2007 eine deutliche Erholung der Renditen festzustellen, bevor am Ende des Betrachtungszeitraums 2008 die Finanzkrise für einen extremen Rückgang der EKR auf -7,7% sorgte. Verantwortlich hierfür war vor allem die zu diesem Zeitpunkt desolate Ertragslage der besonders betroffenen Großbanken (-25,3%) und Landesbanken (-11,1%; ohne Abbildung).

32 Eine Ausnahme bildet das Jahr 1998, in dem die Großbanken mit einer EKR von 39,5% ein herausragendes Ergebnis realisieren konnten, das die Gesamtrendite einmalig nach oben gezogen hat. Das positive Resultat der Großbanken ist dabei auf Sondereffekte, d.h. einen stark positiven außerordentlichen Ergebnisbeitrag durch Hebung stiller Reserven zurückzuführen (Stiele [2008] 47).

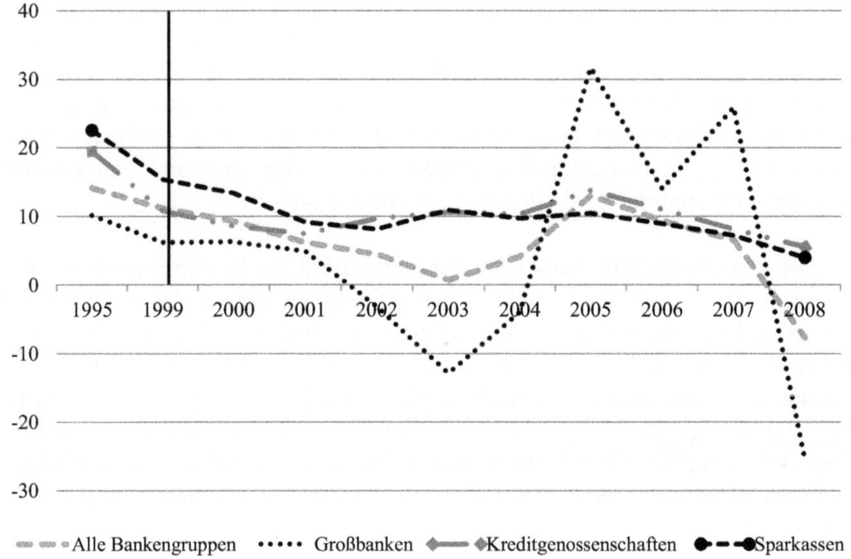

Abbildung 6: Eigenkapitalrentabilität1 in % vor Steuern (1995, 1999-2008) ; Quelle: DBB [Ertragslage] 2009, eigene Berechnungen; [1] Jahresüberschuss vor Steuern in % des durchschnittlichen bilanziellen Eigenkapitals (einschließlich Fonds für allgemeine Bankrisiken, jedoch ohne Genussrechtskapital)

Der Rückgang der Renditen seit 1995 ist nicht nur im Gesamtmarkt festzustellen, sondern betrifft auch die im langjährigen Mittel profitabelsten Bankengruppen der Sparkassen (Durchschnitt 1999-2008: 9,7%) und Genossenschaftsbanken (Durchschnitt 1999-2008: 9,6%). Da Sparkassen von dieser Entwicklung offensichtlich etwas stärker tangiert sind, haben die Genossenschaften die öffentlich-rechtlichen Institute hinsichtlich der Rentabilität in den letzten Jahren überflügelt. Lag die EKR der Sparkassen in den 90er Jahren[33] auf hohem Niveau noch deutlich und durchgängig über den Renditen der Kreditgenossenschaften, so kehrte sich seit 2004 das Bild nachhaltig um.

Bei den Großbanken ist es wegen der starken Schwankungen der Rentabilität dagegen schwer einen eindeutigen Trend zu identifizieren. Im Gegensatz zu den stabilen Renditen von Genossenschaftsbanken und Sparkassen weist die

33 Für das Jahr 1995 ergab sich z.B. bei den Sparkassen eine EKR von 22,6%, bei den Kreditgenossenschaften dagegen lediglich 19,5%. Siehe hierzu auch Stiele [2008] 47.

EKR der Großbanken eine sehr große Volatilität auf, die in den 90er Jahren noch nicht festzustellen war.[34] In diesem Jahrzehnt folgen dagegen extremen Krisenjahren (2003: -12,9%) in kurzem Abstand außerordentlich erfolgreiche Geschäftsjahre (2005: 31,7%), was auf eine grundlegende Änderung des Geschäftsmodells hindeutet. In der Mehrzahl der Jahre weisen die Großbanken -im Unterschied zu Sparkassen und Kreditgenossenschaften- eine im Vergleich zum Gesamtsektor unterdurchschnittliche Performance auf.

Die verhältnismäßig geringe Volatilität der EKR bei Sparkassen und Kreditgenossenschaften scheint vornehmlich der Fokussierung auf das Geschäft mit Privat- und mittelständischen Firmenkunden geschuldet, mit dem stabile, aber insgesamt tendenziell abnehmende Erträge generiert werden können. Anders das Bild bei den Großbanken: Durch ihre differierende Positionierung, d.h. partieller Rückzug aus dem Retailgeschäft bei gleichzeitigem Ausbau des Investmentbankings, schwankt ihre EKR deutlich stärker. Deutlich sichtbar wird dies, wie weiter unten näher beleuchtet, in der Ergebniskomponente „Nettoergebnis aus Finanzgeschäften".

Als zweiter Indikator, der auf die Effizienz der Institute abstellt, wird anschließend die Cost-Income-Ratio (CIR) betrachtet. Die CIR setzt die allgemeinen Verwaltungsaufwendungen (Personal- und andere Aufwendungen) ins Verhältnis zum Überschuss aus dem operativen Geschäft. In der engen Fassung der CIR setzt sich dieser Überschuss lediglich aus Zins- und Provisionsüberschüssen zusammen. In der weiten Fassung, die im Folgenden zugrunde gelegt wird, werden zusätzlich noch der Nettoertrag aus Finanzgeschäften und der Saldo der sonstigen betrieblichen Erträge und Aufwendungen einbezogen. Eine im Verhältnis zu anderen Banken kleine CIR deutet auf effizientes wirtschaften hin, ein relativ großer Quotient offenbart dagegen Optimierungspotential. International und von den Sparkassen selbst wird ein Wert von 60% angestrebt (Stiele [2008] 45; Ashauer [2005] 144).

Abbildung 7, die die Entwicklung der CIR in der weiten Fassung im Zeitraum 2000 bis 2008 zusammenfasst, zeigt, dass der gesamte Bankensektor sowie die betrachteten Subgruppen Sparkassen, Kreditgenossenschaften und Großbanken z.T. weit von dieser Benchmark entfernt sind.

34 Eine Ausnahme bildet das oben angesprochene Jahr 1998.

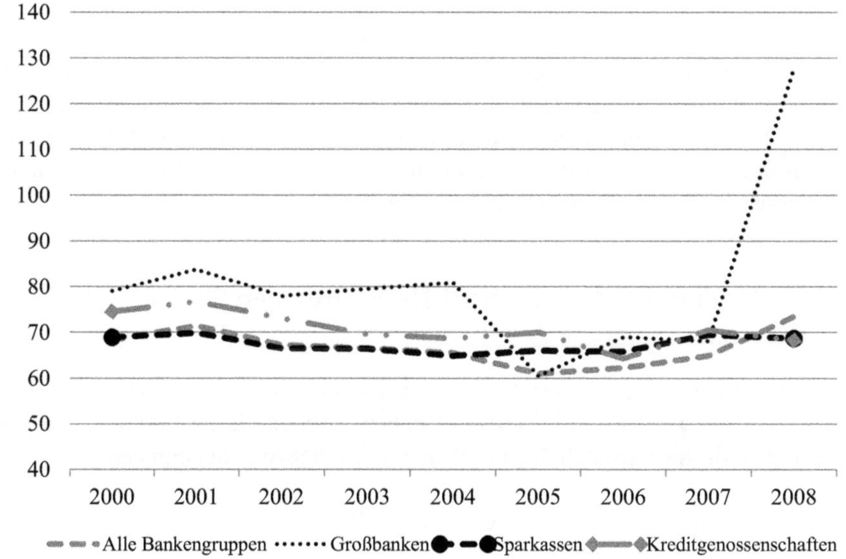

Abbildung 7: Cost-Income Ratio (weite Abgrenzung) 2000-2008; Quelle: DBB [Ertragslage] 2009, eigene Berechnungen

Die CIR der Sparkassen bewegt sich im Betrachtungszeitraum zwischen 64,9% (2004) und knapp unter 70% in den Jahren 2001 und 2007. Sie verfügen damit im Vergleich zu den anderen betrachteten Bankengruppen und dem Gesamtsektor über das geringste Durchschnittsniveau und weisen zusätzlich die kleinste Varianz auf. Ein etwas instabileres Bild zeigt sich bei den Kreditgenossenschaften. Hier liegen die Schwankungen der CIR ungefähr auf dem Niveau des Gesamtsektors. Im Unterschied zu den Sparkassen sind jedoch erfolgreiche Optimierungsbemühungen zu erkennen, die CIR nimmt tendenziell ab. Im Jahr 2000, zu Beginn des Betrachtungszeitraums, ergibt sich mit 74,5% eine Quote deutlich über dem Niveau der Sparkassen (68,9%), in den Jahren 2006 und 2008 liegt sie mit 64,3% bzw. 68,3% bereits darunter.

Die Großbanken weisen bzgl. der CIR die größte Varianz auf, was vor allem auf die Nettoerträge aus Finanzgeschäften zurückzuführen ist, die hier in der Summe aller Überschüsse aus dem operativen Geschäft enthalten sind. Diese Ertragskomponente, d.h. der Eigenhandel mit Wertpapieren, ist für die Großbanken im Gegensatz zu Sparkassen und Kreditgenossenschaften[35] von großer Bedeutung, weist jedoch eine sehr große Volatilität auf. So resultierte zwar bei den Großbanken im Jahr 2005 aus diesem Bereich mit 27,3% des Gesamtüberschusses erstmals ein größerer Erfolgsbeitrag als im Provisionsgeschäft mit 25,6%. Nur drei Jahre später, im Jahr 2008, mussten in diesem Ergebnissegment jedoch dramatische Verluste hingenommen werden, die fast 90% des Gesamtüberschusses im operativen Geschäft ausmachen.

2.2.6 Herausforderung und Bedrohungen

Abschließend soll ein kleiner Ausblick in die Zukunft des deutschen Bankenmarkts gewagt werden. Im Mittelpunkt stehen mögliche Entwicklungen und Bedrohungen, die sich zusätzlich zum demographischen Wandel ergeben.

Es ist unbestritten, dass der deutsche Bankensektor in den kommenden Jahren vor gravierenden Umwälzungen und Herausforderungen steht. Dies betrifft auch die deutschen Sparkassen, die sich bislang, wie gesehen, auch nach dem weitgehenden Wegfall staatlicher Privilegien verhältnismäßig gut im Wettbewerb behaupten konnten. Zunehmende Konkurrenz, verändertes Kundenverhalten, neue Technologien und veränderte gesetzliche Rahmenbedingungen werden das Wettbewerbsumfeld der Banken im Retail Banking nachhaltig verändern und zusätzlich zu den demographischen Herausforderungen erhebliche Auswirkungen auf die Ertragslage im Privatkundengeschäft haben.

In diesem Segment ist eine Vielzahl von unterschiedlichen Anbietern am Markt vertreten, die um eine abnehmende und sich regional stark unterschiedlich entwickelnde Kundenbasis werben. Direktbanken, die kein kostenintensives Filialnetz unterhalten, „non und near banks" und die verstärkte Präsenz ausländischer Institute führen bereits heute zu einem harten Wettbewerb, der sich zukünftig weiter intensivieren wird. Zusätzlich haben mittlerweile auch die etablierten Großbanken angekündigt, ihr Privatkundengeschäft wieder zu forcieren.

Diese anbieterseitigen Entwicklungen werden begleitet von erheblichen Veränderungen auf Seiten der Kunden. Die Etablierung neuer Kommunikations-

---

35 Gemessen an den gesamten Überschüssen im operativen Geschäft liegt das durch den Eigenhandel mit Wertpapieren realisierte Nettoergebnis aus Finanzgeschäften bei Sparkassen und Kreditgenossenschaften im Betrachtungszeitraum zwischen -0,2% und 0,7%.

und Informationstechnologien befördert z.B. eine steigende Preissensitivität und Mobilität der Kunden, da die Transparenz und Vergleichbarkeit von Produkten und Konditionen zunimmt. Im Zuge dieser Entwicklung ist zudem anzunehmen, dass das klassische „relationship banking", d.h. die ausschließliche Bindung an eine Bank, an Bedeutung verlieren wird. Diese Tendenzen sind bereits heute zu beobachten und betreffen mittlerweile auch ältere Kunden. Zukünftig werden sich diese Trends verstärken und auch auf der Nachfrageseite zu stärkerem Ertragsdruck führen. Als Konsequenz stehen auch bei den Sparkassen die großen Filialnetze unter zunehmenden ökonomischen Rechtfertigungsdruck.

Hinzu kommen absehbare Veränderungen in den gesetzlichen Rahmenbedingungen, die darauf abzielen, vermeintliche Intransparenzen und Wettbewerbshemmnisse, wie z.B. bei der Kundenberatung oder beim Wechsel der Girokontoverbindung abzubauen.

Insgesamt existieren also zusätzlich zu den demographisch induzierten Ertragsrisiken eine Vielzahl weiterer potentiell ertragsdämpfender Trends, denen Sparkassen ausgesetzt sind. Eine bisher äußerst stiefmütterlich behandelte Herausforderung ist jedoch, wie auch im anschließenden Literaturüberblick deutlich wird, der demographische Wandel, der in dieser Untersuchung im Fokus steht.

2.2.7 Ein kleiner Exkurs - Die Rolle der Sparkassen in der DDR

Es ist allgemein bekannt, dass die deutsche Teilung in vielen Bereichen des Wirtschaftslebens bis heute nachwirkt. Dies gilt, wie bereits bei der Betrachtung der Zweigstellen kurz angedeutet, auch für den gesamtdeutschen Bankensektor. Die diametral unterschiedliche Organisation des ostdeutschen Kreditwesens vor 1990 mit einer besonderen Stellung der Sparkassen schlägt sich, wie später auch im Hauptteil der Arbeit deutlich wird, in strukturellen Unterschieden zwischen Ost- und Westdeutschland nieder, die auch heute –fast 20 Jahre nach der Wiedervereinigung- spürbar sind. Diese Differenzen haben Auswirkungen auf die Methodik und Analyse, die in Abschnitt 4 beschrieben wird, und betreffen vor allem die aktuelle Wettbewerbsposition der einzelnen Bankengruppen, aber in untergeordnetem Maße beispielsweise auch das Anlageverhalten. Aus diesem Grund soll abschließend kurz die Situation im Bankenmarkt der DDR vor der Wiedervereinigung skizziert werden. Ein besonderes Augenmerk gilt dabei den historischen Wurzeln der (immer noch beobachtbaren) starken Marktposition der ostdeutschen Sparkassen.

Grundsätzlich verfügte die DDR über ein zentralgesteuertes staatliches Kreditsystem, dessen Strukturen sich Ende der 80er Jahre nicht wesentlich von denen Anfang der 50er Jahre unterschieden. Die Geschäftstätigkeit der ostdeutschen Kreditinstitute war komplett staatlich reglementiert und beschränkte sich auf wenige, eng begrenzte, vorgegebene Aufgabenbereiche. Zu den im Privatkundengeschäft aktiven Bankengruppen zählten neben den Sparkassen, die Post, die Reichsbahnsparkasse, sowie in den Städten die Genossenschaftskassen für Handwerk und Gewerbe und in ländlichen Gebieten die Bäuerlichen Handelsgenossenschaften. Diese Akteure dienten dem Staat in erster Linie als „Spareinlagensammelstellen“ und boten im Wesentlichen identische Produkte an. Hierzu zählten neben der Abwicklung des Zahlungsverkehrs traditionelle Sparkonten (mit Sparbuch) sowie Spargirokonten (mit Erteilung von Auszügen), die gleich verzinst waren. Das relativ bedeutungslose private Aktivgeschäft wurde fast ausschließlich von den Sparkassen abgewickelt. Hierzu zählten sogenannte Teilzahlungskredite zum Kauf langlebiger Konsumgüter, Kredite für junge Eheleute und Wohnungsbaukredite. Diese Kredite machten bei den Sparkassen weniger als 10% der Aktiva aus. Die überschüssigen Einlagen mussten bei der Staatsbank verzinslich angelegt werden (Ashauer [2005] 130f.; Kleinheyer/Lötzer [2006] 22; Klein [2003] 35).

Tabelle 2 gibt einen komprimierten Überblick zur Struktur des DDR-Bankensektors in der Vorwendezeit. Es zeigt sich, dass den Sparkassen in der DDR im Einlagengeschäft mit privaten Kunden eine herausragende Stellung zukam. Die anderen genannten Banken stellten zwar Alternativen zu den Sparkassen dar, waren insgesamt aber wirtschaftlich unbedeutend. 1989 wurden über 80% der gesamten ostdeutschen Spareinlagen bei den Sparkassen deponiert. Die Sparkassen verfügten neben der Post über das dichteste Filialnetz und waren flächendeckend, sowohl in städtischen als auch in ländlichen Gebieten der DDR präsent. Diese herausgehobene Stellung konnte durch besondere Maßnahmen auch nach der Wiedervereinigung konserviert werden. Die ostdeutschen Sparkassen wurden nach westdeutschem Vorbild transformiert, wobei der westdeutsche Sparkassensektor umfangreiche Unterstützung leistete. So gab es bspw. eine Zuordnung von Partnersparkassen, die den Umbruch und die Neuaufstellung organisatorisch, personell und strategisch begleiteten (Kleinheyer/Lötzer [2006] 28ff.).

Insgesamt scheint es den Sparkassen somit gelungen zu sein, ihre in Westdeutschland erheblich stärker präsenten Wettbewerber, d.h. die Privat- und Genossenschaftsbanken, auf Distanz zu halten.[36] Bei den privaten Großbanken dürfte hierfür sicherlich eine mangelnde Kontinuität insbesondere in der strategischen Grundausrichtung mitverantwortlich sein, bei der das Retailgeschäft im Zeitablauf zunehmend weniger Beachtung gefunden hat. Hinzu kam die schwache (historische) Verwurzelung bei den Kunden, auch musste das Filialnetz in großen Teilen neu aufgebaut werden. Den Genossenschaftsbanken ist es trotz strategischer Fokussierung auf das Geschäft mit mittelständischen Firmen und Privatkunden und z.T. vorhandener organisatorischer Basis und Bekanntheit aus DDR-Zeiten noch nicht gelungen, an ihre Bedeutung in Westdeutschland anzuknüpfen (Nagelschmidt/Neymanns (1999) 17ff., Engerer/Schrooten [2004] 33; Kleinheyer/Lötzer [2006] 32f.;).

Tabelle 2: Im Geschäft mit privaten Kunden aktive Kreditinstitute in der DDR (Bankstellen, Kundenklientel und Spareinlagen auf Sparkonten und Spargirokonten, Stand 1988/1989); Quelle: eigene Darstellung nach Statistisches Amt der DDR [1990] und Ashauer [2005].

Institute	**Bankstellen 1988**	**Kunden**	**Spareinlagen (Mrd. Mark)**				
			1950	**1960**	**1970**	**1980**	**1988**
Sparkassen	196 Institute, ca. 2400 Zweigstellen, ca. 700 Agenturen	Private Haushalte, private Betriebe u.a.	1,1	13,1	39,8	79,4	**122,7 (80,9 %)**
Genossenschaftskassen für Handwerk und Gewerbe	96 Institute, vornehmlich in Städten	Produktionsgenossenschaften des Handwerks, private Haushalte und Betriebe	0,1	1,3	4,2	7,3	10,2 (6,7%)
Reichsbahn-Sparkasse	8 Filialen, Zahlstellen in Bahnhöfen	insbesondere Angehörige der Reichsbahn					
Bank für Landwirtschaft und Nahrungsgüterwirtschaft (BLN)	15 Bezirksdirektionen, Filialen in Kreisen	Landwirtschaftliche Produktionsgenossenschaften (LPG) u.a.	0,1	2,3	6,1	9,0	12,9 (8,5%)
Bäuerliche Handelsgenossenschaften	272 Institute, ca. 2400 Zahlstellen in ländlichen Gebieten	Private Haushalte auf dem Land					
Postsparkasse, Postcheckämter	5 Post-checkämter, ca.12.000 Poststellen als Zahlstellen	Private Haushalte	0,0	0,8	2,0	4,0	5,4 (3,6%)
Insgesamt			**1,3**	**17,5**	**52,1**	**99,7**	**151,5**

36 Dies zeigt sich z.B. in den letzten regionalen Daten zur Bankstellenstatistik (DBB [Bankstellenstatistik, detailliert] 2004), aber auch später in Abschnitt 7.1.2 bei der Marktanteilsanalyse von Primärdaten ost- und westdeutscher Sparkassen.

2.3 Zusammenfassung und Fazit

Wie in Abschnitt 2.1 dargestellt, verfügen Sparkassen über verschiedene institutionelle Besonderheiten, die sie von privaten Banken unterscheiden. Hierzu zählen neben dem öffentlichen Auftrag (aus dem sich die meisten anderen Spezifika ableiten), die Rechtsform, die Integration in ein Verbundsystem und verschiedene Beschränkungen der Geschäftstätigkeit. Für den Kontext dieser Untersuchung sind insbesondere die Restriktionen, die sich aus dem Regionalprinzip ergeben von Bedeutung.

Sparkassen können ihre Geschäftstätigkeit nicht beliebig ausweiten oder verlagern. Es besteht nach dem Regionalprinzip grundsätzlich ein Zweigstellenerrichtungsverbot für das Territorium außerhalb des Hoheitsgebiets des Sparkassenträgers. Expansionsmöglichkeiten bestehen somit nur über Fusionen oder in Folge von Gebietsreformen. Zudem lässt sich aus dem gesetzlichen Auftrag ableiten, dass Sparkassen auch innerhalb ihres Geschäftsgebiets in peripheren Regionen flächendeckend tätig sein müssen. Dies schließt bspw. die alleinige Fokussierung auf ein regionales Oberzentrum aus. Zusätzlich sollten nach dem Regionalprinzip im Grundsatz auch die meisten anderen geschäftlichen Aktivitäten zumindest mittelbar mit der Region in Zusammenhang zu bringen sein bzw. an diese anknüpfen. Dies gilt insbesondere für das Kreditgeschäft, für Beteiligungen, aber z.B. auch für Werbeaktivitäten. Als Konsequenz sind Sparkassen somit -wie in der Einleitung angedeutet- sehr eng mit der ökonomischen und demographischen Situation in ihrem Geschäftsgebiet verbunden.

Zwar kann die Fokussierung auf die Region unter Umständen auch bestimmte Vorteile generieren.[37] Generell geht die lokale Ausrichtung trotz Integration in ein Verbundsystem aber mit gravierenden Nachteilen einher. So verfügen Sparkassen im Gegensatz zu privaten Banken tendenziell über weniger Diversifikationsmöglichkeiten, um regionale konjunkturelle und demographische Risiken abzufedern.[38] Dies ist umso gravierender, wenn man berücksichtigt, dass die Sparkassen ihre Eigenkapitalbasis, die zukünftig im Zuge aufsichtsrechtlicher Verpflichtungen noch stärkeres Gewicht erlangen wird, allein

37 So können bspw. aus der besseren lokalen Marktkenntnis kleinere Informationsasymmetrien zwischen Kreditnehmern und Bank resultieren, die mit geringeren Agency-Kosten einhergehen.

38 Gärtner [2008] 139 beschreibt die Möglichkeiten von Sparkassen, das Verbundsystem zum Hedging regionaler Klumpenrisiken zu nutzen.

durch thesaurierte Gewinne vergrößern können.[39] Eine stabile Ertragslage ist deshalb für die Sparkassen existenziell und sollte auch in Zukunft sichergestellt sein. Die Einschätzung demographisch bedingter Ertragsrisiken gewinnt vor diesem Hintergrund eine herausragende zusätzliche Bedeutung.

Bislang scheint das Geschäftsmodell der Sparkassen trotz der skizzierten Restriktionen jedoch ausgezeichnet zu funktionieren. Wie die Untersuchung der aktuellen Ertragslage der Banken in Abschnitt 2.2.5 zeigt, stehen die Sparkassen nach den gängigen Erfolgskriterien relativ zu den anderen Bankengruppen bemerkenswert gut da. Sie generieren stabile Erträge und wirtschaften effizient. So verfügen die Sparkassen im betrachteten Jahrzehnt (1999-2008) im Durchschnitt über die höchste Eigenkapitalrendite (EKR), die zudem die geringste Volatilität aufweist. Die Sparkassen wirtschaften jedoch nicht nur sehr profitabel, sondern im Vergleich zu ihren Konkurrenten auch effizient. Ihre Cost-Income-Ratio (CIR) liegt im Durchschnitt der Jahre 2000 bis 2008 unter der von Kreditgenossenschaften und Großbanken. Zudem sind auch hier die Schwankungen am kleinsten. Dennoch stehen auch Sparkassen –wie in Abschnitt 2.2.6 dargestellt- vor gravierenden Herausforderungen und Entwicklungen, die zukünftig Druck auf die Erträge generieren werden.

Diese Entwicklungen können insbesondere für Sparkassen ernsthafte Konsequenzen haben, da sie qua ihres öffentlichen Auftrages in der Fläche präsent sein müssen und ein kostenintensives Filialnetz unterhalten, was zusätzlich mit einer hohen Personalintensität einhergeht (Ashauser [2005] 141; Stiele [2008] 44). Wie in den Abschnitten 2.2.2 und 2.2.3 dargestellt, stellen sie im Jahr 2009 ein gutes Drittel aller Zweigstellen und Beschäftigten im deutschen Kreditwesen und nehmen damit jeweils die Spitzenposition unter den deutschen Banken ein.

Gemessen an diesen Kriterien fällt der an der Bilanzsumme gemessene Gesamtmarktanteil mit gut 14% eher gering aus. Dies täuscht aber über ihre exponierte Position im Geschäft mit Privat- und mittelständischen Firmenkunden hinweg. In einzelnen Produktfeldern können mittels Anteilen an den jeweiligen Bilanzsummen Marktanteile zwischen 26% (Konsumentenkredite), 33% (private Wohnungsbaukredite) bis hin zu über 40% im privaten Einlagengeschäft ermittelt werden. Diese drei Marktsegmente machen 2009 zusammen ca. 1/3 der Gesamtbilanzsumme (Gesamtmarktvolumen) aus. In Ostdeutschland dürften die

39 Siehe hierzu Abschnitt 2.1.2. Dies dürfte sich vor dem Hintergrund der finanziellen Situation vieler Kommunen und dem Verbot von privaten Investoren auch mittelfristig nicht ändern.

Marktanteile wegen der in Abschnitt 2.2.7 dargestellten historischen Bedeutung der Sparkassen in der DDR tendenziell noch höher ausfallen.

Die Sparkassen können somit als Marktführer im Privatkundengeschäft betrachtet werden und nehmen eine bedeutende Rolle im deutschen Banksystem ein. Sie wickeln ein Großteil des Zahlungsverkehrs und des klassischen Kredit- und Einlagengeschäft ab.[40] Da sie zudem regionalen Beschränkungen und begrenzten Ausweichmöglichkeiten unterliegen, erscheint die Fokussierung auf Sparkassen als Untersuchungsobjekt für die Konsequenzen des demographischen Wandels sinnvoll und höchst relevant.

Bevor in Kapitel 4 der empirische Ansatz und das Simulationsmodell zur Untersuchung dieser Konsequenzen vorgestellt werden, soll im folgenden Kapitel ein kleiner Literaturüberblick über den aktuellen Forschungsstand zum Thema „Banken und demographischer Wandel" gegeben werden.

---

40 Der Zahlungsverkehr wurde in Abschnitt 2.2 nicht näher betrachtet. Ein Indiz für die Bedeutung der Sparkassen in diesem Segment sind die über 38 Mio. Girokonten, die die Sparkassen zum Jahresende 2009 für ihre Kunden führten (DSGV [2010c]).

3 Demographischer Wandel und Bankensektor - Literaturüberblick

Im Gegensatz zu der umfangreichen Analyse makroökonomischer Konsequenzen ist bislang in der wissenschaftlichen Literatur nur eine begrenzte Beschäftigung mit den mikroökonomischen Auswirkungen demographischer Veränderungen zu beobachten. So existieren auf Makroebene beispielsweise eine Vielzahl von Untersuchungen zu Sozialversicherungssystemen (z.B. Casamatta et al. [2001]; Demange/Laroque [1999]; Fehr [2000]), Inflation (Lindh/Malmberg [1998,2000]), öffentlich bereitgestellten Gütern (u.a. Cattaneo/Wolter [2009]; Montén/Thum [2010]), sowie zu Arbeits- (u.a. Boersch-Supan [2003]; Henschel et al. [2008]) und Kapitalmärkten (z.B. Abel (2001); Poterba [2001,2004]). Auf Mikroebene sind dagegen über einige Ansätze zu personalwirtschaftlichen Fragestellungen hinaus (z.B. BCG [2007]) nur wenige theoretisch und/oder empirisch fundierte Arbeiten vorhanden, die sich mit den Konsequenzen demographischer Herausforderungen für Firmen oder einzelne Branchen, wie dem Bankensektor, beschäftigen. Ebenso wenig ist über geeignete, wissenschaftlich abgesicherte Reaktionen bekannt.

Im Folgenden werden zwei Literaturstränge zum Themenkomplex „Banken und Demographischer Wandel" vorgestellt. Der Abschnitt 3.1 referiert im Wesentlichen Untersuchungen, die Implikationen demographischer Prozesse für den Bankensektor der EU behandeln. Kapitel 3.2 fasst Arbeiten zu den Auswirkungen einer schrumpfenden und alternden Bevölkerung auf Regionalbanken in Deutschland zusammen. Darüber hinaus kann noch ein wichtiger dritter Literaturzweig identifiziert werden. Hierbei handelt es sich um überwiegend praxisorientierte Arbeiten, die sich hauptsächlich mit betriebswirtschaftlichen Reaktionen von Banken auf eine alternde Kundenstruktur beschäftigen (z.B. Gottschling et al. [2008], Juncker/Nietert [2010], Schulz [2005], Ronzal/Muthers [2007]). Auf diese Literatur soll nachfolgend nicht weiter eingegangen werden, da die dort behandelten Fragestellungen nicht unmittelbar im Fokus dieser Arbeit liegen.

3.1 Auswirkungen des Demographischen Wandels auf den Bankensektor in der EU

Mitte dieses Jahrzehnts wurde begonnen, sich intensiver mit den Konsequenzen von demographischen Prozessen für den Bankensektor im Allgemeinen zu beschäftigen. Im Mittelpunkt dieses überschaubaren Literaturstrangs stehen dabei insbesondere die strategischen Implikationen und die möglichen Auswirkungen auf die Ertragslage und damit auf die Finanzmarktstabilität. Im Fokus steht meist die EU, d.h. es wird von tendenziell alternden und schrumpfenden Populationen ausgegangen.

Zur Abschätzung der demographischen Effekte verfolgen EZB (2006a), Schmitz (2007) und Fendt et al. (2008) dabei prinzipiell einen ähnlichen zweistufigen indirekten Ansatz.[41] Zuerst werden die potentiellen Auswirkungen des Demographischen Wandels auf Umweltfaktoren untersucht, die die Ertragslage der Banken und damit mittelbar die Finanzmarktstabilität beeinflussen. Insgesamt werden vier Wirkungskanäle identifiziert, die maßgeblich von demographischen Faktoren tangiert werden. Hierzu zählt erstens die makroökonomische Entwicklung, d.h. insbesondere das Wirtschaftswachstum und die Faktoren, die darauf Einfluss nehmen (Arbeitsproduktivität und -volumen, öffentliche Finanzen, etc.). Zweitens wird das Zinsniveau, d.h. die langfristigen Realzinssätze betrachtet. Als dritter Faktor fließen die Immobilienmärkte ein und viertens werden das Volumen und die Zusammensetzung des Portfolios, d.h. insbesondere das Sparverhalten der privaten Haushalte untersucht. Für alle vier Faktoren werden vor dem Hintergrund bekannter Forschungsergebnisse die Konsequenzen der zu erwartenden Bevölkerungsdynamik abgeschätzt und jeweils ein langfristiger Trend identifiziert. So nehmen alle Autoren beispielsweise an, dass das Wirtschaftwachstum pro Kopf leicht sinken wird, hauptsächlich bedingt durch ein demographisch induziertes langsameres Produktivitätswachstum (EZB [2006a] 25). Für den langfristigen Realzins wird ebenfalls ein niedrigeres Niveau prognostiziert (EZB [2006a] 27).

Im zweiten Schritt wird explizit mit Hilfe einer stilisierten Profitfunktion (EZB [2006a] 29) bzw. implizit (Schmitz [2007], Fendt et al. [2008]) versucht,

41 In EZB (2006b) wird ebenfalls versucht, einige Konsequenzen des Demographischen Wandels auf Finanzintermediäre herauszuarbeiten. Dieser Ansatz ist jedoch eher ad hoc, kommt aber im Wesentlichen zu ähnlichen Schlussfolgerungen, wie z.B. der steigenden Bedeutung institutioneller Investoren zu Lasten der Banken.

die Ertragswirkungen der herausgearbeiteten Entwicklungen qualitativ abzuschätzen und zu einem Gesamtbild zusammenzufügen. Schmitz [2007] und Fendt et al. [2008] gehen dabei zusätzlich sehr detailliert auf die strategischen Konsequenzen für Banken ein und skizzieren mögliche Reaktionen.

Im Ergebnis sind folgende Entwicklungstendenzen für Banken zu erwarten. Die deutlichsten Auswirkungen werden für den Umfang und die Struktur der Nachfrage nach Bankdienstleistungen und Produkten prognostiziert, die durch institutionelle Entwicklungen, wie den Umbau von Rentenversicherungssystemen, noch verstärkt werden könnten. Im Zuge der Alterung erwarten alle Studien ein Sinken der Nachfrage nach Krediten, Hypotheken und traditionellen Sparprodukten sowie eine stärkere Nachfrage nach langfristigen kapitalmarktorientierten Altersvorsorgeprodukten. Zusätzlich wird sich eine wachsende Nachfrage nach bestimmten Versicherungsprodukten, Beratungsdienstleistungen und Vermögensmanagement ergeben. Im Zuge dieser Entwicklung wird die Bedeutung von institutionellen „non-bank" Anbietern (Versicherungen, Pensionsfonds, etc.) steigen. Ein zunehmender Wettbewerb zwischen diesen Institutionen und Banken einerseits, aber auch zwischen Banken ist zu erwarten. Dieser Prozess wird vermutlich mit sinkenden Margen einhergehen. Es wird zudem prognostiziert, dass die Grenzen zwischen Banken und institutionellen „non-Bank"-Konkurrenten zunehmend verschwinden werden. In der Summe ist somit tendenziell von einem Sinken der Zinserträge und einem Anstieg zinsunabhängiger Erträge (Provisionen etc.) auszugehen, die zukünftig einen größeren Anteil ausmachen werden. Wie sich die Ertragslage der Banken langfristig entwickelt, wird von den Maßnahmen abhängen, die Banken als Reaktion auf diese Trends ergreifen.

Als wichtigste strategische Maßnahme wird von allen Autoren die Ausweitung und Anpassung des Produktangebots gesehen. Notwendig sind Produkte, die auf die ältere Kundschaft zugeschnitten sind, also die Präferenzen und Bedürfnisse einer alternden Bevölkerung besser treffen. Hierzu gehören z.B. bestimmte Versicherungsprodukte, Annuitäten oder umgekehrte Hypotheken (Reverse Mortgage).[42] Schmitz [2007] und Fendt et al. [2008] führen zusätzlich eine Vielzahl weiterer Optionen an. Zu diesen gehören u.a. die grundlegende Transformation der Personalstruktur weg vom Schalterbeamten hin zu spezialisierten

42 Für Auswirkungen des demographischen Wandels auf das Produktportfolio im Retailbanking siehe auch Lindh et al. [2008]. Zur umgekehrten Hypothek siehe z.B. Conrad [2007].

Anlage- und Vermögensberatern, die internationale Diversifikation[43], spezielle Marketingstrategien für die Zielgruppe 50+, sowie die Stärkung bzw. Neuausrichtung der Filialstruktur auf prosperierende städtische, stadtnahe oder sogar ausländische Regionen. Diese Gebiete werden zukünftig zu den beliebten Destinationen und präferierten Alterssitzen von älteren Kunden zählen (Schmitz [2007] 116).

3.2 Demographischer Wandel und Regionalbanken in Deutschland

Neben der Literatur zu den Konsequenzen von Alterungs- und Schrumpfungsprozessen für den Bankensektor im Allgemeinen, existiert ein Literaturzweig, der einen direkteren Bezug zur vorliegenden Arbeit hat und im Folgenden vorgestellt werden soll.

Als Ausgangspunkt der systematischen wissenschaftlichen Beschäftigung mit dem Themenkomplex „Demographischer Wandel und Regionalbanken" können zwei Arbeiten von Rosar [2006] und Rosar/Queck [2007] betrachtet werden. In Rosar/Queck [2007] werden die Ergebnisse einer ersten Umfrage unter deutschen Sparkassen präsentiert. Insgesamt kommen die Autoren zum Ergebnis, dass die Risiken und die Handlungsnotwendigkeiten, die sich aus der zu erwartenden Bevölkerungsdynamik ergeben, von den meisten Instituten durchaus erkannt werden. Dies gilt umso mehr, je stärker die Region der Sparkasse bereits von negativen demographischen Veränderungen betroffen ist bzw. kurzfristig betroffen sein wird. Jedoch müssen die Verfasser konstatieren, dass sich die erkannten Entwicklungen mit Ausnahme einzelner Leuchtturmprojekte nicht ausreichend in der strategischen Konzeption der Sparkassen widerspiegeln.

Im Rahmen des von der Wissenschaftsförderung der Sparkassen-Finanzgruppe e.V. finanzierten Projekts „Banking in schrumpfenden Regionen", das an der Universität Rostock durchgeführt wurde, konnten zeitlich nachgelagert weitere Erkenntnisse über die potentiellen Auswirkungen des Demographischen Wandels für Sparkassen gewonnen werden.

---

43 Die Internationalisierung als Reaktion auf nationale demographische Veränderungen wird bspw. in Gruber [2003] näher beleuchtet.

Ein Ansatzpunkt war hier eine weitere Befragung von 112 Sparkassen (Conrad/Neuberger [2007]) zum Einfluss von „Alterung und Abwanderung“ auf Ertragslage und Geschäftspolitik (d.h. Produkt-, Distributions- und Mitarbeiterpolitik), deren wesentliche Ergebnisse in Neuberger/Conrad [2008] zusammengefasst werden. Grundsätzlich scheinen sich die befragten Sparkassen der demographischen Herausforderung sehr bewusst zu sein, erwarten aber im Durchschnitt keine dramatisch negativen Auswirkungen auf ihre mittelfristige Ertragssituation. Der Demographische Wandel wird aus Sicht der Sparkassen die „Wirtschaftliche Grundlage“ der Institute nicht maßgeblich gefährden und auch die Geschäftspolitik insgesamt nur mäßig beeinflussen. Obwohl im Vergleich zur Befragung von Rosar [2007] ein gesteigertes Aktivitätsniveau zu erkennen ist, fällt zum Erhebungszeitpunkt die Reaktion der Sparkassen auf die erwarteten demographischen Prozesse eher noch moderat aus. So plante oder besaß nur etwa jede vierte Sparkasse eine Projektgruppe zu demographischen Themen. Insgesamt wird zudem deutlich, dass die teilnehmenden Institute eher den Prozess der Alterung als die Abwanderung als Problem sehen.

Aufbauend auf den Befragungsergebnissen versucht Conrad [2008] mit Hilfe einer theoretisch fundierten empirischen Untersuchung Wirkungszusammenhänge zwischen demographischen Faktoren und der Ertragslage von Sparkassen zu identifizieren. Er kommt in einer Querschnittsregression für das Jahr 2005 zum Ergebnis, dass der Ertrag (Zins- und Provisionsüberschuss je Einwohner) neben anderen Einflussfaktoren positiv von der Kaufkraft und vom Anteil der über 75-Jährigen an der Bevölkerung abhängt. Negativ wirken die Veränderung der Einwohnerdichte in einem 5-Jahreszeitraum und die Anzahl der Konkurrenzfilialen je Sparkassengeschäftsstelle. Eine schrumpfende Bevölkerung geht somit mit steigenden Erträgen einher, was vom Autor auf eine sinkende Wettbewerbsdynamik zurückgeführt wird, da sich private und Genossenschaftsbanken im Betrachtungszeitraum deutlich aus solchen unattraktiven Regionen zurückgezogen bzw. ihre Geschäftstätigkeit dort eingeschränkt haben. Im Ergebnis wirkt somit eine alternde und schrumpfende Bevölkerung erst einmal positiv auf die Ertragslage, insbesondere wenn dadurch zusätzlich auch die Wettbewerbsintensität sinkt und beispielsweise Konkurrenzfilialen geschlossen werden. Da jedoch in Regionen mit Alterungs- und Schrumpfungsprozessen tendenziell auch die Wirtschafts- und Kaufkraft zurückgeht, sieht der Autor im Demographischen Wandel eine Gefahr für die Ertragslage von Sparkassen, die in solchen Gebieten tätig sind. Die konkreten Auswirkungen werden dabei aber nicht weiter quantifiziert oder eingeordnet.

In Conrad et al. [2009], einer Erweiterungen der obigen Analyse, steht die Frage im Mittelpunkt, inwiefern die Wirtschaftlichkeit der Sparkassen von den in Conrad [2008] ermittelten relevanten regionalen und demographischen „Umfeldfaktoren" beeinflusst wird. Diese Fragstellung ist von Bedeutung, da in der Effizienz eine Grundlage für die dauerhafte Sicherung der Geschäftstätigkeit zu sehen ist. Zur Beantwortung wird von den Verfassern eine zweistufige empirische Effizienzanalyse durchgeführt. In der ersten Stufe werden für die Sparkassen mit Hilfe der Data-Envelopment-Analyse individuelle Effizienzwerte ermittelt. Diese Effizienzwerte werden im zweiten Schritt den oben angeführten „Umfeldfaktoren" (Kaufkraft, Bevölkerungsdichte, Anteil der über 75-jährigen an der Bevölkerung und lokale Konkurrenzsituation bzw. Veränderungen und Interaktionsterme dieser Größen) gegenübergestellt. Hierzu werden mehrere Regressionen geschätzt, in die zusätzlich einige relevante Kontrollvariablen einfließen. Ziel ist es, die Wirkungszusammenhänge zwischen Effizienz und insbesondere den demographischen Faktoren zu ermitteln.

Es zeigt sich in der ersten Stufe, dass relativ viele effiziente Institute in Westdeutschland beheimatet sind, wo die Varianz im Vergleich zu Ostdeutschland wesentlich größer ist. Die ostdeutschen Sparkassen weisen somit ein größeres Maß an Homogenität, d.h. geringere Effizienzunterscheide auf. Im Allgemeinen sind Sparkassen in wirtschaftlich schwachen Gegenden zwar homogener, verfügen aber dafür über eine geringere Effizienz als Sparkassen in starken Regionen. Ein weiteres interessantes Ergebnis ist, dass die effizientesten Sparkassen sich sowohl in wirtschaftlich sehr starken und dicht besiedelten aber auch in ökonomisch schwachen bzw. peripheren Gebieten befinden.

In der zweiten Stufe zeigt sich, dass die „Umfeldfaktoren" durchaus relevant für die Effizienz der Sparkassen sind. Das Alter der Bevölkerung ist insbesondere für schrumpfende Regionen von Bedeutung. Hier besteht ein negativer Zusammenhang zwischen dem Anteil älterer Personen und den ermittelten Effizienzmaßen. Dies führen die Autoren auf die spezielle Produktnachfragestruktur älterer Personen zurück. Erstens besteht bei dieser Personengruppe tendenziell eine geringere Nachfrage nach Finanzdienstleistungen. Zweitens fragen sie in der Regel standardisierte Produkte nach, die über ein kostenintensives Filialnetz vertrieben werden müssen. Es zeigt sich weiter, dass Institute, die sich hinsichtlich ihrer Größe (noch) nicht an ihre schrumpfende Umgebung angepasst haben, ein tendenziell niedrigeres Effizienzniveau aufweisen. Insgesamt sprechen die Ergebnisse jedoch dafür, dass die Adaption der Sparkassen in ökonomisch und demographisch unvorteilhaften Regionen bereits jetzt verhältnismäßig gut gelungen ist, da die Banken dort über relativ hohe Effizienzwerte verfügen.

3.3 Fazit

Die Literatur zu den Konsequenzen des Demographischen Wandels für Banken ist insgesamt (noch) recht überschaubar. Erste Zukunftsszenarios und strategische Handlungsoptionen wurden zwar durchaus fundiert und nachvollziehbar abgeleitet. Aber wie gesehen, existiert bislang jedoch keine Untersuchung, die dabei über eine rein qualitative Einschätzung hinausgeht. Es gibt somit bislang keine empirisch fundierte quantitative Abschätzung der demographisch induzierten Auswirkungen auf den zu erwartenden Ertrag und die zukünftige Kundenbasis. Die vorliegende Analyse stößt somit in eine Forschungslücke und offeriert eine absolut neuartige Herangehensweise an das Thema.

4 Untersuchungsmethodik – Konzeptionelle Vorgehensweise

Wie in Kapitel 5.2 deutlich wird, ist die mittelfristige Bevölkerungsdynamik in Deutschland durch substantielle Alterungs- und Schrumpfungsprozesse gekennzeichnet, die regional jedoch stark divergieren. Nachdem bislang vollkommen unklar ist, welche Konsequenzen diese Entwicklung für Banken und deren Ertragslage hat, soll im Folgenden der empirische Untersuchungsansatz zur Beantwortung dieser Frage näher beschrieben werden.

Im Fokus dieser Arbeit steht dabei das Privatkundengeschäft der Sparkassen, die -wie in Abschnitt 2 dargelegt- aus verschiedenen Gründen ein geeignetes Untersuchungsobjekt zur Abschätzung dieser Konsequenzen sind. Zum einen spielen Sparkassen eine bedeutende Rolle im deutschen Bankensystem und verfügen insbesondere im Privatkundengeschäft über sehr große Marktanteile. Zweitens sind Sparkassen keine Spezialbanken einer bestimmten Kundenklientel, d.h. die Sparkassenkunden sind vermutlich am ehesten repräsentativ für die deutsche Bevölkerung. Drittens sind Sparkassen zumindest im Privatkundengeschäft stark mit ihrem Geschäftsgebiet verbunden, d.h. können der demographischen Entwicklung schwer ausweichen.

In der Einleitung wurde bereits deutlich, dass der demographische Wandel über mindestens zwei Wirkungskanäle den Ertrag beeinflusst. Da die meisten Regionen in Deutschland schrumpfen werden, ist zum einen ein negativer Kundenbasiseffekt zu erwarten. Wenn zudem der Ertrag vom Alter abhängt, spielt darüber hinaus die zukünftige Altersstruktur der Kunden eine gewichtige Rolle. Offen bleibt, welche Auswirkungen die komplexe Interaktion der Effekte auf die Ertragslage der Sparkassen in Deutschland haben wird.

Zur Beantwortung dieser und der bereits in der Einleitung aufgeworfenen Fragen steht ein einzigartiger Privatkundendatensatz von elf deutschen Sparkassen aus verschiedenen Regionen Deutschlands aus dem Jahr 2006 zur Verfügung.[44] Bei drei Sparkassen handelt es sich um große städtisch geprägte Sparkassen, die anderen vier mittleren und vier kleinen Sparkassen sind in der

44 Drei Sparkassen konnten lediglich Informationen aus dem Jahr 2007 erheben. Wegen der zeitlichen Nähe ist es jedoch unproblematisch, die Daten wie Querschnittsdaten zu behandeln.

(klein-)städtischen und ländlichen Peripherie tätig. Acht der Sparkassen stammen aus Ostdeutschland, drei aus Westdeutschland. Insgesamt liegen ca. zweieinhalb Millionen Datensätze vor, die zusammen mit geeigneten Bevölkerungsprognosen in ein Simulationsmodell einfließen, das es erlaubt, die Auswirkungen des Demographischen Wandels auf den Sparkassenertrag bis zum Jahr 2020/2025 zu prognostizieren.[45]

Das Modell wird dabei auf zwei Untersuchungsebenen genutzt. Zum einen geht es zunächst darum, die Auswirkungen des Demographischen Wandels auf Kundenbasis und Ertrag für die involvierten elf Sparkassen zu simulieren. Hierbei handelt es sich um explorative Fallstudien, d.h. die Aussagekraft und Übertragbarkeit der Ergebnisse ist begrenzt auf strukturell ähnliche Sparkassen, die sich einer vergleichbaren demographischen Entwicklung gegenübersehen (Fallstudien). Zum anderen werden auf Basis dieser Ergebnisse Hochrechnungen für die deutschen NUTS II-Regionen durchgeführt, um durch Aggregation Aussagen für den Sparkassensektor als Ganzes zu treffen und regional divergierende Entwicklungen zu identifizieren (Hochrechnung).

Das in beiden Fällen verwendete Simulationsmodell besteht aus mehreren Komponenten und umfasst drei notwendige Arbeitsschritte, die im nächsten Kapitel anhand der Analyse auf Sparkassenebene detailliert beschrieben werden. Im Anschluss erfolgt dann die Beschreibung der Methodik bei der Hochrechnung für die deutschen NUTS II-Regionen und eine Gegenüberstellung der beiden Ansätze.

Ausgangspunkt in beiden Fällen ist zunächst eine Status Quo-Prognose, d.h. über den Vorhersagezeitraum werden allen Einflussfaktoren auf den Ertrag mit Ausnahme der demographischen Entwicklung konstant gehalten. Zum Abschluss der empirischen Untersuchung werden neben diesem demographischen Basisszenario I zwei weitere Szenarien II und III betrachtet. Mit Hilfe des Szenarios II wird versucht, die Wettbewerbssituation der Sparkassen realistischer zu modellieren und mit Szenario III soll zusätzlich die vermutlich steigende Preissensitivität älterer Kunden eingefangen werden.

---

45 Der Prognosehorizont wird determiniert durch den maximalen Vorhersagezeitraum der jeweils verwendeten Bevölkerungsvorausberechnung.

4.1 Fallstudien: Entwicklung des Bankertrags auf Sparkassenebene

Determinanten des Bankertrags

Bei der Untersuchung wird in drei Schritten vorgegangen. Im ersten Schritt wird mit Hilfe einer Regressionsanalyse unter Verwendung von Privatkundendaten elf deutscher Sparkassen aus verschiedenen Regionen Ost- und Westdeutschlands untersucht, welche kundenindividuellen Faktoren (z.B. Wohnort, Alter, Geschlecht, Einkommen, Einlagen und Kredite, etc.) auf den Sparkassenertrag wirken und wie groß diese Effekte sind. Als Ertragsvariable steht hierbei aus dem internen Rechnungswesen der Deckungsbeitrag II (im folgenden DB II) zur Verfügung. Diese Einflussfaktoren müssen nicht zwangsläufig für alle Sparkassen identisch sein. So können die Institute unterschiedliche Geschäftsmodelle mit differierenden Schwerpunkten besitzen oder bestimmte regionale Besonderheiten eine Rolle spielen. Um zu überprüfen, wie homogen die Sparkassen sind, werden deshalb die Determinanten zunächst für jede Sparkasse einzeln geschätzt. Bei ausreichender Ähnlichkeit können dann im Anschluss die Einflussfaktoren auf den Ertrag jeweils separat für die zusammengefassten Datensätze der ost- bzw. westdeutschen Sparkassen ermittelt werden. Abschließend erfolgt die Schätzung der Ertragsdeterminanten mit Hilfe des integrierten Gesamtdatensatzes aller Sparkassen, d.h. hier werden alle verfügbaren Kundendaten in einer Schätzung genutzt.

Prognose der Kundenbasis und -struktur

In einem zweiten Schritt wird dann analysiert, wie sich Kundenbestand und -struktur der beteiligten Sparkassen in ihrem Geschäftsgebiet über den Prognosezeitraum entwickeln werden. Zentral ist hier der Begriff der Marktausschöpfung. Unter der Marktausschöpfung wird allgemein der Quotient aus Kundenzahl und Bevölkerung in einer bestimmten Altersgruppe in einem definierten Gebiet verstanden. Die Marktausschöpfung kann prinzipiell geschlechtsspezifisch (d.h. für Männer und Frauen getrennt) für jede Altersklasse und für jede regionale Aggregationsebene bis hinunter zur Gemeindeebene ausdifferenziert werden. Dies setzt jedoch voraus, dass die Informationen der Sparkassen hinsichtlich Wohnort, Geschlecht und Alter der Kunden kompatibel mit den zur Verfügung stehenden Informationen der amtlichen Bevölkerungsstatistik sind. Im Rahmen der vorliegenden Untersuchung konnten die Ebene der Kreise und kreisfreien Städte und einjährige Altersklassen gewählt werden. So ist es möglich, für jede beteiligte Sparkasse die Ausschöpfung in einjährigen Altersklassen in jedem Kreis ihres Geschäftsgebiets zu ermitteln, also z.B. die Ausschöpfung für weibliche 20-Jährige Kunden in Kreis X des Geschäftsgebiets.

Mit Hilfe von Annahmen über die zukünftige Entwicklung der Marktausschöpfung über den Prognosehorizont und Daten über die zu erwartende Bevölkerungsdynamik kann dann im nächsten Schritt die zukünftige Kundenstruktur in den Geschäftsgebieten der beteiligten Sparkassen abgeschätzt werden. Um den rein demographischen Effekt auf den Ertrag, der sich aus der Änderung der demographischen Struktur ergibt, zu isolieren, wird im Folgenden zunächst angenommen, dass die alters-, gebiets- und geschlechtsspezifischen Ausschöpfungsquoten nicht über den Vorhersagezeitraum variieren.[46] Demzufolge werden Sparkassen zu jedem Zeitpunkt in der Zukunft in jeder Altersgruppe einen konstanten Teil des Marktpotentials (Bevölkerung) ausschöpfen. Kann eine Sparkasse also beispielsweis im Kreis X bei den 20-Jährigen im Basisjahr 50% der Bevölkerung zu ihren Kunden zählen (relevantes Marktpotential), so wird unterstellt, dass dies auch über den ganzen Prognosehorizont so sein wird. Durch diesen Ansatz, der auch als Benchmarkszenario betrachtet werden kann, werden Effekte, die sich z.B. aus einer veränderten Wettbewerbssituation ergeben können, zunächst einmal ausgeschaltet.

Zur Ermittlung der zukünftigen Kundenzahlen werden somit abschließend korrespondierende Informationen über das zukünftige Marktpotential, also die Bevölkerung benötigt. Da die Untersuchung auf Kreisebene erfolgt und die betrachteten Sparkassen aus unterschiedlichen Bundesländern stammen, muss hier jeweils auf die regional ausdifferenzierte Bevölkerungsvorausberechnung des zugehörigen statistischen Landesamtes zurückgegriffen werden. Die verwendeten Prognosen basieren im Wesentlichen auf der 11. koordinierten Bevölkerungsvorausberechnung des Statistischen Bundesamtes in der Variante 1-W1 und sind deshalb hinsichtlich Methodik und zu Grunde liegenden Annahmen grundsätzlich vergleichbar.[47]

---

46 Sollte sich herausstellen, dass das Geschlecht einen systematischen Einfluss auf den Ertrag besitzt, ist eine zusätzliche Aufgliederung der Marktausschöpfungsquoten nach Männern und Frauen notwendig. Diese kann ohne Probleme implementiert werden, da die Bevölkerungsvorausberechnungen geschlechtsspezifisch vorliegen. In der weiteren Beschreibung der Vorgehensweise wird aus Vereinfachungsgründen auf die Differenzierung nach Geschlecht verzichtet. Wie sich später zeigen wird, ist eine Unterscheidung nach Geschlecht im Rahmen dieser Untersuchung jedoch nicht notwendig.

47 Siehe hierzu Abschnitt 5.2.3.

Kombiniert man die Informationen zur zukünftigen Bevölkerungsentwicklung mit den Annahmen zur Marktausschöpfung, so kann man die zukünftige Kundenbasis und -struktur ermitteln, indem für jedes Prognosejahr in jedem Kreis des Geschäftsgebiets in jeder Altersklasse die zukünftige Bevölkerung mit der entsprechenden angenommenen Marktausschöpfung multipliziert wird. Durch Aggregation über alle Altersklassen und Kreise des Geschäftsgebiets kann dann für jedes Jahr des Vorhersagehorizonts der zukünftige Kundenbestand berechnet werden. Der maximale Prognosehorizont für die Kundenprognose der einzelnen Sparkassen ergibt sich dabei aus dem Vorausberechnungszeitraum der entsprechenden regionalen Bevölkerungsprojektion für das Geschäftsgebiet. Für neun Sparkassen liegen Prognosen bis 2020 vor, für zwei Fälle sogar bis zum Jahr 2025. Aus Gründen der Vergleichbarkeit wird jedoch auch in diesen Fällen lediglich der Zeitraum bis 2020 betrachtet.

Prognose der Ertragsentwicklung

Im dritten und letzten Schritt werden die Ergebnisse der beiden ersten Arbeitsschritte kombiniert, um zu simulieren, welchen Deckungsbeitrag die Sparkasse aus dem in Schritt zwei prognostizierten Kundenstamm erwarten kann. Hierzu wird für jeden Kreis des Geschäftsgebiets und jede Altersklasse ein repräsentativer Kunde kreiert, dem alters- und gebietstypische Eigenschaften, z.B. zum Produktportfolio und Einkommen, zugewiesen werden, die mit Hilfe von entsprechenden Durchschnitten ermittelt wurden.[48]

Da der Einfluss jeder dieser Eigenschaften (z.B. des Einkommens) auf den DB II aus Regressionsanalyse bekannt ist, kann für jeden repräsentativen Kunden ein erwarteter Ertrag berechnet werden. Hierzu werden die signifikanten Koeffizienten der Regression aus Schritt eins mit den entsprechenden Durchschnittswerten der zugehörigen Variablen multipliziert und die Ergebnisse anschließend aufaddiert. Mathematisch gesprochen, erfolgt also für jede Altersklasse in jedem Kreis des Geschäftsgebiets die Multiplikation eines Vektors sig-

48 Neben dem Einkommen und den Kredit- und Anlagevolumina werden noch weitere kundenindividuelle Variablen berücksichtigt, die Einfluss auf den Ertrag besitzen können. Eine Variablenübersicht hierzu ist in Tabelle 4 zu finden. Auch für diese potentiell ertragsgenerierenden Eigenschaften wurden den repräsentativen Kunden Durchschnittswerte zugewiesen. Alle Durchschnitte werden aus den Kunden, die das entsprechende Alter aufweisen und im entsprechenden Kreis des Geschäftsgebietes wohnen, berechnet.

nifikanter Koeffizienten mit einem entsprechenden Eigenschaftsvektor, der die Ausprägungen der relevanten Einflussfaktoren auf den Ertrag enthält.

Multipliziert man dann abschließend die prognostizieren Erträge der repräsentativen Kunden mit der Anzahl der zukünftigen Kunden in jeder Altersklasse und aggregiert über alle Altersklassen und Regionen, erhält man den erwarteten DB II. Der erwartete Ertrag hängt dabei von der Auswahl des relevanten Koeffizientenvektors ab, der die Stärke und Wirkungsrichtung der einzelnen Eigenschaften auf den Deckungsbeitrag bestimmt. Denkbar ist hier je nach Untersuchungszweck die Verwendung von sparkassenindividuellen Schätzergebnissen oder Koeffizientenvektoren aus den Schätzungen der aggregierten Datensätze.[49]

Abbildung 8 illustriert zusammenfassend die Komponenten des Simulationsmodells und die Arbeitsschritte auf dem Weg zur Prognose der Ertragsentwicklung.

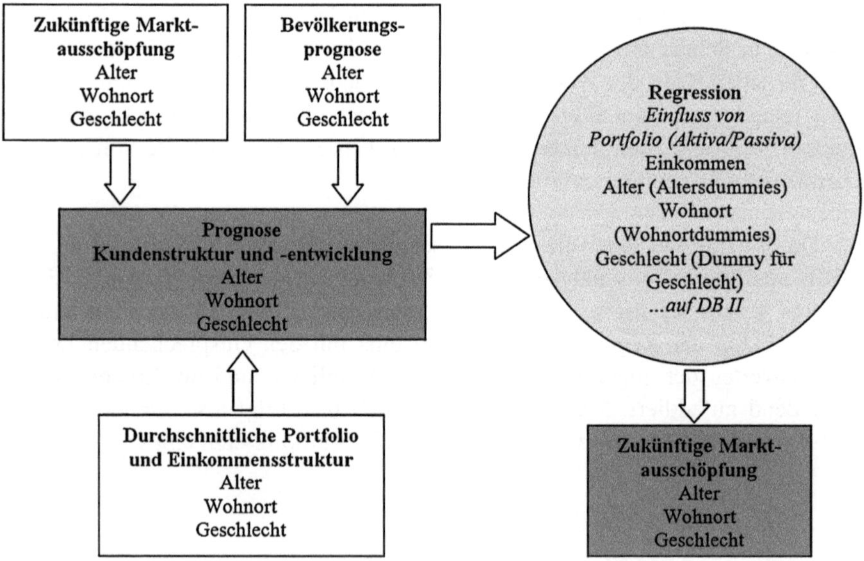

Abbildung 8: Simulationsmodell - Methodische Vorgehensweise im Überblick; Quelle: eigene Darstellung.

49 Es wird angenommen, dass die Koeffizienten sich nicht über den Simulationszeitraum ändern.

4.2 Hochrechnung: Simulation für den deutschen Sparkassensektor

Da bei der Untersuchung auf Sparkassenebene mit 11 von 439 Sparkassen nur ein sehr kleiner Ausschnitt der Grundgesamtheit beleuchtet werden kann und die ermittelten Ergebnisse sehr stark von der spezifischen Situation der betrachteten Sparkasse und der demographischen Situation im Geschäftsgebiet abhängen, können aus dieser Analyse zunächst keine allgemeingültigen Aussagen über den Einfluss des Demographischen Wandels auf den Ertrag abgeleitet werden. Die Ergebnisse und die zu Grunde liegenden Kundendaten können jedoch zu einer Hochrechnung für Gesamtdeutschland benutzt werden. Hierbei bleibt die grundsätzliche Vorgehensweise, die in Abbildung 8 illustriert und im vorangegangen Kapitel beschrieben wurde, bestehen. Betrachtet werden jetzt allerdings nicht reale, sondern 39 fiktive Sparkassen, deren Geschäftsgebiete mit den 39 NUTS II-Regionen in Deutschland korrespondieren. Für die 31 virtuellen westdeutschen (inkl. Berlin) bzw. 8 virtuellen ostdeutschen Sparkassen werden dann separate Kunden- und Ertragsprognosen durchgeführt, die durch Aggregation zu Ergebnissen für Ost- und Westdeutschland bzw. Gesamtdeutschland zusammengefasst werden können.

Aus historischen und ökonomischen Gründen unterscheiden sich die Wettbewerbsstruktur und die Kundencharakteristika zwischen ost- und westdeutschen Sparkassen erheblich. Dies spiegelt sich auch in den vorhandenen Datensätzen wider und sollte bei der Konstruktion der 39 Sparkassen berücksichtigt werden. Deshalb wird angenommen, dass die durchschnittliche altersspezifische Marktausschöpfung der drei westdeutschen Sparkassen repräsentativ für alle 31 künstlichen westdeutschen Institute ist. Ebenso wird unterstellt, dass sich die Charakteristika der repräsentativen Kunden aus den Durchschnittswerten der Kunden westdeutscher Sparkassen berechnen lassen. Analog wird in beiden Fällen bei den acht fiktiven ostdeutschen Instituten vorgegangen, d.h. die entsprechenden Durchschnitte werden aus den vorhandenen Informationen der ostdeutschen Sparkassen konstruiert.

Nachdem Annahmen über die Marktausschöpfung der ost- und westdeutschen Institute getroffen wurden, werden noch Informationen über das korrespondierende Marktpotential, d.h. über die Bevölkerung benötigt, um von der Marktausschöpfung auf die aktuellen und zukünftig erwarteten Kundenzahlen in den NUTS II-Sparkassen zu schließen. Die hierzu am besten geeigneten Daten stammen vom BBR aus der Raumordnungsprognose 2025/2050. Die hierin enthaltene Bevölkerungsprognose liefert konsistent vorausberechnete Daten mit einjährigen Altersklassen auf NUTS II-Ebene bis zum Jahr 2025.[50]

Um schließlich von den zukünftig erwarteten Kunden und deren Eigenschaften zur Ertragsprognose zu gelangen, wird abschließend noch ein Koeffizientenvektor benötigt. Liegen starke Differenzen zwischen den Schätzergebnissen der ost- und westdeutschen Sparkassen vor, ist analog zur Vorgehensweise bei der Marktausschöpfung und den repräsentativen Kunden die Verwendung von unterschiedlichen Koeffizientenvektoren für ost- und westdeutsche Regionen möglich. In diesem Fall sind dann jeweils die Schätzergebnisse aus den aggregierten Datensätzen der acht ost- bzw. drei westdeutschen Sparkassen heranzuziehen. Anderenfalls kann ein einheitlicher Vektor für alle 39 Sparkassen Verwendung finden, der sich aus den Regressionsergebnissen der Schätzung aller vorhandenen Kundendaten ergibt.

Um die Unterschiede zwischen der Analyse auf Sparkassenebene und der Hochrechnung für Deutschland zu verdeutlichen, werden in Tabelle 3 zusammenfassend die beiden Untersuchungsebenen, d.h. insbesondere die zugehörigen Teilkomponenten der Kunden- und Ertragsprognose, gegenübergestellt.

4.3 Gliederung der methodischen Untersuchung

Der Aufbau der nachfolgenden empirischen Untersuchung trägt der beschriebenen Vorgehensweise Rechnung. Zuerst werden in Abschnitt 5 die zur Untersuchung verwendeten Daten näher beleuchtet. Dies betrifft zum einen die Individualkundendatensätze und zum anderen die verwendeten Bevölkerungsdaten von den Statistischen Landesämtern (Fallstudien auf Sparkassenebene) und dem BBR (Hochrechnung für Deutschland). In Abschnitt 6 werden anschließend die Determinanten des Bankertrags mit Hilfe einer Regressionsanalyse ermittelt. Nachfolgend wird in Kapitel 7 die Prognose der Kundenentwicklung und –

---

50 Regionale Bevölkerungsprognosen der statistischen Landesämter konnten nicht verwendet werden, da die Wanderungssalden nicht aufeinander abgestimmt sind. Darüber hinaus liegt z.B. für Nordrhein-Westfalen lediglich eine Vorausberechnung vor, die nicht komplett kompatibel zu den anderen regionalen Bevölkerungsprognosen ist, da sie auf leicht differierenden Annahmen basiert und sich nicht an den Ländergebnissen der 11. koordinierten Bevölkerungsvorausberechnung in der Variante 1-W1 orientiert.

struktur auf Ebene der elf beteiligten und der 39 synthetischen Sparkassen durchgeführt. In Kapitel 8 wird im Anschluss die Prognose der Ertragsentwicklung für beide Analyseebenen durchgeführt und die Hochrechnung für Deutschland vorgenommen. Hierzu werden zuerst die erwartete Kundenstruktur und die Eigenschaften der repräsentativen Kunden ermittelt, um im Anschluss unter Verwendung der Regressionsergebnisse aus Abschnitt 6 eine Prognose für den DB II durchzuführen. Abschließend wird neben den zwei Standardszenarien ein drittes Szenario III betrachtet, dass zusätzlich die Annahme einer steigenden Preissensitivität beinhaltet.

Tabelle 3: Die zwei Untersuchungsebenen im Überblick; Quelle: eigene Darstellung

	Fallstudien: Analyse auf Sparkassenebene	**Hochrechnung: Simulation für Sparkassensektor**
Untersuchungsobjekt	11 reale Sparkassen	39 synthetische Sparkassen
Kleinste Untersuchungsebene	Kreise der Geschäftsgebiete	NUTS II-Regionen
Marktauschöpfung	Individuell berechnet aus Daten der jeweiligen Sparkasse. Ausdifferenzierung nach Alter, Kreis (bei Geschäftsgebieten die aus mehreren Kreisen bestehen) und bei Bedarf nach Geschlecht.	Für Sparkassen in westdeutschen (ostdeutschen) Regionen: Gewichteter Durchschnitt der drei (acht) realen westdeutschen (ostdeutschen) Sparkassen. Ausdifferenziert nach Alter und wenn notwendig nach Geschlecht.
Bevölkerungsdaten und -prognose	Regionale Bevölkerungsprognosen der Statistischen Landesämter basierend auf der 11. koordinierten Bevölkerungsvorausberechnung, Variante 1-W1.	Bevölkerungsprognose des BBR aus der Raumordnungsprognose 2025/2050.
Eigenschaften der repräsentativen Kunden	Individuell berechnet aus Daten der jeweiligen Sparkasse. Ausdifferenzierung nach Alter, Kreis (bei Geschäftsgebieten die aus mehreren Kreisen bestehen) und bei Bedarf nach Geschlecht.	Für Sparkassen in westdeutschen (ostdeutschen) Regionen. Gewichteter Durchschnitt der drei (acht) realen westdeutschen (ostdeutschen) Sparkassen. Ausdifferenziert nach Alter und wenn notwendig nach Geschlecht.
Koeffizientenvektor (Regressionsergebnisse)	Je nach Untersuchungszweck: 1. Sparkassenindividuelle Schätzung 2. Schätzergebnisse der aggregierten Datensätze Ost/West	Je nach Untersuchungszweck: 1. Schätzergebnisse der aggregierten Datensätze Ost/West 2. Schätzergebnisse der Schätzung aller Kundendaten
Aussagekraft der Ergebnisse	Begrenzt auf strukturell ähnliche Sparkassen mit vergleichbarer demographischer Entwicklung.	Unter Repräsentativitätsannahme: Aussage für die Entwicklung des ost-/westdeutschen und des gesamten Sparkassensektors.

5 Datenbasis

5.1 Individualkundendaten

Zur Durchführung der Analyse werden anonymisierte Individualkundendaten aus dem Privatkundensegment von elf deutschen Sparkassen herangezogen. Wegen der Sensibilität der Daten und der Untersuchungsergebnisse wurde mit den beteiligten Sparkassen vereinbart, dass keine Rückschlüsse auf die beteiligten Institute möglich sein dürfen. Deshalb werden im Folgenden zur Bezeichnung der Sparkassen lediglich die Ziffern 1 bis 11 verwendet.

Ein Privatkunde wird gemäß der Kundensystematik der Sparkassen als inländische wirtschaftlich unselbstständige natürliche Personen definiert, d.h. selbstständige Einzelunternehmer fallen aus der Betrachtung heraus. Der Stichtag der Datenerhebung war der 31.12.2006. Für drei Sparkassen war es aus technischen Gründen nicht möglich, die Daten zu diesem Zeitpunkt zu rekonstruieren, so dass hier auf neuere Daten vom 31.12 2007 zurückgegriffen wurde. In Tabelle 4 sind die Informationen zusammen gestellt, die für jeden Privatkunden der elf beteiligten Kreditinstitute erhoben worden sind.

Besaßen zwei oder mehr Personen Verfügungsberechtigung über ein Konto bzw. Depot oder sind gemeinschaftlich an einem Produkt beteiligt, so wird im Folgenden von einem Gemeinschaftskunden oder Kundenverbund gesprochen. Da die Untersuchung auf Einzelkunden basieren soll, ergibt sich aus dieser Konstruktion das Problem der Zurechnung der Bestände und sonstigen Informationen der Gemeinschaftskunden auf die Individualebene der Einzelkunden. Da in der überwiegenden Mehrzahl der Fälle eine Rekonstruktion und Zuordnung der Anteile an bestimmten Geschäften unmöglich ist, werden der DB II, das Einkommen und die sonstigen Salden quotal, d.h. in der Regel hälftig auf die zugehörigen Einzelkunden aufgeteilt, sofern diese volljährig sind. Weitere Informationen zur Zurechnung und Behandlung von Gemeinschaftskunden bzw. Kundenverbünden sind ebenfalls Tabelle 4 zu entnehmen.

In den nachfolgenden Abschnitten 5.1.1 und 5.1.2 werden zunächst die zu erklärende Ertragsvariable und im Anschluss die potentiell erklärenden Variablen näher vorgestellt.

Tabelle 4: Erhobene Informationen im Überblick; Quelle: eigene Darstellung

Datenfeld	Erläuterung
lfd. Nr. / ID	fortlaufende Nummer zur eindeutigen Kennzeichnung eines Datensatzes
Stand	Stichtag des Datenerhebung
KUSYMA	Kundensystematikschlüssel beginnend mit 2 (inländische wirtschaftlich unselbstständige natürliche Personen)
Alter	Alter des Kunden zum Stichtag der Datenerhebung
Geschlecht	m = männlich w = weiblich
PLZ	Postleitzahl des Wohnortes des Kunden
Dummyvariable Transfereinkommen (ALG1 & ALG2)	1 = mindestens 7 Monate Bezug von Transfereinkommen (ALG 1, ALG 2) in 2006*. 0 = weniger als 7 Monate Bezug von Transfereinkommen in 2006*. Bezieht ein Gemeinschaftskunde mindestens 7 Monate Transfereinkommen, so erhalten alle zugehörigen Einzelkunden eine 1.
Dummyvariable Girokonto	1 = Kunde hat Girokonto 0 = Kunde hat kein Girokonto Bei Gemeinschaftsgirokonten wurde bei jedem zugehörigen Einzelkunden eine 1 gesetzt.
Einkommen (€)	Dem Kunden zur Verfügung stehendes monatliches Entgelt (inkl. Transfereinkommen und Kindergeld).
DB II (€)	Mit dem Kunden generierter Deckungsbeitrag II (verdiente Zinsmarge im Kredit- und Einlagengeschäft), jährlich kumuliert zum 12/2006*.
Darlehen (€)	Kredite des Kunden per 12/2006*
Dispositionskredite (€)	Ausgeschöpfte Kredite (Sollsaldo) am Girokonto des Kunden per 12/2006*
Sichteinlagen (€)	Bestände (Habensaldo) auf den Girokonten des Kunden per 12/2006*
Termineinlagen (€)	Für einen gewissen Zeitraum kurzfristig festgelegte verzinsliche Einlagen des Kunden per 12/2006*.
Sparen (€)	Spareinlagen des Kunden per 12/2006*
DepotB (€)	Sonstige Investmentfonds- und Wertpapierbestände des Kunden per 12/2006*
Deka (€)	Deka-Investmentfondsbestände des Kunden per 12/2006*
Gesamt Aktiv	Summe aller aktivischen Bestände des Kunden per 12/2006* (Kredite, Avale, aktivische Bausparbestände,..)
Gesamt Passiv	Summe aller passivischen Bestände des Kunden per 12/2006* (Bausparen, Girokonten, Spareinlagen, Termingelder...)

* Für drei Sparkassen war der Stichtag der Datenerhebung der 31.12.2007

5.1.1 Der Deckungsbeitrag II als Maß des Bankenertrags

Als Ertragsmaß liegt aus dem internen Rechnungswesen der Sparkassen der individuelle Deckungsbeitrag II (DB II) für jeden Kunden vor. In der Bankbetriebslehre liegen verschiedenste Definitionen für diese Größe vor. Eine häufig verwendete allgemeine Abgrenzung und Einordnung stammt von Schierenbeck [2003] 305:

> „Der Deckungsbeitrag II berücksichtigt alle diejenigen Kosten und Erlöse, die dem Einzelgeschäft direkt (weitgehend verursachergerecht) zugeordnet werden können und auch keine (versteckten) Gewinnbestandteile enthalten."

Zur Bestimmung der direkten Kosten und Erlöse muss beim DB II zuerst der sogenannte Konditionsbeitrag eines Geschäfts ermitteln werden. Für jedes Einlagen- oder Kreditgeschäft wird deshalb mit Hilfe von aktuell, alternativ zu realisierenden Finanzierungs- bzw. Investitionsmöglichkeiten am Geld- und Kapitalmarkt (GKM) versucht, den zu erwartenden Zahlungsstrom möglichst genau zu duplizieren, d.h. ein sogenanntes äquivalentes Portfolio zu kreieren. Als Opportunität bzw. Bewertungsmaßstab wird demnach der Geld- und Kapitalmarkt herangezogen (Marktzinsmethode). Für Kreditgeschäfte besteht der spezifische Ergebnisbeitrag dann darin, höhere Zinserlöse zu erbringen als eine alternative Anlage am Geld- und Kapitalmarkt mit vergleichbarer Qualität. Bei einem Einlagengeschäft besteht der spezifische Zinsbeitrag darin, niedrigere Zinskosten zu verursachen als eine alternative Geldaufnahme am GKM. Der Konditionsbeitragsbarwert eines Kredits ergibt sich mit Hilfe der Marktzinsmetode dann beispielsweise als Barwert der Differenz der Zahlungen aus einem Kredit und dem sogenannten äquivalenten Portfolio zum Zeitpunkt t_0. [51]

Dieser Konditionsbeitrag wird ggfs. um Risikokosten adjustiert. Fügt man anschließend die direkt dem Geschäft zurechenbaren (Netto-)Provisionserträge hinzu, gelangt man schließlich zum Deckungsbeitrag II, so wie er in dieser Untersuchung verwendet wurde. Der DB II setzt sich also zusammen aus dem Zinskonditionsbeitrag Aktiv, Zinskonditionsbeitrag Passiv, sowie Provisionserträgen (kurzum Zins- und Provisionserträge). In Abbildung 9 ist die Systematik zur Ermittlung des DB II kurz zusammengefasst.

---

51 Zur Marktzinsmethode und Ermittlung des Konditionsbeitrags siehe Schierenbeck [2003] und Hartmann-Wendels et al. [2007].

	Zinserlöse
-	Zinskosten
=	**Konditionsbeitrag**
+/-	Risikokosten
=	**Deckungsbeitrag I (Wertbereich)**
+/-	Direkt zurechenbare Provisionen
=	**Deckungsbeitrag II (Wertbereich und Provisionsergebnis)**

Abbildung 9: Deckungsbeitragsschema für ein Einzelgeschäft; Quelle: Hartmann-Wendels et al. (2007)

Der Deckungsbeitrag II ist ein Maß aus dem internen Rechnungswesen der Banken. Dieses Ertragsmaß hat den Vorteil, dass es nicht durch bilanzpolitische, steuerrechtliche oder sonstige Maßnahmen beeinflusst oder verzerrt wird. Zudem werden nur dem Einzelgeschäft bzw. dem Kunden direkt zurechenbare Kosten und Erträge berücksichtigt, d.h. Verfälschungen, beispielsweise durch inadäquate oder willkürliche Zurechnung von Gemeinkosten (wie z.B. Overheadkosten) oder Eigenkapitalkosten entstehen in der Regel nicht. Der Deckungsbeitrag II ist somit geeignet, ein realistisches Bild der originären Ertragskraft eines Instituts zu zeichnen.

5.1.2 Potentielle kundenindividuelle Bestimmungsfaktoren des Bankertrags

Nachdem die zu erklärende Größe näher erläutert wurde, wird im Folgenden auf die Variablen eingegangen, die zur Erklärung des DB II herangezogen werden. Die vorliegenden Datensätze enthalten hierzu Informationen, die in zwei Gruppen eingeteilt werden können. Erstens stehen verschiedene soziodemographische Variablen zur Verfügung, die im Wesentlichen persönliche Eigenschaften des Kunden beschreiben. Hierzu zählen Alter, Geschlecht und Wohnort sowie die Variablen, die zum Einkommen vorliegen, d.h. das monatliche Durchschnittseinkommen, aber auch die Information, ob das Einkommen im Referenzjahr (2006 bzw. 2007) überwiegend aus Transferleistungen resultiert.

Zweitens existieren Variablen, die die Kundenbeziehung zur jeweiligen Sparkasse näher charakterisieren. Hierzu zählen zum einen detaillierte Informationen zum Produktportfolio, d.h. zu den Aktiva- und Passivabeständen (Einlagen und Kredite), die der Kunde bei seiner Sparkasse zum Stichtag unterhält und die die Information, ob eine Girokontoverbindung besteht.

5.1.2.1 Persönliche soziodemographische Variablen

Um die Eigenschaftsvariablen für die ökonometrische Analyse handhabbar zu machen, werden die spezifischen Charakteristika der Kunden mit Hilfe von Dummyvariablen, die lediglich die Werte 0 oder 1 annehmen können, kodiert. Besitzt ein Kunde eine bestimmte Eigenschaft, so erhält die zugehörige Dummyvariable den Wert 1, ansonsten den Wert 0.

Entsprechend wurden für das Alter der Bankkunden zum Stichtag, das auf Basis des Geburtsdatums errechnet wurde, Dummyvariablen generiert. Insgesamt ergeben sich somit 85 Dummyvariablen für die einjährigen Altersklassen 0 bis 84 und eine Dummyvariable, die den Wert Eins annimmt, wenn der Kunde 85 Jahre oder älter ist. Eine feinere Untergliederung dieser letzten Altersklasse war nicht möglich, da einige Bevölkerungsdaten, mit denen die Ergebnisse der Regressionsanalysen später kombiniert werden, lediglich in dieser Aufgliederung vorliegen. Um einerseits die Kompatibilität zu den Daten der amtlichen Statistik und andererseits die Vergleichbarkeit der Untersuchungen für die elf Sparkassen untereinander sicherzustellen, wurde diese Einteilung für alle elf Datensätze übernommen.

Die Informationen zum Wohnort der Kunden liegen in allen elf Datensätzen auf Postleitzahlebene vor. Da die Analyse auf Kreisebene stattfindet, mussten in einem ersten Schritt die Postleitzahlen den zugehörigen Kreisen und kreisfreien Städten zugeordnet werden. In einem zweiten Schritt wurden dann für die elf Datensätze Dummyvariablen für den Wohnort generiert, die anzeigen, in welchem Kreis der Kunde seinen Wohnsitz hat. Die Zuordnung wurde mit Hilfe eines frei zugänglichen Zuordnungsschlüssels, der auf der Open Source-Geokoordinatendatenbank OpenGeoDB basiert, vorgenommen.[52] Zusätzlich fand eine Überprüfung und Ergänzung dieser Zuordnung mit Hilfe der Postleit-

52 Die hierzu notwendige Datei ist unter http://www.manfrin-it.com/postleitzahlen/plz.html verfügbar. [Letzter Zugriff am 6.7.2009]. Für weitere Informationen zur OpenGeoDB Geokoordinatendatenbank siehe z.B. http://opengeodb.hoppe-media.com/index.php. [Letzter Zugriff am 6.7.2009].

zahlensuche der Deutschen Post[53] und dem Gemeindeverzeichnis statt, dass von den Statistischen Ämtern des Bundes und der Länder herausgegeben wird.[54]

Nach erfolgreicher Zuordnung war bekannt, in welchem Kreis Deutschlands ein Kunde wohnt. Diese Information konnten nun mit Hilfe von 0/1-Variablen kodiert werden, um die Variable „Wohnort" für die spätere ökonometrische Analyse handhabbar zu machen. Für jeden Datensatz wurden deshalb anschließend Dummyvariablen für die jeweils relevanten Kreise generiert. Als relevante Kreise sind die jeweiligen Geschäftsgebiete und bedeutende umliegende Kreise, in denen die Sparkasse über einen nennenswerten Kundenbestand verfügt, berücksichtigt worden.[55] Schließlich wurde bei den einzelnen Datensätzen eine Dummyvariable für den Wohnort „Restliches Deutschland" eingeführt, die den Wert eins annimmt, wenn der Kunde nicht im Geschäftsgebiet oder einem sonstigen relevanten Kreis der betrachteten Sparkasse lebt. Eine weitere Aufgliederung dieser Dummyvariable erschien nicht sinnvoll, da für zusätzliche Kreise in der Regel sehr wenige Beobachtungen vorlagen, was die Aussagekraft stark einschränkt.

Die Dummyvariable „Geschlecht" schließlich nimmt den Wert 0 an, wenn der Kunde männlich ist und wurde 1 gesetzt, sofern es sich um einen weiblichen Kunden handelte.

Darüber hinaus lagen noch Informationen zum Einkommen des Kunden vor, dessen Erhebung nachfolgend detaillierter beschrieben wird. Die Variable Einkommen wurde aus dem Verbundeinkommen pro Person (exklusive Minderjährige) verwendet, wobei ein Durchschnitt dieses Einkommens über 13 Monate gebildet wurde. Wenn einer der Kunden nicht zum Privatkundensegment gehörte, blieb sein Einkommensanteil unberücksichtigt. Aufgrund der Heterogenität der beteiligten Sparkassen wurden bei der Ermittlung des Einkommens zwei verschiedene Verfahren gewählt. Zum einen wurde von ostdeutschen Sparkassen das verfügbare Einkommen aus den Umsätzen auf den Girokonten generiert.

---

53 Die Postleitzahlensuche ist frei zugänglich (http://www.postdirekt.de/plzserver/) und beinhaltet zusätzlich noch die Postleitzahlen von Postfächern und Großempfängern/-kunden.

54 Das Gemeindeverzeichnis ist kostenlos online zugänglich (http://www.destatis.de/gv/) und führt jede politisch selbständige Gemeinde Deutschlands mit den Merkmalen amtlicher Gemeindeschlüssel, Gemeindename, Postleitzahl, Fläche und Einwohnerzahl.

55 Ein Wohnortdummy für einen Kreis außerhalb des Geschäftsgebiets wurde eingeführt, wenn mindestens 3% der Kunden in diesem Kreis leben.

Zum anderen wurde bei den westdeutschen Sparkassen auf eine standardisierte Berechnung des Einkommens zurückgegriffen, die zur Ermittlung der Dispositionskreditlinie dient. Dieser Ermittlung liegt das gleiche Prinzip zu Grunde, es ergeben sich aber Unterscheide bei der Berücksichtigung von Zinseinkünften, Einkünften aus Vermietung und Verpachtung sowie sonstigen regelmäßig anfallenden Zahlungseingängen, die im letzteren Fall nicht enthalten sind. Zudem existiert bei der standardisierten Berechnung eine Kappung bei sehr großen Einkommen. Diese etwas unterschiedliche Erhebungsmethodik führt tendenziell zu einer Unterschätzung des Einkommens in Westdeutschland. Nach Rücksprache mit den für die Datenaufbereitung zuständigen Experten der Sparkassen kann jedoch von einer ausreichenden Vergleichbarkeit ausgegangen werden. Diese Einschätzung wird durch eine nähere Untersuchung der Einkommen bestätigt. So liegen die Durchschnittswerte für ost- und westdeutsche Sparkassen in vergleichbaren Dimensionen.[56] Zieht man zur Beurteilung der Verzerrung Daten aus der VGR der Länder über das verfügbare Einkommen der privaten Haushalte in den Kreisen der Geschäftsgebiete heran,[57] so kann von einer Unterschätzung der Einkommen im Bereich von ca. 15-20% ausgegangen werden. Betrachtet man zusätzlich das durchschnittliche Einkommen in Abhängigkeit vom Alter, so bleibt zwar der charakteristische Verlauf qualitativ erhalten. Dennoch muss davon ausgegangen werden, dass die Unterschätzung über den Lebenszyklus asymmetrisch verläuft, da die Verzerrung vom Alter abhängen dürfte. Zusammenfassend beurteilt scheinen die leichten methodischen Differenzen und die resultierenden Niveaueffekt jedoch nicht so gravierend, als dass man die Variable Einkommen aus der Untersuchung entfernen müsste.

Die Dummyvariable „Transfereinkommen" erhält den Wert 1, wenn der Kunde im Referenzjahr (Jahr 2006 bzw. 2007) mindestens 7 Monate Transfereinkommen, d.h. ALG 1 oder ALG 2 bezogen hat. Kindergeld oder Rentenbezüge zählen in dieser Untersuchung nicht zum Transfereinkommen. Erfüllen bei einem Kundenverbund nicht alle zugehörigen Individualkunden diese Kriterien, wird dennoch allen anderen beteiligten Einzelkunden ebenfalls der Wert 1 zugewiesen. Dieses Verfahren soll abbilden, dass der Einzelkunde einem Haushalt angehört, in dem mindestens ein Bezieher von Arbeitslosengeld oder vergleichbaren Transfereinkommen lebt.

---

56 Siehe dazu auch Abschnitt 5.1.7.

57 Die Informationen zum verfügbaren Einkommen finden sich in Statistische Ämter der Länder [2007a]. Es wurde mit Hilfe dieser Daten ein Referenzeinkommen konstruiert, das im Anschluss mit den Durchschnitten der ost- und westdeutschen Sparkassen verglichen werden kann.

5.1.2.2 Variablen der Kundenbeziehung

Als Variable, die die Kundenbeziehung zur Sparkasse näher beschreibt, steht zum einen die Dummyvariable "Girokonto" zur Verfügung. Sie nimmt den Wert 1 an, wenn der betreffende Kunde bei seiner Sparkasse ein Girokonto unterhält. Zum anderen enthalten die vorliegenden Datensätze der elf Sparkassen sieben Variablen, die die (Produkt-) Portfoliostruktur des Kunden zum Stichtag beschreiben. Aus Bankensicht können die Variablen in Aktiva (Kredite des Kunden) und Passiva (Einlagen des Kunden) unterteilt werden. Als Aktiva gehen die Variablen Darlehen (DL) und Dispositionskredite (DP) in die Untersuchung ein, die nachfolgend genauer beschrieben werden:

Darlehen (DL): Die Variable Darlehen umfasst sämtliche Darlehensarten, insbesondere jedoch die für das Privatkundensegment maßgeblichen Baufinanzierungen und Allzweckkredite.

Dispositionskredite (DP): Die Variable Dispositionskredite wird aus den Sollsalden der Girokonten des Kunden zum Stichtag ermittelt. Hier handelt es sich um die tatsächliche Inanspruchnahme bzw. kurzfristige Ausschöpfung einer eingeräumten Kreditlinie, nicht um die Kreditlinie selbst.

Als Passiva aus Bankensicht werden in der Analyse die Variablen Sichteinlagen (SE), Termineinlagen (TE), DepotB (DPB), Dekafonds (DK) und Spareinlagen (SP) berücksichtigt:

Sichteinlagen (SE): Unter der Variable Sichteinlagen werden alle Bestände (Habensalden) auf Privatgirokonten (Zahlungsverkehrskonten) als auch auf Zins-Aktiv-Konten (rein technisch als Privatgirokonto administriert, allerdings nicht für den Zahlungsverkehr vorgesehen) der Privatkunden zusammengefasst.

Termineinlagen (TE): Hierzu zählen für einen gewissen Zeitraum kurzfristig festgelegte verzinsliche Einlagen des Kunden. Die Variable Termineinlagen spielt im Privatkundensegment nur eine untergeordnete Rolle, wurde aber der Vollständigkeit halber mit in die Betrachtung aufgenommen. Firmenkunden-Termineinlagen bleiben unberücksichtigt.

DepotB (DPB): Für die Variable DepotB wurde der Wert der Kunden-Wertpapierdepots angesetzt, die Investmentfonds, Aktien, Inhaberschuldverschreibungen, Zertifikate, Anleihen und fest- bzw. variabel verzinsliche Wertpapiere aller Art umfassen können.

Deka-Investmentfonds (DK): Für die Variable DK wurde der Wert der Deka-Depots und somit aller darin verwahrbaren Investmentfonds (Deka-Investmentfonds und Fonds der Kooperationspartner) angesetzt.

Sparen (SP): Die Variable Sparen enthält sämtliche Sparformen im Privatkundensegment: Sparverträge mit und ohne Kündigungsfrist, d.h. alle Arten von Sparbüchern/-verträgen, sowie diverse hausspezifische Sparverträge: Sparbuch, Goldenes Sparbuch, Führerscheinsparen, Festzinssparen, Zuwachssparen, VL-Sparen, Prämiensparen flexibel, S-RentaPlan. Ebenfalls in den Bereich Sparen wurden die sonst separat kategorisierten Sparbriefe aufgenommen.

5.1.3 Bereinigung der Einzeldatensätze

Nachdem die Variablen der Datensätze ebenso wie die z.T. notwendige Kodierung in Dummyvariablen ausführlich beschrieben wurden, wird im Folgenden auf die Bereinigung der elf gelieferten Rohdatensätze eingegangen.[58] Diese Vorarbeiten sind notwendig, um die empirische Auswertung und die Aggregation der Einzeldatensätze vorzubereiten, die im anschließenden Kapitel beschrieben wird.

Vereinzelt umfassten die Datensätze Kunden, die zum Stichtag bereits verstorben waren, mit denen die Sparkassen aber dennoch einen Deckungsbeitrag erzielten. Da sich die vorliegende Untersuchung allein auf lebende Kunden konzentrieren soll, wurden die Datensätze gelöscht sofern eine Sterbeinformation vorlag.[59] Zudem wurden auch all jene Datensätze eliminiert, für die zwar keine explizite Sterbeinformation vorlag, der Kunde aber zum Stichtag bereits älter als 100 Jahre war. Da der Anteil der über 100-Jährigen in der deutschen Bevölke-

58 Die Datensätze weisen allein durch die z.T. unterschiedlichen IT-Lösungen der beteiligten Sparkassen und das leicht differierende Vorgehen bei der Datenaufbereitung eine gewisses Maß an Heterogenität auf, dass durch die Bereinigung soweit wie möglich beseitigt werden soll.

59 Sterbeinformationen lagen nicht für alle Sparkassen vor. Die restlichen Sparkassen haben bereits in der Datenaufbereitung die bereits verstorbenen Kunden aus ihren Datensätzen eliminiert.

rung verschwindend klein ist, kann davon ausgegangen werden, dass die große Mehrzahl dieser Kunden tatsächlich bereits gestorben ist, die Information über das Ableben die Sparkassen jedoch noch nicht erreicht hat. Die durch diese Vorgehensweise entstehende Verzerrung, tatsächlich noch lebende Kunden fälschlicherweise aus dem Datensatz herauszunehmen, erscheint kleiner als der Fehler, der entsteht, wenn diese Kunden im Datensatz verbleiben.

Darüber hinaus enthielten die Datensätze vereinzelt Kunden ohne Altersangabe. Diese Individuen konnten ebenfalls nicht betrachtet werden, da die Altersangabe zwingend notwendig für die Regressionsanalyse und die spätere Simulation ist. Für einige Kunden war der Wohnort aus der vorliegenden Postleitzahl nicht ermittelbar bzw. es lag keine Postleitzahl vor. Um die sonstigen Informationen dieser Kunden dennoch nutzen zu können, wurde diesem Umstand durch die Einführung einer Wohnortdummyvariable Rechnung getragen, die den Wert eins annimmt, wenn der Wohnort nicht ermittelbar war. Die Zahl der betreffenden Kunden liegt bei ungefähr einem halben Promille aller Beobachtungen (1364 Kunden).

Nicht berücksichtigt wurden weiterhin Leerkunden, d.h. Kunden, die zwar eine Kundenummer aufwiesen, aber hinsichtlich Einkommen, Deckungsbeitrag, Aktiva und Passiva über keine von Null verschiedenen Ausprägungen verfügten. Abschließend wurden Kunden ohne Geschäft zum Stichtag eliminiert, d.h. Kunden, die im Referenzjahr zwar Einkommen oder Deckungsbeitrag generiert haben, zum Stichtag jedoch über keinerlei Aktiva oder Passiva verfügten. Auf eine Bereinigung des Datensatzes um vermeintliche Ausreißer und unplausible Ausprägungen bei Einkommen und Portfoliovariablen, z.B. bei sehr großen Anlage- oder Kreditvolumina, konnte dagegen verzichtet werden, da die Qualität der Datenerhebung sich insgesamt als sehr gut herausstellte und keine Anhaltspunkte für Fehler in der Datenextrahierung und -aufbereitung vorlagen.

5.1.4 Aggregation der Einzeldatensätze

Nachdem die Rohdaten bereinigt und um die oben beschriebenen Dummyvariablen ergänzt wurden, konnten die Einzeldatensätze nun sinnvoll zu aggregierten Subsamples Ost/West und schließlich zum integrierten Datensatz aller Sparkassen zusammengefasst werden. Hierbei traten allerdings drei Probleme auf. So konnte erstens Bank 3 die Ausnutzung der Dispositionskredite (Variable DP) zum Stichtag nicht mehr rückwirkend ermitteln, so dass hier keine Informationen über die realisierten Sollsalden zum Stichtag vorliegen. Da zum einen auf die sonstigen Informationen, die im Datensatz der Sparkasse 3 enthalten sind, nicht verzichtet werden soll und zum anderen vermutet werden kann, dass die Variable DP eine wichtige Determinante des Ertrags ist, wird für die fehlenden Werte eine Substitution vorgenommen. Als erstes Näherungsverfahren wurde eine Ersetzung durch bedingte Mittelwerte durchgeführt (conditional mean value imputation). Da es sich lediglich um ca. 5% aller Beobachtungen für die Variable DP handelt, kann die leichte Ungenauigkeit an dieser Stelle toleriert werden. Der entstehende Informationsmehrwert durch Aufnahme der Variable DP in die ökonometrische Analyse scheint in diesem Fall die kleine entstehende Verzerrung der Schätzergebnisse zu rechtfertigen.

Bei der Überprüfung der Sollsalden für ost- und westdeutsche Sparkassen treten erhebliche, statistisch hoch signifikante Unterschiede bei den durchschnittlichen Volumina auf, so dass für alle Kunden der Bank 3 der Mittelwert der restlichen ostdeutschen Sparkassen angesetzt wurde. Zusätzlich könnte eine weitere feinere Unterscheidung nach Geschlecht vorgenommen werden, da sich die durchschnittliche Inanspruchnahme von Dispositionskrediten zwischen Männern und Frauen für ostdeutsche Datensätze ebenfalls mit einer Irrtumswahrscheinlichkeit von weniger als einem Prozent unterscheidet. Der Mehrwert einer solchen feineren elaborierteren Substitution scheint jedoch angesichts der Bedeutung von Bank 3 im Gesamtsample und den sich in Abschnitt 6.3.1 ergebenden äußerst robusten Schätzergebnissen gering. [60]

Andere Imputationsverfahren (regression imputation, multiple imputation, Maximum Likelihood-Verfahren) wurden wegen der geringen Korrelation zwischen der Variable DP und den anderen Variablen im Datensatz und des zu erwartenden geringen zusätzlichen Erklärungsgehalts verworfen.[61] Zudem hat das Fehlen der Daten hier ausschließlich externe technische Gründe und hängt nicht von den anderen erhobenen Daten ab.

Ein zweites Problem liegt bei der Dummyvariable zum Transfereinkommen (D_transfer) vor. Bank 11 konnte - ebenfalls aus technischen Gründen - die Va-

---

60 Kontrollregressionen des Gesamtdatensatzes ohne die Variable DP bzw. ohne die Bank 3 führen zu keinen nennenswerten Änderungen der Schätzergebnisse. Die Resultate zeigen sich insgesamt sehr stabil und nur im geringen Ausmaß durch die Imputation bzw. die Aufnahme der Variable DP tangiert.

61 Zu Verfahren im Umgang mit fehlenden bzw. unvollständigen Daten siehe z.B. Little/Rubin [2002] oder Schafer [1997].

riable D_transfer nicht erheben. Da es sich hier um eine Dummyvariable handelt, ist eine Substitution durch den Mittelwert nicht sinnvoll. Auch eine zufällige [0,1]-Zuordnung erscheint methodisch äußerst fragwürdig und wurde verworfen. Bei der Bank 11 handelt es sich um eine große westdeutsche Sparkasse, deren Daten für die Aussagekraft der westdeutschen Ergebnisse und den Ost/West-Vergleich unverzichtbar sind. Bei der Aggregation der Datensätze wurde deshalb für den westdeutschen und den gesamtdeutschen Datensatz auf die erklärende Variable Transfereinkommen verzichtet, um die Sparkasse dennoch in die Untersuchung aufnehmen zu können.

Eine letzte Schwierigkeit liegt bei der Variable Termineinlagen (TE) vor. Bank 10 hat im Privatkundenbereich keine Produkte dieser Kategorie, so dass hier alle Ausprägungen den Wert 0 annehmen. Im Fall der Termineinlagen (TE) wurde ebenfalls auf eine Ersetzung durch den Mittelwert verzichtet, da es sich hier nicht um fehlende, aber real vorhandene Daten, wie z.B. im Fall der Dispositionskredite, handelt. Dort existieren für die einzelnen Kunden bestimmte Volumina, die lediglich nicht erhoben werden konnten. Im Fall Termineinlagen sind jedoch keine Ausprägungen ungleich Null vorhanden, so dass hier nicht einfach ein wie auch immer gearteter Wert zugeschrieben werden kann. Betroffen sind in diesem Fall ca. 4% der Beobachtungen für die Variable TE. Da jedoch die Sparkasse 10, ebenso wie die Bank 11, essentiell für die Relevanz der westdeutschen Ergebnisse und den Ost/West-Vergleich ist, sollen ihre Informationen in die aggregierten Datensätze einfließen, d.h. die Bank kann nicht einfach komplett ignoriert werden. Darüber hinaus wird erwartet, dass Termineinlagen eine durchaus wichtige Determinante des DBII sind, so dass die Informationen der Bank 10 zu den Termineinlagen zunächst einfach in die aggregierten Datensätze übernommen werden. Dies hat jedoch zur Folge, dass die Wahrscheinlichkeit insignifikanter Schätzergebnisse für diese Variable im Gesamtdatensatz steigt.[62]

Für den integrierten Datensatz der westdeutschen Sparkassen und den Gesamtdatensatz muss also auf die die erklärende Variable Transfereinkommen verzichtet werden. Ansonsten sind die potentiellen Determinanten des Deckungsbeitrags identisch.

---

62 Wie im Fall der Variable DP wurden Kontrollregressionen für den Gesamtdatensatz ohne Termineinlagen bzw. ohne die Sparkasse 10 durchgeführt. Auch hier ergeben sich im Vergleich zur Ausgangsschätzung nur gering abweichende Ergebnisse.

Im letzten Schritt wurden zusätzlich noch elf Dummyvariablen kreiert, die die Zugehörigkeit eines Kunden zu einem Kreditinstitut anzeigen („Sparkassendummies"). Stammt beispielsweise ein Kunde von der Sparkasse 1, so erhält die zugehörige Dummyvariable den Wert Eins, alle anderen Dummyvariablen, die die Sparkassenzugehörigkeit anzeigen, nehmen den Wert Null an.

Um im weiteren Verlauf der Untersuchung eventuelle strukturelle Unterschiede zwischen ost- und westdeutschen Kreditinstituten zu untersuchen, wurde zusätzlich eine Eigenschaftsvariable für die Herkunft der Sparkasse eingeführt. Die Dummyvariable D_org nimmt den Wert 1 an, wenn der Kundendatensatz von einer westdeutschen Sparkasse stammt und den Wert 0, wenn er von einer ostdeutschen Sparkasse kommt.

Im aggregierten Datensatz macht es wenig Sinn, die Wohnortdummies der Einzeldatensätze zu übernehmen, da es kaum regionale Überschneidungen zwischen den Sparkassen gibt, d.h. Wohnortdummies würden im Wesentlichen sparkassenindividuelle Effekte bzw. Differenzen messen. Zudem liegen im Gesamtdatensatz nur höchst selektiv für wenige Kreise Deutschlands Beobachtungen in ausreichender Fallzahl vor, so dass aus den Informationen auch keine Wohnortdummies für NUTS II-Regionen abgeleitet werden können.[63]

Um die Informationen, die in der Postleitzahl enthalten sind, auch im aggregierten Datensatz bzw. in der späteren Regression nutzen zu können, wurde eine Dummyvariable D_plzGG eingeführt, die anzeigt, ob ein Kunde im Geschäftsgebiet seiner Sparkasse wohnt (D_plzGG=1) oder nicht (D_plzGG=0). Kunden deren Wohnort nicht zuzuordnen war, wurde ebenfalls der Wert 0 zugewiesen.

Nachdem die Bereinigung, Aggregation und Erweiterung um die beschriebenen Eigenschaftsvariablen durchgeführt wurde, liegen drei zusammengefasste Datensätze ost-, westdeutscher und aller Sparkassen vor, die in den nächsten Abschnitten 5.1.5 bis 5.1.8 ausführlich vorgestellt werden. Zunächst erfolgt jedoch eine Beschreibung der Teildatensätze und der zugehörigen Sparkassen.

---

63 Nur diese Wohnortdummies hätten sinnvoll in die spätere Analyse und Hochrechnung auf NUTS II-Ebene integriert werden können.

5.1.5 Charakterisierung der Sparkassen und Anzahl der Kundendatensätze

Da der erste Teil der Ertragsanalyse auf Sparkassenebene stattfindet, es sich also auf dieser Ebene um Fallstudien handelt, ist es sinnvoll, die zu Grunde liegenden Untersuchungsobjekte hinreichend genau zu charakterisieren. Als Dimensionen werden hierfür die Größe der Teildatensätze, die gleichzeitig die Größe der Sparkasse widerspiegelt, die regionale Herkunft der Sparkasse und die Bedeutung und Siedlungsstruktur des Geschäftsgebiets herangezogen. Diese Faktoren besitzen neben der demographischen Entwicklung in den Geschäftsgebieten, die in Abschnitt 5.2.3 genauer beschrieben wird, Relevanz, um die Ergebnisse der Analyse auf Sparkassenebene einordnen zu können. Darüber hinaus können erste Anhaltspunkte hinsichtlich einer eventuellen Übertragbarkeit der Resultate und der Repräsentativität der Sparkassenauswahl erlangt werden. Wegen der Maßgabe, die Identität der Sparkassen und ihrer Kunden zu schützen, unterliegt die Charakterisierung der Sparkassen und ihrer Datensätze Restriktionen, die aufgrund von Vertraulichkeitsvereinbarungen zwingend eingehalten werden müssen.

Hinsichtlich der Kundenzahl werden deshalb die Einzeldatensätze der Sparkassen in drei Größenklassen unterteilt. Unterschieden werden hier kleine Sparkassen mit bis zu 100.000 Kunden,[64] mittlere Sparkassen mit 100.000 bis 200.000 Datensätzen und große Sparkassen mit mehr als 200.000 Beobachtungen. Bei der regionalen Herkunft der Sparkassen kann aufgrund der Restriktionen lediglich eine Differenzierung nach Ost-/Westdeutschland vorgenommen werden.

Da die Untersuchungsebene für die Ertrags- und Kundenprognose die Kreise des Geschäftsgebiets sind, wird für die elf Sparkassen ermittelt, welche Bedeutung das Geschäftsgebiet im Privatkundengeschäft besitzt, d.h. wie viel Prozent der Kunden in den zugehörigen Kreisen leben. Bei den betrachteten Sparkassen handelt es sich um „Ein"- oder „Mehrkreissparkassen", d.h. die Geschäftsgebiete korrespondieren mit administrativen Kreisgrenzen. Genaue Informationen über die Anzahl der Kreise unterliegen ebenfalls der Geheimhaltung.

---

64 Da die Datensätze bereinigt wurden, lautet die exakte Definition: lebende Kunden, die zum Zeitpunkt der Datenerhebung ein Produkt der Sparkasse besitzen.

Um abschließend zu ermitteln, welche Siedlungsstruktur in den Geschäftsgebieten vorherrscht, d.h. ob es sich um eher städtisch oder ländlich geprägte Regionen handelt, wird auf eine Systematisierung des BBR zurückgegriffen (BBR [2009]).

Das BBR unterteilt Deutschland in sogenannte siedlungsstrukturelle Regionen, die sich in der Regel aus mehreren Kreisen bzw. kreisfreien Städten zusammensetzen. Hierbei werden je nach der Größe bzw. zentralörtlichen Bedeutung des Zentrums und der Bevölkerungsdichte drei Regionsgrundtypen unterschieden: „Agglomerationsräume“ (Typ I), „Verstädterte Räume“ (Typ II) und „Ländliche Räume“ (Typ III). Um die Kreise innerhalb dieser Regionen zu klassifizieren, werden insgesamt 9 Kreistypen definiert.

Bei der Ausdifferenzierung nach Kreistypen wird nach Kernstädten und übrigen Kreisen bzw. Kreisregionen unterschieden. Kernstädte sind kreisfreie Städte mit mehr als 100.000 Einwohnern, die in der Regel das Oberzentrum einer Region bilden. Kreisfreie Städte mit weniger als 100.000 Einwohnern werden bei der Typisierung mit ihrem Umland zu Kreisregionen zusammengefasst. Außerhalb der Kernstädte ist das entscheidende Einteilungskriterium die Bevölkerungsdichte, die für alle Kreise und Kreisregionen ermittelt werden muss. Wird dann zusätzlich die Zugehörigkeit zum Regionsgrundtyp I, II oder III berücksichtigt, kann die abschließende Typisierung der kreisfreien Stadt, des Kreises oder der Kreisregion vorgenommen werden. Es ergeben sich für Agglomerationsräume vier Kreistypen, für verstädterte Räume drei Typen und für ländliche Räume zwei Kreistypen. Tabelle 5 fasst die beschriebenen Systematisierungskriterien zusammen.

Bei „Einkreissparkassen“ und „Mehrkreissparkassen“, deren Kreise und kreisfreien Städte des Geschäftsgebiets einem Typ entsprechen, ist die Zuordnung trivial. Bei Sparkassen mit Geschäftsgebieten, die aus mehreren Kreisen differierenden Typs bestehen, wurde der Kreistyp des Kreises gewählt, in dem der Sitz der Sparkasse liegt. Diese Selektion deckt sich in der Regel mit dem Geschäftsschwerpunkt hinsichtlich der Kundenzahl. Üblicherweise besteht darüber hinaus in den Geschäftsgebieten keine gravierende Heterogenität hinsichtlich der Siedlungsstruktur.

Tabelle 5: Siedlungsstrukturelle Kreistypen nach BBR-Systematik; Quelle: eigene Darstellung nach BBR (2008)

Grundtyp I: Agglomerationsräume a) Oberzentrum > 300.000 Einwohner oder b) Dichte > 300 Einwohner/km^2		**Kreistyp**
Kernstädte	Kreisfreie Städte > 100.000 Einwohner	1
Hochverdichtete Kreise	Kreise mit Dichte >= 300 Einwohner/km^2	2
Verdichtete Kreise	Kreise mit Dichte >= 150 Einwohner/km^2	3
Ländliche Kreise	Kreise Dichte < 150 Einwohner/km^2	4
Grundtyp II: Verstädterte Räume a) Dichte > 150 Einwohner/km2 oder b) Oberzentrum > 100.000 Einwohner bei einer Mindestdichte von 100 Einwohner/km2		
Kernstädte	Kreisfreie Städte > 100.000 Einwohner	5
Verdichtete Kreise	Kreise mit Dichte >= 150 Einwohner/km^2	6
Ländliche Kreise	Kreise mit Dichte < 150 Einwohner/km^2	7
Grundtyp III: Ländliche Räume a) Dichte < 150 Einwohner/km^2 oder b) ohne Oberzentrum > 100.000 Einwohner oder c) mit Oberzentrum >100.000 Einwohner bei einer Dichte < 100 Einwohner/km^2		
Ländliche Kreise höherer Dichte	Kreise mit Dichte >= 100 Einwohner/km^2	8
Ländliche Kreise geringerer Dichte	Kreise mit Dichte < 100 Einwohner/km^2	9

In Tabelle 6 sind die Ergebnisse für die vier herangezogenen Kriterien zur Charakterisierung der Teildatensätze bzw. der zugehörigen Sparkassen zusammengestellt. Insgesamt umfasst der Gesamtdatensatz nach Bereinigung, Vereinheitlichung und Aggregation 2.472.485 Sparkassenkunden. 78,8% der Beobachtungen stammen von acht ostdeutschen Sparkassen, 22,2% von drei westdeutschen Sparkassen. Die ostdeutschen Sparkassen lassen sich dabei in zwei große Banken, vier mittlere sowie zwei kleine Institute unterteilen. Aus dem Westen fließen Samples von zwei kleinen bzw. einer großen Bank ein.

Die drei großen Sparkassen 2, 5 und 11 zeichnen sich dadurch aus, dass sie durchgängig in größeren Agglomerationsräumen tätig sind. Die Sitze der Sparkassen liegen dabei in den jeweiligen Kernstädten (Kreistyp 1). Die kleinen und mittleren Banken im Osten und Westen sind in verdichteten Kreisen aktiv, die entweder Agglomerationsräumen (Kreistyp 3) oder verstädterten Regionen zugeordnet werden können (Kreistyp 6). Als einzige Ausnahme ist die kleine westdeutsche Sparkasse 9 in einem hochverdichteten Kreis beheimatet, der in einem Agglomerationsraum liegt (Kreistyp 2). Sparkassen aus explizit ländlichen Kreisen gemäß BBR-Definition existieren nicht im Sample (Kreistypen 4, 7, 8 oder 9). Insgesamt sind die Geschäftsgebiete aller Sparkassen somit städtisch geprägt. Da jedoch auch innerhalb von Kreisen z.T. erhebliche Unterschiede in der Siedlungsstruktur bestehen, ist zu konstatieren, dass die kleinen und mittleren Sparkassen teilweise in Regionen tätig sind, die im allgemeinen Sprachgebrauch und Empfinden als ländlich-peripher bezeichnet werden könnten.

Betrachtet man die regionale Kundenverteilung, so wird die dominante Rolle der Geschäftsgebiete im Privatkundengeschäft sichtbar. Insgesamt stammen fast 92% der Kunden aus den nach dem Regionalprinzip der Sparkassen relativ klar abgegrenzten Arealen. Bei Bank 8 beträgt der Anteil der externen Kunden sogar nur knapp 6%, wohingegen bei Bank 9 ca. 14,5% der Kunden außerhalb des Geschäftsgebiets wohnen.

Tabelle 6: Übersicht über die Teildatensätze; Quelle: eigene Berechnungen

Sparkasse	Größe	Herkunft	Kunden innerhalb des Geschäftsgebiets	Kreistyp (BBR) Geschäftsgebiet*	Beobachtungen
1	Mittel	Ost	92,79%	6	1 .923.154
2	Groß	Ost	93,45%	1	
3	Mittel	Ost	92,33%	3	
4	Mittel	Ost	90,45%	3	
5	Groß	Ost	91,73%	1	
6	Klein	Ost	91,77%	3	
7	Klein	Ost	89,92%	3	
8	Mittel	Ost	94,16%	6	
9	Klein	West	85,53%	2	549.331
10	Klein	West	89,77%	6	
11	Groß	West	90,54%	1	
Total			**91,86%**		**2.472.485**

* Bei mehreren Kreisen: Kreistyp des Sitzes der Sparkasse.

5.1.6 Altersstruktur der Kunden

Nachdem die regionale Verteilung der Sparkassenkunden und die Struktur der Geschäftsgebiete charakterisiert wurde, soll kurz auf die demographische Struktur der Datensätze für Ost- und Westdeutschland eingegangen werden. In Abbildung 10 sind hierzu die prozentualen Anteile der einzelnen Altersgruppen an der Gesamtkundenzahl im Vergleich zur Bevölkerungsstruktur Gesamtdeutschlands zum 31.12.2006 abgetragen.[65]

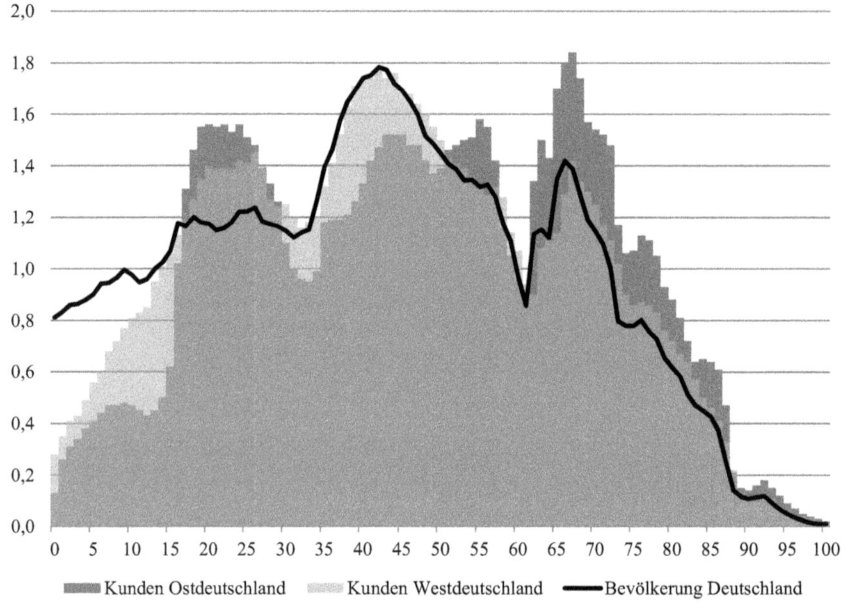

Abbildung 10: Bevölkerungsstruktur Deutschland vs. Kundenstruktur der ost- und westdeutschen Sparkassen (Anteil der Altersgruppen in %).; Quelle: eigene Darstellung

Zwischen der transparenten hellgrauen Fläche, die die westdeutsche Altersstruktur der Kunden abbildet und der dahinter gelegten dunkelgrauen ostdeutschen Verteilung, offenbaren sich erhebliche Differenzen. Diese Unterschiede in

65 Der Bevölkerungsstand nach Altersgruppen wurde Statistisches Bundesamt [2006a] entnommen.

der Altersstruktur der Kunden resultieren zum einen aus unterschiedlichen Marktanteilen in den einzelnen Altersgruppen, reflektieren aber auch die divergierenden demographischen Grundmuster in Ost- und Westdeutschland.

Die Kundenstruktur der westdeutschen Sparkassen bildet die deutsche Bevölkerungsstruktur recht gut ab. Im Vergleich zeigen sich hier insbesondere bei den erwachsenen Kunden ab 34 Jahren nur geringe Abweichungen. Bei den jüngeren Kunden ist dagegen der Bereich der Jugendlichen und jungen Erwachsenen zwischen 16 und 33 Jahren überproportional repräsentiert, während das Segment jungen Kunden unter 16 Jahren z.T. deutlich unterproportional vertreten ist. Für die ostdeutschen Sparkassen ergeben sich im Vergleich zur westdeutschen Verteilung und damit auch zur deutschen Bevölkerungsstruktur erhebliche Differenzen. Auffällig ist der auch in Relation zu den westdeutschen Sparkassen größere Anteil junger Kunden im Alter zwischen 17 und 30 Jahren. Zum Teil stark unterrepräsentiert sind dagegen die ganz jungen Kunden unter 17 und die Kundengruppen zwischen 30 und 50 Jahren. Bei den Altersgruppen der über 50-Jährigen finden sich dagegen mit wenigen Ausnahmen überproportional stark besetzte Klassen.

Zusammenfassend ist also festzustellen, dass die westdeutschen Sparkassen im Vergleich zur Gesamtbevölkerung zwar über eine leicht ältere, in Relation zu den ostdeutschen Sparkassen aber insgesamt über eine wesentlich jüngere Kundenbasis verfügen. Das Durchschnittsalter ihrer Kunden beträgt 43,9 Jahre und liegt damit über dem Durchschnittsalter der Gesamtbevölkerung von 42,1 Jahren, aber signifikant unter dem Durchschnittsalter der Kunden ostdeutscher Sparkassen von 47,4 Jahren. Diese Abstufung zeigt sich auch, wenn man die Kunden und die Bevölkerung in drei Altersgruppen „0 bis 18 Jahre", „19 bis 64 Jahre" und „über 65 Jahre" einteilt. Die älteren Kunden über 65 Jahre sind bei den ostdeutschen Sparkassen deutlich überrepräsentiert: 27,5% der ostdeutschen Kunden und lediglich 21,5% der westdeutschen Kunden fallen in dieses Segment. Der Referenzwert in der deutschen Bevölkerung liegt dagegen bei 19,8%. Bei den jungen Kunden unter 19 Jahren zeigt sich ein inverses Bild. In diese Gruppe fallen bei den ostdeutschen Sparkassen 10,4% und bei den westdeutschen Sparkassen 14,4% der Kunden, obwohl sie 18,5% der deutschen Bevölkerung stellen. In der mittleren Altersgruppe zeigen sich keine gravierenden Differenzen: 62,1% der ostdeutschen, 64,1% der westdeutschen Kunden und 61,7% der deutschen Bevölkerung sind diesem Segment zuzurechnen.

5.1.7 Deskriptive Statistik

5.1.7.1 Aggregierte Teildatensätze der ost- und westdeutschen Sparkassen

Die Beschreibung des Datensatzes wird im Folgenden mit Hilfe eines Überblicks über die Ausprägungen der kundenindividuellen Variablen erweitert. Aus Datenschutzgründen können dabei keine sparkassenindividuellen Statistiken aufgenommen werden. Um dennoch einen Eindruck der vorhandenen Unterschiede zwischen ost- und westdeutschen Sparkassen zu vermitteln, werden in Tabelle 7 Mittelwert, Standardabweichung sowie Minima und Maxima der wichtigsten kundenindividuellen Variablen für die aggregierten Teildatensätze Ost/West zusammengestellt. Dabei wurden alle Beobachtungen aus den jeweiligen Datensätzen herangezogen. In die Berechnung der durchschnittlichen Spareinlagen werden so z.B. auch die Kunden einbezogen, die über keine Spareinlagen verfügen und demzufolge hier einen Bestand von Null zum Stichtag aufweisen.

Im westdeutschen Datensatz sind 51,03% der Kunden Frauen, was ziemlich genau dem Frauenanteil in der westdeutschen Bevölkerung (51,09%) entspricht. Im ostdeutschen Datensatz sind die weiblichen Kunden dagegen mit 53,62% im Verhältnis zum Referenzwert der ostdeutschen Bevölkerung (50,82%) leicht überrepräsentiert.[66]

Im Durchschnitt über alle Kunden generieren westdeutsche Sparkassen mit 291,92€ einen zum 1%-Niveau signifikant höheren Deckungsbeitrag pro Kopf als die Sparkassen in Ostdeutschland (257,94€). Eine mögliche Ursache hierfür könnte z.B. in vergleichsweise größeren Anlage- und Kreditvolumina in Westdeutschland zu suchen sein. Betrachtet man die durchschnittlichen Anlagesummen auf der Passivaseite der Banken genauer, so ergibt sich bei den einzelnen Produkten allerdings kein homogenes Bild. Bei drei Produkten sind im Osten moderat höhere Volumina zu beobachten. Dies betrifft die Sichteinlagen (2391,31€ zu 2078,72€), die Spareinagen (6182,71€ zu 5169,25€) und die DEKA-Fonds (1178,32€ zu 1050,50€). Diesen leicht höheren Anlagebeträgen ostdeutscher Kunden stehen in den Produktkategorien DepotB und Termineinlagen größere Differenzen zugunsten westdeutscher Kunden gegenüber. Bei den sons-

66 Die Bevölkerungsdaten zum 31.12.2006 sind Statistisches Bundesamt [2006a] entnommen.

tigen Wertpapieren, die im DepotB zusammengefasst sind, übersteigt der Durchschnittsanlagebetrag im Westen den im Osten um mehr als das Dreifache (3371,32€ zu 977,48€), bei den Termineinlagen ist diese Differenz sogar noch wesentlich gravierender. Investiert ein Kunde ostdeutscher Sparkassen im Durchschnitt 51,71€ in diese Anlageform, so sind es im Westen 1135,08€, d.h. mehr als das Zwanzigfache.

Tabelle 7: Deskriptive Statistik der kundenindividuellen Variablen (I) (Berechnungsbasis: alle Kunden); Quelle: eigene Berechnungen

Variable	Abk.		Mittelwert	Standardabweichung	Min	Max
Deckungsbeitrag II	db2	Ost	**257,94**	421,28	-39.593,25	70.665,21
	db2	West	**291,92**	811,35	-41.920,00	237.972,70
Einkommen	Y	Ost	**852,80**	1.031,85	-290,07	684.792,40
	Y	West	**700,89**	3.372,04	0,00	2.115.000,00
Dispositionskredite	DP	Ost	**80,85**	1.061,46	0,00	989.301,80
	DP	West	**256,64**	6.166,37	0,00	3.020.078,00
Darlehen	DL	Ost	**1.435,38**	11.414,95	0,00	1.878.571,00
	DL	West	**6.520,07**	44.955,61	0,00	8.780.820,00
Sichteinlagen	SE	Ost	**2.391,31**	8.282,43	0,00	5.855.399,00
	SE	West	**2.078,72**	14.993,30	0,00	4.919.384,00
Termineinlagen	TE	Ost	**51,71**	2.219,66	0,00	1.470.000,00
	TE	West	**1.135,08**	32.975,54	0,00	2,06E+07
DepotB	DPB	Ost	**977,48**	7.410,68	0,00	2.144.022,00
	DPB	West	**3.371,32**	63.941,88	0,00	3,75E+07
DEKA-Fonds	DK	Ost	**1.178,32**	5.922,73	0,00	862.352,40
	DK	West	**1.050,50**	9.954,41	0,00	2.503.898,00
Sparen	SP	Ost	**6.182,71**	14.893,22	0,00	1.249.105,00
	SP	West	**5.169,25**	24.994,07	0,00	1,21E+07
Dummyvariable Girokonto	D_giro	Ost	**0,8094**	0,3928	0,00	1,00
	D_giro	West	**0,7065**	0,4554	0,00	1,00
Dummyvariable Transfereinkommen	D_trans	Ost	**0,0886**	0,2841	0,00	1,00
	D_trans	West	**-**	-	-	-
Dummyvariable Geschlecht	D_sex	Ost	**0,5362**	0,4987	0,00	1,00
	D_sex	West	**0,5103**	0,4999	0,00	1,00

Über alle Beobachtungen ergibt sich im Westen somit eine durchschnittliche Anlagesumme von 12.804,86€, wovon knapp 50% in relativ sichere Spar- und Termineinlagen (SP: 40,37%; TE:8,86%) und ein gutes Drittel in risikoreichere Anlageformen fließen (DepotB: 26,33%; Deka-Fonds: 8,20%). Der Rest von ungefähr einem Sechstel wird in Sichteinlagen gehalten (SE: 16,23%). Im Osten ergibt sich dagegen ein insgesamt niedriger durchschnittlicher Anlagebetrag (10.781,54€), dessen Struktur zudem deutlich vom Westen abweicht. Knapp 58% fließen in die sicheren Produktkategorien SP und TE, wobei die Spareinlagen mit 57,35% deutlich dominieren. Risikoreichere Anlageformen spielen eine geringere Rolle, nur 20% (DepotB: 9,07%, Deka-Fonds: 10,93%) der Anlagesumme wird in diese Produktkategorien investiert. Dagegen wird im Osten ein größerer Anteil an liquiden Mitteln vorgehalten (SE: 22,18%). Diese Portfoliostruktur deutet darauf hin, dass Kunden ostdeutscher Sparkassen im Durchschnitt konservativer und risikoaverser agieren.

Westdeutsche Kunden verfügen jedoch im Mittel nicht nur über ein insgesamt höheres Anlagevolumen und eine andere Portfolioaufteilung, sondern sie verschulden sich auch stärker als Kunden ostdeutscher Sparkassen. Ein differenzierter Blick auf die Aktivaseite der Banken zeigt, dass das durchschnittliche Darlehensvolumen im Westen mehr als viermal so groß ist (6520,07€ zu 1435,38€). Auch die kurzfristige Inanspruchnahme von Kontokorrentkrediten ist im Westen stärker ausgeprägt (256,64€ im Vergleich zu 80,85€).

Die Betrachtung der Durchschnitte über alle Kunden ist jedoch nur sinnvoll, um einen ersten Eindruck zu gewinnen. Ausgeblendet wird hier die individuelle Nutzungsentscheidung, die zur Relativierung oder Verstärkung der beobachteten Differenzen führen kann.[67] So ist beispielsweise die Girokontenquote im Osten mit 80,9% höher als im Westen mit 70,7%. Wenn ein Großteil der Sichteinlagen auf Girokonten gehalten werden oder beispielsweise das Einkommen nur ermittelt werden kann, wenn ein Girokonto vorhanden ist, ist der Vergleich der Durchschnitte per se wenig aussagekräftig. Um das Bild zu vervollständigen, werden deshalb im nächsten Schritt für jede Variable bzw. für jede Produktkategorie nur diejenigen Kunden betrachtet, die über eine von Null verschiedene Ausprägung verfügen. Auch für diese Kundengruppe werden für jede Variable jeweils der Mittelwert und die Standardabweichung berechnet. Setzt man darüber hinaus die resultierende Anzahl der Personen ins Verhältnis zur Gesamtkundenzahl, können abschließend Nutzungsquoten für jedes Produkt ermittelt

67 Im Folgenden werden deshalb in den einzelnen Kategorien nur Kunden betrachtet und miteinander verglichen, die die Anlageentscheidung positiv getroffen haben.

werden. Die Ergebnisse sind in Tabelle 8 zusammengefasst. Korrigiert man für die Nutzungsquoten, die zwischen ost- und westdeutschen Sparkassen leicht differieren, so zeigt sich bei allen Produktkategorien mit Ausnahme der Spareinlagen ein z.T. deutlich höheres Volumen westdeutscher Kunden. Ebenso ergibt sich nun ein höheres durchschnittliches Einkommen für die Kunden westdeutscher Sparkassen.

Die am häufigsten genutzten Passivprodukte der ost- und westdeutschen Sparkassen sind Sicht- und Spareinlagen, wobei die ostdeutschen Institute in beiden Kategorien höhere Nutzungsquoten aufweisen (SE: 72,9% zu 59,8%; SP: 69,1% zu 66,2%). Niedriger ist der Anteil der Kunden, die risikoreichere Anlageformen wie Fonds oder sonstige Wertpapiere nutzen. Die institutseigenen DEKA-Fonds scheinen dabei bei ostdeutschen Kunden beliebter zu sein (12,94% zu 9,32%), wohingegen die in der Kategorie DepotB zusammengefassten Produkte für westdeutsche Kunden eine höhere Attraktivität besitzen (7,95% zu 6,71%). Bei den Termineinlagen ergibt sich die größte Differenz in der Nutzung. Investiert lediglich ein verschwindend geringer Teil der Kunden ostdeutscher Sparkassen in dieses Produktkategorie (0,31%), so verfügen immerhin knapp 4,5% der westdeutschen Kunden über solche Einlagen.[68]

Nicht nur in der Nutzungsfrequenz, sondern auch in den durchschnittlichen Volumina ergeben sich sowohl zwischen den Produktformen als auch zwischen den Kunden ost- und westdeutscher Sparkassen erhebliche Unterschiede, die insbesondere bei den Produkten Termineinlagen und DepotB ins Auge fallen. Diese werden zwar von wenigen Kunden genutzt, wenn dies jedoch getan wird, ergeben sich hohe absolute Anlagebeträge, die sich deutlich von den Niveaus der anderen Produktkategorien abheben und im Westen fast doppelt (TE: 27.566€ zu 16.728€) bzw. dreimal so hoch (DepotB: 42.383€ zu 14.561€) ausfallen. Der durchschnittliche Anlagebetrag von Kunden, die sich für DEKA-Fonds, Spar- oder Sichteinlagen entscheiden, unterscheidet sich zwischen Ost und West dagegen weniger dramatisch. Im Fall von DEKA-Fonds und Spareinlagen liegen die mittleren Werte im Bereich von 7.812€ bis 11.269€. Am niedrigsten und ähnlichsten sind die Summen, die vermutlich für Transaktionsaktivitäten als Sichteinlagen gehalten werden mit 3279€ (Ost) bzw. 3476€ (West).

---

68 Die Differenzen in der Produktnutzung, die sich auch in den durchschnittlichen Anlagebeträgen über alle Kunden niederschlägt, dürften u.a. auch historisch bedingt sein (siehe Kapitel 2.2.7). Denkbar sind aber auch differierende Strategien bzw. Geschäftsschwerpunkte. So könnte sich bspw. das Produktangebot hinsichtlich Vermarktung, Verfügbarkeit und Ausgestaltung zwischen ost- und westdeutschen Sparkassen unterscheiden.

Auf der Aktivseite aus Bankensicht nutzen in Ost- und Westdeutschland ungefähr ein Siebtel der Kunden Dispositionskredite (Ost: 14,97%; West: 14,36%) mit einem durchschnittlichen Überziehungskredit von 1.787,19€ (West) und 539,94€ (Ost). Darlehen werden dagegen im Westen häufiger in Anspruch genommen. Mit fast 14% ist die Nutzungsquote fast doppelt so hoch wie im Osten (7,3%). Zudem ist das durchschnittliche Volumen hier deutlich größer: 19.629,27€ (Ost) gegenüber 46.875,65€ (West).

Tabelle 8: Deskriptive Statistik ausgewählter kundenindividueller Variablen (II) (Berechnungsbasis: alle Kunden mit einer von Null verschiedenen Ausprägung der entsprechenden Variable); Quelle: eigene Berechnungen

Variable	**Abk.**		**Mittelwert**	**Standard-abweichung**	**Nutzungs-quote**
Einkommen	Y	Ost	**1.114,24**	1.048,72	76,54%
	Y	West	**1.128,72**	4.222,38	62,10%
Dispositionskredite	DP	Ost	**539,94**	2.697,50	14,97%
	DP	West	**1.787,19**	16.188,35	14,36%
Darlehen	DL	Ost	**19.629,27**	37.746,27	7,31%
	DL	West	**46.875,65**	112.420,40	13,91%
Sichteinlagen	SE	Ost	**3.278,62**	9.546,90	72,94%
	SE	West	**3.476,24**	19.263,29	59,80%
Termineinlagen	TE	Ost	**16.727,91**	36.263,77	0,31%
	TE	West	**27.565,56**	160.249,50	4,12%
DepotB	DPB	Ost	**14.560,74**	24.905,64	6,71%
	DPB	West	**42.383,09**	223.041,70	7,95%
DEKA-Fonds	DK	Ost	**9.102,82**	14.101,67	12,94%
	DK	West	**11.268,75**	30.786,59	9,32%
Spareinlagen	SP	Ost	**8.954,05**	17.216,75	69,05%
	SP	West	**7.811,63**	30.387,41	66,17%

5.1.7.2 Aggregierter Gesamtdatensatz aller Sparkassen

Nach der ausführlichen Beschreibung der Teildatensätze, sind in Tabelle 9 die deskriptiven Statistiken für den Gesamtdatensatz aller Sparkassen zusammen gefasst. Für alle Variablen werden Mittelwert und Standardabweichung ermittelt, indem alle Kunden in die Berechnung einbezogen werden.[69] Zusätzlich wurden analog zur oben beschriebenen Vorgehensweise für jede Variable nur die Kunden herangezogen, die das Produkt besitzen bzw. die eine Ausprägung ungleich Null bei der entsprechenden Variablen besitzen. Mit Hilfe dieser Kundengruppen können dann „nutzungsbereinigte" Mittelwerte und Nutzungsquoten berechnet werden, die ebenfalls in die Übersicht aufgenommen wurden. Da sich die Ergebnisse als gewichtetes Mittel der Subsamples Ost/West ergeben, wird auf eine ausführliche Erläuterung verzichtet.

---

69 Da sich die Werte für die Minima und Maxima im Gesamtdatensatz nicht ändern, ist eine Darstellung an dieser Stelle redundant.

Tabelle 9: Deskriptive Statistik der kundenindividuellen Variablen (III) – Gesamtdatensatz; Quelle: eigene Berechnungen

		Berechnungsbasis: *alle Kunden*		***Berechnungsbasis:*** *alle Kunden mit einer Ausprägung ≠ 0 bei der entsprechenden Variable*	
Variable	**Abk.**	**Mittelwert I**	**Standard-abweichung**	**Mittelwert II**	**Nutzungs-quote**
Deckungsbeitrag II	db2	**265,49**	533,39	268,62	-
Einkommen	Y	**819,05**	1.832,61	1.116,96	**73,33%**
Dispositionskredite	DP	**119,91**	3.054,47	808,13	**14,84%**
Darlehen	DL	**2.565,09**	23.555,06	29.221,33	**8,78%**
Sichteinlagen	SE	**2.321,86**	10.164,63	3.316,12	**70,02%**
Termineinlagen	TE	**292,41**	15.672,51	25.310,01	**1,16%**
DepotB	DPB	**1.509,34**	30.856,01	21.596,19	**6,99%**
DEKA-Fonds	DK	**1.149,92**	7.021,64	9.472,36	**12,14%**
Spareinlagen	SP	**5.957,54**	17.649,35	8.708,53	**68,41%**
Dummyvariable Girokonto	D_giro	**0,7865**	0,4097663	-	-
Dummyvariable Geschlecht	D_sex	**0,5304**	0,4990742	-	-

5.1.8 Portfoliostruktur nach Altersgruppen

Nachdem in Abschnitt 5.1.7 die unterschiedliche Bedeutung der einzelnen Produktkategorien deutlich wurde, soll die Analyse des Produktportfolios in diesem Abschnitt weiter vertieft werden, indem als zusätzliche Dimension das Alter aufgenommen wird. Es ist anzunehmen, dass die durchschnittlichen Anlagebeträge sowie die Verschuldung über den Lebenszyklus stark variieren. Vor dem Hintergrund der in Abschnitt 5.1.7 ermittelten Durchschnittswerte ist zudem anzunehmen, dass zwischen Ost- und Westdeutschland erhebliche Unterschiede in der Bedeutung einzelner Produkte bestehen. Wie sich diese Relevanz und die durchschnittlichen Volumina in den beiden Teilregionen Deutschlands für die einzelnen Altersgruppen darstellt, ist Abbildung 11 zu entnehmen. Die durchschnittlichen Forderungen aus Kundensicht (Anlagebeträge bzw. Bruttovermögen) sind dabei im positiven Bereich, die Verbindlichkeiten im negativen Be-

Das über alle Kunden geringere Anlagevolumen in Ostdeutschland kann auch in der Aufgliederung nach Altersgruppen identifiziert werden. So existieren zwischen Ost und West zwar qualitativ gleiche Muster über die Altersgruppen, ab den 25-Jährigen gilt jedoch: je älter die betrachtete Kundengruppe, desto größer sind die Unterscheide zwischen Ost und West. Insbesondere bei den älteren Kunden ab ca. 50 Jahren ist in Westdeutschland ein deutlich größeres Anlagevolumen zu verzeichnen, was die beobachtbaren Differenzen in den Durchschnittswerten für Ost- und Westdeutschland insgesamt treibt. Interpretiert man die durchschnittlichen Anlagebeträge in den einzelnen Altersgruppen als akkumulierte Ersparnis der Vergangenheit, so spiegeln sich hier vermutlich die historischen Einkommensdifferenzen als auch systembedingte Unterschiede aus der Vorwendezeit wider.

Nicht nur in den Vermögensniveaus existieren Unterschiede zwischen Ost- und Westdeutschland, sondern auch hinsichtlich der Zusammensetzung, also der Portfoliostruktur. Wie aus der Abbildung 12 ersichtlich ist, besitzen in den verschiedenen Altersgruppen unterschiedliche Produkte Relevanz, d.h. in jeder Altersklasse, gibt es wichtigere und unwichtigere Anlageprodukte. Da die Aufteilung der Gesamtanlagesumme auf die einzelnen Produkte aus den Abbildungen nicht eindeutig ersichtlich ist, werden in Abbildung 12 a) und Abbildung 12 b) die Anteile der einzelnen Produkte am Gesamtvermögen in Abhängigkeit vom Alter abgetragen. Hinsichtlich drei Anlagekategorien gibt es dabei in der relativen Bedeutung über den Lebenszyklus starke Übereinstimmungen, bei zwei Produkten sind gravierende Unterschiede festzustellen.

Am deutlichsten ist die ähnliche Struktur bei den Spareinlagen, deren Anteil den stärksten Schwankungen unterliegt. Sowohl in Ost- als auch in Westdeutschland macht diese Form der Einlagen bei den jüngeren Kunden 70-80% des Gesamtvermögens aus. Dieser Anteil sinkt dann in den mittleren Jahrgängen auf ungefähr 30% bzw. 40% (Ost) ab, um bei den älteren Kunden auf über 50% bzw. 70% (Ost) anzusteigen. Bei den Sichteinlagen ergeben sich ebenfalls starke Schwankungen in der Relevanz zwischen den einzelnen Altersklassen und auch hier sind die qualitativen Unterschiede zwischen Ost und West gering. Insgesamt zeigt sich in beiden Teildatensätzen ein im Vergleich zu den Spareinlagen inverses Muster. Ausgehend von einer sehr geringen Quote von unter 5% in den jüngsten Altersklassen, halten die jungen Erwachsenen (Altersgruppen 20-35 Jahre) im Durchschnitt ca. 30-40% ihres Vermögens in Sichteinlagen. Mit zunehmendem Alter der Kunden gewinnen andere Anlageformen an Bedeutung, so dass der Anteil bei der älteren Klientel wieder schrumpft. Für die institutseigenen Fonds, die in der Kategorie DK zusammengefasst sind, ergibt sich schließlich die geringste Altersabhängigkeit, d.h. der Anteil variiert verhältnismäßig wenig zwischen den einzelnen Kundengruppen. Ebenso gering sind die Unterschiede zwischen den Teildatensätzen Ost/West. Mit Ausnahme der Kunden über 70 Jahre bewegt sich in beiden Fällen der Anteil der DEKA-Fonds im Bereich von 10-20%. Zwei Gipfel sind im Bereich der ganz jungen Kunden zwischen 5-10 Jahren und im Segment der 35 bis 40-Jährigen zu beobachten. Im Gegensatz zum mit dem Alter stark ansteigenden Gesamtvermögen entwickelt sich ab dieser Altersgruppe der durchschnittliche Anlagebetrag nur unterproportional, was einen beständig sinkende Quote impliziert, die bei den über 70-Jährigen unter die 10%- Schwelle fällt.

Unterschiede ergeben sich insbesondere bei der Bedeutung der Termineinlagen und in der Komponente DepotB. Für Ostdeutschland besitzen die Termineinlagen unabhängig vom Alter keine Relevanz. In Westdeutschland ist für dieses Produkt jedoch mit zunehmendem Alter ein leicht steigender Anteil festzustellen, der gegen ungefähr 10% des durchschnittlichen Anlagevolumens konvergiert. Bei der Variable DepotB sind ebenfalls größere Differenzen in der Anlagestruktur zwischen Ost- und Westdeutschland zu identifizieren. Bewegt sich die Quote in Ostdeutschland zwischen 2,8% bei den Zweijährigen und 12,9% bei den 63-Jährigen, so ist bei Kunden westdeutscher Sparkassen eine ungleich größere Varianz und Bedeutung dieser risikoreicheren Anlageform zu erkennen. Die zugehörigen Anteile liegen hier im Bereich von 5,3% (Vierjährige) bis 34,9% (Altersgruppe der 72-Jährigen), wobei mit steigendem Alter die Unterschiede in der Relevanz dieser Anlageform deutlich zunehmen.

Passiva aus Kundensicht

Auf der Passivseite der Kunden dominieren Kredite, die in der Kategorie Darlehen zusammengefasst sind. Dispositionskredite spielen dagegen vom Volumen keine Rolle. Grundsätzlich sind im Westen höhere Durchschnittsbeträge in jeder Altersklasse zu beobachten, die Struktur der Verschuldung über den Lebenszyklus ist jedoch in beiden Teildatensätzen identisch. Die Kreditaufnahme im größeren Rahmen beginnt ungefähr mit Anfang 20 und steigt danach zunächst mit dem Alter an. Der Gipfel der durchschnittlichen Verschuldung wird bei den Kohorten der 35 bis 40-Jährigen (Ost) bzw. bei den 40 bis 45-Jährigen (West) erreicht. Mit weiter zunehmendem Alter werden die Kredite zurückgefahren, die durchschnittliche Verschuldung sinkt. Die beobachtbare Struktur lässt darauf schließen, dass Immobilienkredite bzw. Baufinanzierungen einen maßgeblichen Anteil der Kategorie Darlehen ausmachen, so dass die höheren Volumina sicherlich auch höhere Immobilienpreise in Westdeutschland reflektieren. Darüber hinaus dürften auch die höheren Einkommen und die damit verbundene größere Kreditwürdigkeit (bzw. eine Kombination von beiden Effekten) eine Rolle spielen.

Im Westen ergeben sich jedoch nicht nur größere Kreditbeträge, sondern Kredite werden früher, d.h. in jüngeren Altersklassen, nachgefragt und beachtliche Volumina bleiben auch in den höheren Altersklassen nach Eintritt ins Rentenalter bestehen. So beträgt beispielsweise die mittlere Darlehenssumme im Osten bei den 75-jährigen lediglich 182,36€, wohingegen im Westen selbst bei den über 85-Jährigen noch ein durchschnittlicher Kredit in Höhe von 815,42€ verbleibt.

a) Teildatensatz Ostdeutschland

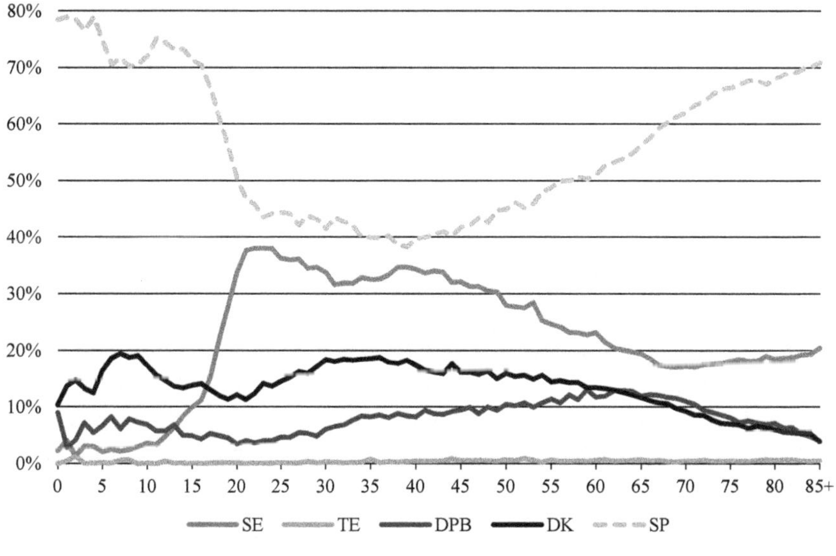

b) Teildatensatz Westdeutschland

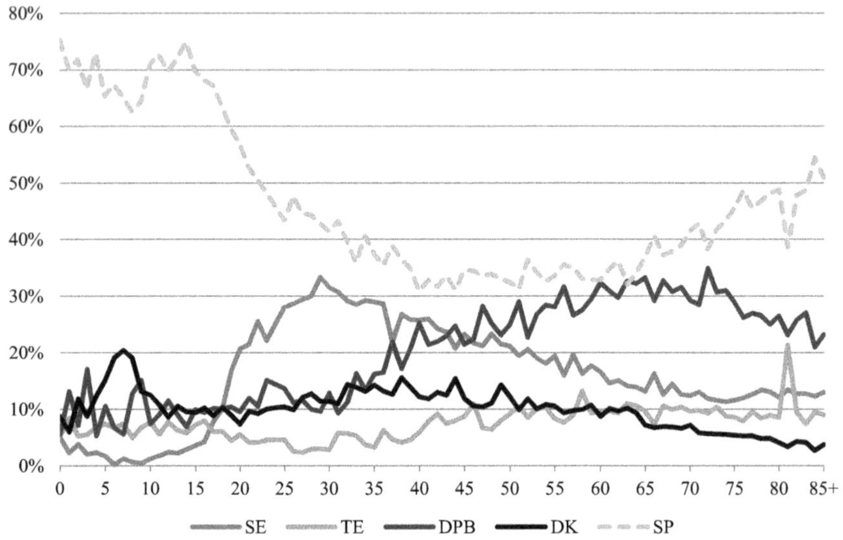

Abbildung 12: Durchschnittliche Vermögensstruktur nach Altersklassen – Subsamples (Prozentualer Anteil am Bruttovermögen); Quelle: eigene Darstellung

Nachdem die Teildatensätze hinsichtlich Gemeinsamkeiten und Unterschiede ausführlich beschrieben wurden, soll der Vollständigkeit halber abschließend kurz der Gesamtdatensatz aller Sparkassen beleuchtet werden. Zur Berechnung von altersspezifischen Forderungen und Verbindlichkeiten werden deshalb jetzt alle Kunden herangezogen. Die Ergebnisse sind nach den Produktkategorien aufgegliedert in Abbildung 13 in bekannter Weise graphisch illustriert. Da sich die Werte aus den gewichteten Mittelwerten der Subsamples Ost/West ergeben, wird auf weitere Erläuterungen verzichtet.

Hochrechnung

Da sich die Resultate der kleinräumigen Bevölkerungsvorausrechnungen der Statistischen Landesämter nicht konsistent zu Ergebnissen für die NUTS II-Regionen aufaddieren lassen, wird für diese Untersuchungsebene die Bevölkerungsprognose des BBR aus der Raumordnungsprognose 2025/2050 verwendet. Die Beschreibung der Bevölkerungsprognose des BBR kann hier *en detail* erfolgen, da keine Vertraulichkeitsrestriktionen zu berücksichtigen sind. Zuerst werden deshalb die wesentlichen Annahmen hinsichtlich der Teilkomponenten Fertilität, Mortalität und Migration näher beleuchtet. Im Anschluss erfolgt dann die Präsentation der Ergebnisse für die 39 NUTS II-Regionen hinsichtlich absoluter Bevölkerung, Durchschnittsalter und Altersstruktur.

Das Kapitel zu den Bevölkerungsdaten gliedert sich demnach wie folgt: Zuerst wird die grundsätzliche Methodik der beiden verwendeten Bevölkerungsprognosen vorgestellt. Im Anschluss werden für beide Projektionen die spezifischen Annahmen und die wesentlichen Ergebnisse skizziert. Zum Abschluss des Kapitels wird kurz auf die Qualität von Bevölkerungsprognosen eingegangen, um die Güte der verwendeten Daten einschätzen zu können.

5.2.2 Methodik von Bevölkerungsprognosen

Das vorherrschende Verfahren zur Konstruktion von Bevölkerungsvorausberechnungen ist die Kohorten-Komponenten-Methode (Cohort-Survival-Method).[73] Ausgangspunkt bildet dabei ein bestimmter Bevölkerungsstand aufgegliedert nach Geschlecht und Altersjahren zu einem definierten Stichtag. Ausgehend von diesem Bestand können dann mit Hilfe von Annahmen über die Entwicklung der drei demographischen Kernkomponenten

- Fertilität (Geburtenverhalten, Geburtenhäufigkeit)
- Mortalität (Lebenserwartung, Sterblichkeit)
- Migration (Wanderungsbewegungen)

73 Die Kohorten-Komponenten-Methode zeichnet sich durch eine hohe Flexibilität und Validität aus. So können verschiedenste Annahmen, Prognosetechniken und Datengrundlagen kombiniert werden. Darüber hinaus ist ihre Anwendung auf allen regionalen Gliederungsebenen möglich. Vgl. dazu z.B. Smith et al. [2001] 43. Einen Überblick über die grundlegende Vorgehensweise bei Bevölkerungsprognosen bieten z.B. Hinde [1998], Smith et al. [2001] oder Bretz [1986].

die Bevölkerungsgröße und -struktur für jedes Jahr des Prognosehorizonts bestimmt werden. Hierzu wird ein einfaches Fortschreibungsverfahren benutzt. Der Bevölkerungsbestand (B_t) in einer bestimmten Region kann sich nur durch Geburten (G_t), Sterbefälle (S) und Zuzüge (Z) bzw. Abwanderungen (A) verändern. Der neue Bevölkerungsbestand B_{t+1} ergibt sich dann durch eine einfache Bilanzgleichung:

$$B_{t+1} = B_t + G_t - S_t + (Z_t - A_t)$$

Konkret wird so vorgegangen, dass man jede dieser Größen getrennt nach Alter und Geschlecht betrachtet und prognostiziert.[74]

Als erstes müssen hierzu die Mortalitätsraten für Männer und Frauen in jeder Altersgruppe für jedes Jahr des Vorhersagezeitraums bestimmt werden. Hier fließen implizit die Annahmen über die Entwicklung der durchschnittlichen Lebenserwartung ein, da sich die Lebenserwartung bei Geburt zu einem bestimmten Zeitpunkt t durch die Summe der altersspezifischen Überlebenswahrscheinlichkeiten[75] in t ergibt. Für das erste Prognosejahr wird also zunächst bestimmt, wie viel Einwohner eines Geburtenjahrgangs (Kohorte) das nächste Lebensjahr erreichen, d.h. in die nächsthöhere Altersgruppe aufrücken.

Ausgehend von diesem Bestand wird bestimmt, wie viele Frauen im gebärfähigen Alter, d.h. in der Regel zwischen 15 und 49, existieren. Auf diese werden die zu bestimmenden altersspezifischen Fertilitätsraten (Geburtswahrscheinlichkeiten) angewendet,[76] die neben den Mortalitätsraten ebenfalls prognostiziert werden müssen. Da die Summe der altersspezifischen Geburtswahrscheinlichkeiten die durchschnittlich erwartete Anzahl von Kindern pro Frau, d.h. die totale Fertilitätsrate (TFR), ergibt, müssen die Erwartungen über beide Größen konsistent gebildet werden. Berücksichtigt man schließlich die Säuglingssterblichkeit als Mortalitätsrate der jüngsten Altersgruppe und trifft Annahmen über die Geschlechterproportion der Neugeborenen, so ergibt sich die erste neue Generation (Kohorte) im ersten Jahr der Bevölkerungsprognose. Für die weiteren Prognosejahre wird dann analog vorgegangen.

---

74 Zur getrennten Betrachtungsweise vgl. Hinde [1998] 205f.

75 Die Überlebenswahrscheinlichkeit ergibt sich als Eins minus Sterbewahrscheinlichkeit.

76 Für jede Altersgruppe erfolgt eine Multiplikation mit den prognostizierten Fertilitätsraten.

Der Bestand jeder Periode muss schließlich noch um die prognostizierten Zu- und Abwanderungen korrigiert werden. Migrationsbewegungen können dabei durch die Vorgabe von Wanderungssalden, ebenfalls nach Alter und Geschlecht getrennt, modelliert werden.[77]

Um der Unsicherheit der Entwicklung der drei Komponenten Rechnung zu tragen, bedient man sich in der Kohorten-Komponenten-Methode üblicherweise der Szenarioanalyse. So existieren beispielsweise in der aktuellen Bevölkerungsvorausberechnung des statistischen Bundesamtes drei Szenarien bezüglich der Entwicklung der TFR, zwei Szenarien zur Entwicklung der Lebenserwartung und zwei Szenarien zur Entwicklung der Wanderungsbewegungen. Insgesamt ergeben sich somit 12 Prognosevarianten, denen bei Bedarf (subjektive) Eintrittswahrscheinlichkeiten beigemessen werden können.[78] Zur Illustration gibt Tabelle 10 eine Übersicht über die Annahmen drei ausgewählter Varianten.

Das gängigste kombinierte Szenario ist dabei die Variante 1-W1, die auch den regionalisierten Prognosen zugrunde liegt, die im anschließenden Kapitel vorgestellt werden.

Tabelle 10: Annahmen ausgewählter Varianten der 11. koordinierten Bevölkerungsvorausberechnung des statistischen Bundesamtes; Quelle: eigene Darstellung nach Statistisches Bundesamt (2006)

	Geburtenhäufigkeit (Kinder je Frau)	**Lebenserwartung**	**Wanderungssaldo (Deutschland)**
Variante 1-W1 „Mittlere" Bevölkerung, Untergrenze	**annähernd konstant** 1,4	**Moderater Anstieg bis 2050** bei Jungen um 7,6 Jahre bei Mädchen um 6,5 Jahre (Basisannahme)	100.000
Variante 3-W2 „relativ junge" Bevölkerung	**steigend** ab 2025 bei 1,6	**Moderater Anstieg bis 2050** bei Jungen um 7,6 Jahre bei Mädchen um 6,5 Jahre (Basisannahme)	200.000
Variante 6-W1 „relativ alte" Bevölkerung	**fallend** bis 2050 auf 1,2	**Starker Anstieg bis 2050** bei Jungen um 9,5 Jahre bei Mädchen um 8,3 Jahre	100.000

77 Für Details zur Behandlung von Migranten in der Bevölkerungsprognose siehe z.B. Bretz [1986] 253f.

78 Eine zusammenfassende Darstellung der Annahmen und Varianten der 11. koordinierten Bevölkerungsvorausberechnung findet sich in Statistisches Bundesamt [2006, 2006b].

Die Prognosen der drei einzelnen Teilkomponenten und ihrer relevanten Bestimmungsfaktoren basieren dabei in der Regel auf Fortschreibungen von in der Vergangenheit beobachteten Mustern und Entwicklungstendenzen. Darüber hinaus werden Hypothesen über wahrscheinliche soziale, politische, ökonomische oder technologisch motivierte Veränderungen der Einflussfaktoren gebildet. Sie fließen ebenfalls in die Erwartungsbildung ein. Da plötzlich einsetzende gesellschaftliche Trends, politische Umbrüche, Krisen oder technische oder medizinische Innovationen auch mit Hilfe der Szenarioanalyse in der Regel nicht gut vorhergesagt werden können, sind Bevölkerungsprognosen zwangsläufig mit Vorhersagefehlern behaftet. Für die Zwecke dieser Arbeit (mit einem mittelfristigen Prognosehorizont von 10-15 Jahren) wird die Güte der verfügbaren Vorausberechnungen aber als akzeptabel erachtet.[79]

5.2.3 Regionalisierte Bevölkerungsvorausberechnungen der Statistischen Landesämter

5.2.3.1 Annahmen

Zur Prognose der erwarteten Kunden- und Ertragsentwicklung auf Sparkassenebene werden Daten über die zukünftige Bevölkerungsstruktur in den Geschäftsgebieten der beteiligten Institute bis zum Jahr 2020 benötigt. Für diese Betrachtung wurden regionalisierte Bevölkerungsvorausberechnungen der jeweiligen statistischen Landesämter herangezogen. Diese regionalisierten Prognosen basieren mit einer Ausnahme[80] auf der 11. koordinierten Bevölkerungsvorausberechnung des Statistischen Bundesamtes in der Variante 1-W1.

---

79 Zu der allgemeinen Treffsicherheit, den Möglichkeiten und Grenzen, sowie der Fehlereinschätzung (die meist mit einem ex-post Vergleich alter Prognosen und tatsächlich eingetretener Entwicklungen durchgeführt wird) existiert eine recht breite Literatur (Keyfitz [1981]; Stoto [1983]; Keilman [1997,2005]; Brachat-Schwarz/Walla [2008]; Bretz [2001]).

80 Für die betreffende Sparkasse mit Geschäftsgebiet in NRW wurde ebenfalls die offizielle landeseigene Bevölkerungsvorausberechnung verwendet, die allerdings nicht vollständig kompatibel mit der Prognose des Statistischen Bundesamtes ist. Zum einen basiert sie auf dem Bevölkerungsstand zum 1.1.2008, ist also wesentlich aktueller, zum anderen differiert sie neben anderen Annahmen insbesondere hinsichtlich der externen Wanderungssalden. Insgesamt weist die Vorausberechnung für NRW jedoch qualitativ vergleichbare Basisannahmen hinsichtlich der Entwicklung von Lebenserwartung, Ge-

Ausgangspunkt ist dabei, wie bei der Bundesprognose, der Bevölkerungsstand zum 31.12.2005 in den regionalen Gebietskörperschaften, aufgegliedert nach Geschlecht und einjährigen Altersgruppen von 0 bis 100. Diese Angaben basieren auf einer Fortschreibung des in den 80er Jahren mit Hilfe von Volkszählungen[81] ermittelten Bevölkerungsstandes.

Die Bundesprognose arbeitet mit landesspezifischen Annahmen,[82] die den Rahmen für die regionalen Prognosen abstecken. Die bundeslandspezifischen Annahmen hinsichtlich Geburtenhäufigkeit, Lebenserwartung und Wanderungsbewegungen werden dann in den regionalen Vorausberechnungen der Statistischen Landesämter regional z.T. bis hinunter zur Gemeindeebene ausdifferenziert. Hierzu sind Annahmen über die regionale Entwicklung der Mortalitäts- und Geburtshäufigkeiten, sowie Hypothesen über die zukünftigen Wanderungsbewegungen notwendig. Zur Ermittlung dieser regionalspezifischen Annahmen wird in allen Regionalprognosen je nach Komponente auf Stützperioden unterschiedlicher Länge zurückgegriffen, die den jeweiligen Referenzzeitraum bilden.

Wie schon angedeutet, muss auf eine exakte Darstellung der Annahmen der verwendeten Bevölkerungsprognosen verzichtet werden, da hieraus Rückschlüsse auf die zugehörigen Bundesländer und indirekt auch auf die beteiligten Sparkassen möglich sind. Deshalb werden im Folgenden die grundsätzlichen Hypothesen der verwendeten Prognosen beschrieben. Qualitativ ergeben sich in Hinblick auf die Annahmen zur erwarteten Mortalität und Fertilität keine Unterschiede, lediglich hinsichtlich der Wanderungsbewegungen existieren naturgemäß stark divergierende Entwicklungen, die in den regionalen Besonderheiten begründet sind. Zusätzlich variiert von Bundesland zu Bundesland die regionale Ausdifferenzierung und Ausgestaltung der Hypothesen hinsichtlich Stützzeiträumen und der Berücksichtigung von landespezifischen Entwicklungsmustern. Dennoch ergeben sich auch hier keine wesentlichen Differenzen in der grundlegenden Vorgehensweise.

---

burtenhäufigkeit und Wanderungsbewegungen auf. Für nähere Informationen siehe Cicholas/Ströker [2009].

81 Der letzte Zensus in der BRD fand 1987 statt, die letzte Volkszählung in der DDR wurde 1981 durchgeführt.

82 Für methodische Anmerkungen zu den landespezifischen Annahmen siehe Statistische Ämter des Bundes und der Länder [2007] 9 und Statistisches Bundesamt (2006).

Mortalität

Hinsichtlich der Mortalitätsraten wurde bei allen regionalen Prognosen ein geschlechtsspezifisch unterschiedlicher Anstieg der Lebenserwartung bis 2020 im Bereich von ungefähr 2 bis 4 Jahren angenommen. Hierbei gilt für die alten Bundesländer ausgehend von unterschiedlichen Niveaus im Wesentlichen der gleiche Trend wie für Deutschland insgesamt. Für die neuen Länder wird zuerst ein schnellerer Anstieg angenommen, der dann in den gesamtdeutschen Trend übergeht.

Fertilität

Die zusammengefasste Geburtenziffer (TFR) bleibt in allen verwendeten Prognosen der alten Bundesländer annähernd konstant, d.h. die länderspezifischen Unterschiede bleiben über den Prognosezeitraum erhalten. Gleichzeitig wird in allen westdeutschen Vorausberechnungen ein weiterer Anstieg des durchschnittlichen Gebäralters angenommen. Für die ostdeutschen Regionalprognosen wird ein ganz leichter Anstieg der Geburtenrate (TFR) unterstellt, der von einem deutlicheren Anstieg des durchschnittlichen Gebäralters begleitet wird. Diese Annahmensetzung resultiert ebenso wie die Hypothesen zur Entwicklung der Lebenserwartung aus dem Rahmen, den die Landesannahmen der Bundesprognose setzen. Neben der Konstanz des Geburtenniveaus in westdeutschen Bundesländern wird für Ostdeutschland eine Annäherung an das westdeutsche Geburtenniveau und an die westdeutsche Altersverteilung der Geburtenhäufigkeiten unterstellt.

Migration

Bis auf den Fall NRW wurden die Wanderungssalden für die Bundesländer aus der 11. koordinierten Bevölkerungsvorausberechnung auf Landesebene übernommen. Diese externen Wanderungssalden, resultierend aus Außenwanderung aus dem Ausland und Wanderungen zwischen den Bundesländern, müssen auf die einzelnen regionalen Gliederungsebenen herunter gebrochen werden. Neben Annahmen zu externen Wanderungsbewegungen ist es bei einer regionalen Prognose darüber hinaus zusätzlich notwendig, auch Annahmen über die zu erwartenden Wanderungen zwischen den Gemeinden (bzw. Kreisen) innerhalb eines Bundeslandes zu treffen (Binnenwanderung oder interne Wanderung).

Die Verteilung des Außenwanderungssaldos aus dem Ausland, der für Deutschland ab 2008 mit jährlich 100.000 Personen quantifiziert wird, auf die Bundesländer, erfolgt anhand von mehrjährigen Durchschnitten. Bei der Wanderung zwischen den Bundesländern wird insgesamt unterstellt, dass der Wanderungsverlust der neuen an die alten Länder bis 2020 auf 49.000 auf 8.000 Personen zurückgeht. Die Zuordnung der vorgegeben Salden auf die Kreise basiert dann in der Regel auf Fortschreibung von beobachteten Mustern der Vergangenheit.

Ebenso wie bei den externen Wanderungsbewegungen werden bei allen regionalen Bevölkerungsprognosen auch für die Binnenwanderung stabile Muster unterstellt. Hierzu wird in allen Vorausberechnungen im Wesentlichen eine Fortsetzung der relativen regionalen Entwicklungstendenzen angenommen. Wenn also eine Kommune in der Vergangenheit überdurchschnittliche externe bzw. interne Wanderungsgewinne erzielt hat, wird angenommen, dass dies auch im Prognosezeitraum der Fall sein wird.

Bei allen Vorausberechnungen ist zudem eine Art generelles Binnenwanderungsmuster zu identifizieren. Tendenziell wirken Städte und urbane Zentren attraktiv auf die jüngere Bevölkerung, wohingegen bei jungen Familien ein Trend zur Suburbanisierung festzustellen ist. Wanderungsbewegungen bei älteren Menschen scheinen primär durch die für diese Altersgruppen notwendige Infrastruktur getrieben zu sein.

5.2.3.2 Ergebnisse: Demographische Entwicklung in den Geschäftsgebieten

Legt man die oben genannten Annahmen zugrunde, ergibt sich für jedes der elf Geschäftsgebiete eine spezifische demographische Entwicklung, die jedoch nicht detailliert beschrieben werden kann, da sonst Rückschlüsse auf die Sparkassen möglich sind. Deshalb wird zur Charakterisierung der Bevölkerungsdynamik zwischen 2006 und 2020 auf drei Kriterien zurückgegriffen, um die Dimensionen des demographischen Wandels einzufangen:

- Veränderung der Bevölkerungszahl
- Veränderung des Durchschnittsalters
- Veränderung des Altenquotienten[83].

Aus den drei Teilentwicklungen kann dann eine Gesamtbeurteilung der demographischen Entwicklung abgeleitet werden. Das Verfahren zur Reduktion dieses komplexen Phänomens auf eine oder mehrere Dimensionen, besitzt dabei zwangsläufig ein hohes Maß an Willkür und soll neben der Beschreibung lediglich dazu dienen, grobe Anhaltspunkte für die zu erwartenden demographischen Prozesse zu erzeugen.

Um die regionale Bevölkerungsdynamik in den Geschäftsgebieten adäquat einordnen zu können, werden als Vergleichsgrößen die entsprechenden Veränderungen in den 16 Bundesländern herangezogen. Hierbei wird die Entwicklung der drei Kriterien Bevölkerungszahl, Durchschnittsalter und Altenquotient jeweils in fünf Klassen von „sehr schlecht“ bis „sehr gut“ eingeteilt. Zur Bestimmung des Bewertungsschemas bzw. der notwendigen Klassengrenzen werden die Ergebnisse der Bundesländer für jedes Kriterium in eine Rangfolge gebracht, wobei folgendes normatives Gerüst zu Grunde gelegt wird: Schrumpfung und Alterung sollen ebenso wie ein Anstieg des Altenkoeffizienten als schlecht aufgefasst werden, eine entgegengesetzte Entwicklung wird als gut beurteilt. Die Klasseneinteilung wird dann mit Hilfe von Quantilen vorgenommen. Die drei Bundesländer mit der schlechtesten Entwicklung (Rang 14-16) formen die Gruppe „sehr schlecht“. Die obere Klassengrenze bildet dann das 0,1875-Quantil, d.h. der Wert, zu dem 3 von 16 Ländern eine schlechtere Entwicklung aufweisen. Die anderen Klassengrenzen werden dann analog bestimmt. Tabelle 11 fasst das Vorgehen dabei zusammen.

---

83 Der Altenquotient ist in dieser Untersuchung definiert als das Verhältnis der Bevölkerung über 64 Jahre zur Bevölkerung im Alter zwischen 19 und 64 Jahren.

Tabelle 11: Beurteilungsschema zur demographischen Entwicklung im Geschäftsgebiet; Quelle: eigene Darstellung

Klasse / Entwicklung	Obere Klassengrenze	Referenzgruppe	Punkte	Symbol
Sehr schlecht	0,1875-Quantil	Die drei Bundesländer mit Rang 14-16.	5	--
Schlecht	0,375-Quantil	Die drei Bundesländer mit Rang 11-13.	4	-
Durchschnittlich	0,625-Quantil	Die vier Bundesländer mit Rang 7-10.	3	o
Gut	0,8125-Quantil	Die drei Bundesländer mit Rang 4-6.	2	+
Sehr gut	1,000-Quantil	Die drei Bundesländer mit Rang 1-3	1	++

Sind für jedes Kriterium die Klassengrenzen der fünf Kategorien bestimmt worden, kann die Entwicklung in den Geschäftsgebieten beurteilt und den einzelnen Kategorien zugeordnet werden. Je nachdem, in welche Kategorie der realisierte Wert im Geschäftsgebiet fällt, wird der Entwicklung dabei ein Punktwert von 1 („sehr gut“) bis 5 („sehr schlecht“) zugewiesen. Für die Gesamtbeurteilung wurde anschließend das arithmetische Mittel der drei Kriterien gebildet und auf ganze Zahlen gerundet. Tabelle 12 fasst die Ergebnisse für die Geschäftsgebiete der Sparkassen 1 bis 11 zusammen. Zum Vergleich wurden zusätzlich Werte für Deutschland aufgenommen, das in allen Kriterien -wie erwartet werden kann- in die mittlere Kategorie „durchschnittliche Entwicklung“ fällt.

Abbildung 14 und Abbildung 15 vermitteln darüber hinaus einen Eindruck über die Verteilung der Ergebnisse in den einzelnen Dimensionen. In Abbildung 14 sind dabei für die Geschäftsgebiete der Sparkassen und für die 16 Bundesländer die Ausprägungen hinsichtlich Veränderung des Durchschnittsalters und der Bevölkerungsentwicklung abgetragen. Auffällig sind eine negative Korrelation, d.h. im Durchschnitt geht Alterung mit Schrumpfung einher, sowie die homogene Entwicklung in den Regionen der kleinen ostdeutschen Sparkassen mit starker Bevölkerungsabnahme und deutlicher Zunahme des Durchschnittsalters. Abbildung 15 illustriert anschließend den Zusammenhang zwischen der Veränderung des Altenquotienten und der Bevölkerungsentwicklung. Wenig überraschend ist ebenfalls eine negative Korrelation festzustellen, d.h. es handelt sich auch hier um zwei parallel verlaufende Prozesse. Darüber hinaus sind unter den Sparkassen drei Gruppen zu identifizieren. Die schlechteste Entwicklung hinsichtlich beiden Dimensionen weisen die Geschäftsgebiete der kleinen ostdeutschen Sparkassen mit starken Schrumpfungsprozessen und deutlicher Strukturverschiebung zu den älteren Einwohnern auf. Im Mittelfeld liegen die beiden ostdeutschen städtischen Sparkassen mit moderater Bevölkerungsabnahme und Strukturverschiebung. Die dritte Gruppe stellen die westdeutschen Sparkassen mit relativ geringer Verschiebung zu den älteren Einwohnern bei gleichzeitig variierender Bevölkerungsentwicklung.

Tabelle 12: Demographische Entwicklung in den Geschäftsgebieten; Quelle: eigene Berechnungen auf Grundlage der 07/2009 aktuellen Bevölkerungsvorausberechnungen der statistischen Landesämter (*) und des Statistischen Bundesamtes (**)

Sparkasse	Veränderung Bevölkerung 2006/2020	Veränderung Durchschnittsalter 2006/2020	Veränderung Altenquotient 2006/2020	Demographische Entwicklung	
1*	--	--	--	--	(5,0)
2*	O	+	-	O	(3,0)
3*	--	-	--	--	(4,7)
4*	--	-	--	--	(4,7)
5*	-	O	-	-	(3,7)
6*	--	--	--	--	(5,0)
7*	--	-	--	--	(4,7)
8*	--	--	--	--	(5,0)
9*	-	O	+	O	(3,0)
10*	O	++	++	+	(1,7)
11*	++	++	++	++	(1,0)
Deutschland**	**-2,74%**	**+3,28 Jahre**	**+0,0605**	**O**	**(3,0)**

Generell wird deutlich, dass der Demographische Wandel in den Geschäftsgebieten der westdeutschen Sparkassen 9 bis 11 nicht so dramatisch ausfallen wird wie in Ostdeutschland (Sparkassen 1 bis 8). Hier sehen sich alle Sparkassen mit Ausnahme der beiden städtischen Sparkassen 2 und 5 im Vergleich zum Bundesdurchschnitt überdurchschnittlich starken Alterungs- und Schrumpfungsprozessen gegenüber. Bei der Altersstruktur ist sogar in allen ostdeutschen Gebieten eine ungünstigere Entwicklung zu beobachten, d.h. alle Sparkassen fallen in die Kategorie „schlecht“ oder „sehr schlechte Entwicklung“. Im Westen ist dagegen eine wesentlich positivere Dynamik festzustellen. In allen Dimensionen sind hier zumindest durchschnittliche, in den meisten Fällen sogar bessere Entwicklungen als im Bundesschnitt festzustellen. Eine Ausnahme bildet dabei das Geschäftsgebiet der Sparkasse 9, wo ein stärkerer Schrumpfungsprozess zu erwarten ist (Kategorie „schlechte Entwicklung"). Heraus sticht die städtische Sparkasse 11, die bei allen Kriterien mit einer „sehr guten" Entwicklung rechnen kann. Betrachtet man ost- und westdeutsche Gebiete getrennt, so ist weiterhin auffällig, dass sich die städtischen Sparkassen einer besseren Dynamik gegenübersehen, wohingegen sich bei den Sparkassen der kleinstädtischen und ländlichen Peripherie eine schlechtere Entwicklung abzeichnet. Diese ist in Westdeutschland kaum besorgniserregend, in Ostdeutschland jedoch als dramatisch zu beurteilen.

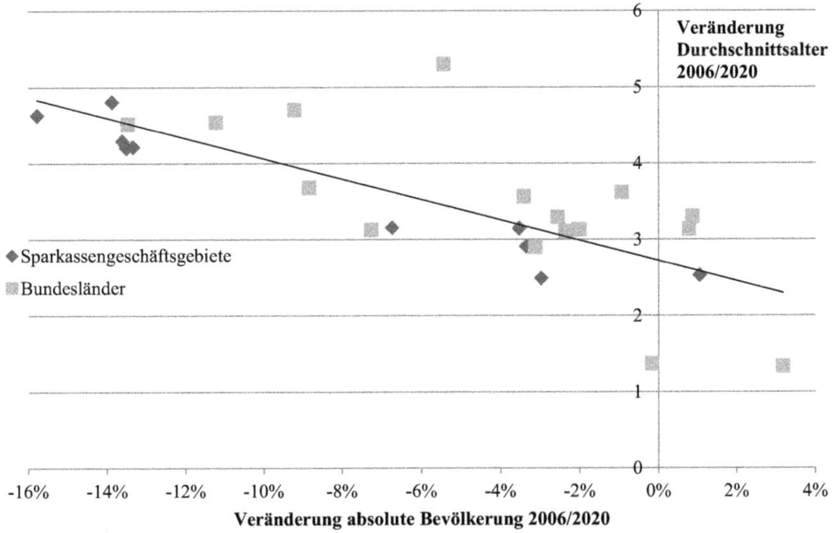

Abbildung 14: Demographische Entwicklung in den Geschäftsgebieten (I)-Veränderung Durchschnittsalter und Bevölkerung 2006 bis 2020; Quelle: eigene Darstellung

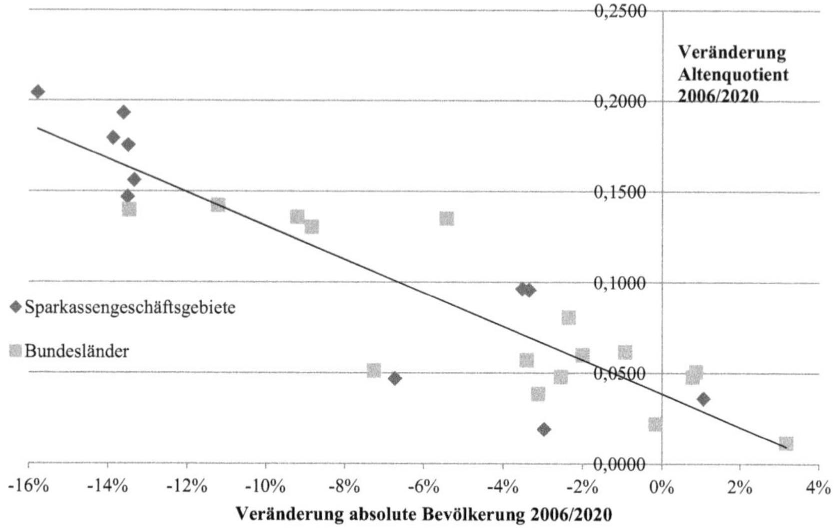

Abbildung 15: Demographische Entwicklung in den Geschäftsgebieten (II) - Veränderung Altenquotient und Bevölkerung 2006 bis 2020; Quelle: eigene Darstellung

5.2.4 Bevölkerungsprognose 2025/2050 des BBR

5.2.4.1 Annahmen

Bei der Teilprognose „Bevölkerung" der Raumordnungsprognose 2025/2050 des BBR[84] handelt es sich im Gegensatz zu den Prognosen der statistischen Ämter um eine auf allen Ebenen kohärente Prognose aus einem „Guss". Grundlage ist die Projektion der Bevölkerungsdynamik auf Kreisebene (NUTS III-Level) bis 2025, d.h. die Ergebnisse größerer Teileinheiten ergeben sich immer aus der Aggregation von Kreisergebnissen (Bottom up-Ansatz). Gleichzeitig verläuft die Annahmensetzung von oben nach unten (Top down). Die Prognose des BBR ist wie die 11. Koordinierte Bevölkerungsvorausberechnung des Statistischen Bundesamtes mit Hilfe der Kohorten-Komponenten Methode konstruiert und wie letztere ebenfalls als Status Quo-Prognose konzipiert worden, d.h. sie zeigt Ent-

84 Zum grundlegenden Konzept und zu den Annahmen der Bevölkerungsprognose siehe BBSR [2009].

wicklungen auf, wenn bestehende Trends und Entwicklungen in der Zukunft fortbestehen. Im Vergleich zu den regionalen Bevölkerungsvorausberechnungen beispielsweise der Statistischen Landesämter fließen zwar weniger regionalspezifische Kenntnisse in die Prognose des BBR ein, dafür ist sie Bestandteil eines ausgefeilten integrierten Konzepts der Raumbeobachtung mit konsistenten Ergebnissen auf jeder Untersuchungsebene.

Da die BBR-Prognose auf Kreisebene ansetzt, ist sie vom Ansatz hinsichtlich der zu prognostizierenden Parameter wesentlich komplexer als ihr Pendant vom Statistischen Bundesamt. Insgesamt müssen für die 440 Kreise jeweils altersspezifische Fertilitätsraten, geschlechts- und altersspezifische Mortalitätsraten und darüber hinaus Mobilitätsraten für sechs Altersgruppen über den gesamten Prognosehorizont bestimmt werden. Dazu kommen noch Annahmen über internationale Wanderungsströme. Im Folgenden sollen deshalb lediglich die wichtigsten Hypothesen und Tendenzen hinsichtlich der Komponenten Fertilität, Mortalität und Migration kurz zusammengefasst werden.

Fertilität

Bei der Entwicklung der zukünftigen Geburtswahrschcinlichkeiten werden bestehende Trends fortgeschrieben. Wie in der Prognose des Statistischen Bundesamtes wird angenommen, dass es bis zu Jahr 2025 eine weitere Verschiebung der Geburten in höhere Altersgruppen geben wird. Die Zunahme der Fertilität (d.h. der Geburtswahrscheinlichkeiten) bei den Älteren wird jedoch geringer ausfallen als die Abnahme bei den jüngeren Frauen. Insgesamt ergibt sich jedoch eine Konstanz der zusammengefassten Geburtenziffer (TFR). Des Weiteren wird eine Angleichung der Fertilität in den neuen Ländern an die Struktur und das Niveau im Westen modelliert. Dies deckt sich qualitativ mit der Annahmensetzung der Statistischen Ämter. Im Osten findet zudem eine siedlungsstrukturelle Ausdifferenzierung statt. Hier wird unterstellt, dass die momentan geringen Gegensätze zwischen Stadt und Land zu Ungunsten der ländlichen Kreise wachsen.

Mortalität

Hinsichtlich der Mortalität erfolgt in der Prognose des BBR eine Orientierung an den Annahmen der 11. Bevölkerungsvorausrechnung. Die Mortalitätsraten auf Bundesebene werden übernommen und regional auf Kreisebene ausdifferenziert, wobei beobachtbare existierende regionale Mortalitätsdifferenzen berücksichtigt werden. Über den Prognosehorizont wird ein leichter Konvergenzprozess angenommen, d.h. ein geringer Abbau der regionalen Unterschiede unterstellt. Dies betrifft insbesondere den Aufholprozess des Ostens bezüglich der Lebenserwartung, der bis zum Ende des Prognosezeitraums zu einem weitgehenden Abschluss kommt.

Migration

Die Annahmen zu Wanderungsbewegungen betreffen die Binnenwanderung zwischen den Kreisen und die internationale Migration. Für die Binnenwanderung wurden die im Referenzzeitraum 2000 bis 2004/2005 beobachteten Wanderungsmuster und Verflechtungen fortgeschrieben und als stabil über den Betrachtungszeitraum unterstellt. Dies betrifft zum einen die Herkunft/Ziel-Beziehungen und zum anderen die altersspezifischen Mobilitätsraten der sechs in Betracht gezogenen Altersgruppen. Eine Besonderheit der BBR-Prognose ist dabei die simultane Verteilung der Fortzüge für alle 440 Kreise auf die Zielregionen. Im Aggregat resultiert dann ein Absinken der Gesamtmobilität, weil der Anteil der mobilen Altersgruppen im Zeitablauf kleiner wird. Insgesamt ergibt sich zudem ein über den Prognosezeitraum geringer werdender, aber nicht verschwindender Wanderungsverlust der neuen Länder, was qualitativ konsistent mit den Annahmen des statistischen Bundesamts in der 11. Vorausberechnung ist.

Bei der internationalen Migration wird von einem Wiederanstieg der Nettowanderungen vom derzeit sehr niedrigen Niveau ausgegangen. Als Gründe hierfür werden internationale Push-Faktoren angeführt, zu denen neben dem weiterhin existierenden Wohlstandsgefälle, insbesondere politische Gründe, der demographischer Druck durch starkes Bevölkerungswachstum in vielen Regionen der Welt oder auch ökologische Ursachen zählen. Zudem spielt auch der gelegentlich in der Diskussion stehende ökonomische Bedarf an qualifizierter Zuwanderung eine Rolle in der Annahmensetzung des BBR.

Die Nettowanderung ergibt sich aus den Bruttoströmen der Zu- und Abwanderung. Die Ausgangswerte für beide Größen werden in der Prognose mit Hilfe von Durchschnitten der letzten sieben Jahre (2001 bis 2007) ermittelt. Für Deutschland ergeben sich dann Zuzüge von 760.000 Personen, denen Fortzüge von 640.000 Personen gegenüberstehen. Für die Zuzüge wird zukünftig ein leichter Anstieg unterstellt. Insgesamt verbleiben die Zuwanderungen aber unterhalb der 800.000 Personen-Marke. Die Fortzüge werden über einen Potenzialansatz bestimmt, d.h. es wird ermittelt, wer überhaupt für Auswanderung in

Bevölkerungsentwicklung

Auch wenn die größten Schrumpfungsprozesse im Osten zu erwarten sind, wo mit Ausnahme von Berlin und Brandenburg in allen Regionen von zweistelligen prozentualen Bevölkerungsverlusten ausgegangen werden muss, ist bei der Entwicklung der Bevölkerung bis zum Jahr 2025 keine deutliche Ost/West-Separierung mehr zu beobachten. Vielmehr sehen sich auch diverse Regionen Westdeutschlands einer ausgeprägt negativen Bevölkerungsdynamik gegenüber. Dies betrifft z.B. das Saarland (-7,9%), die ehemaligen „Zonenrandgebiete" Oberfranken (-7,0%), Unterfranken (-4,0%), Kassel (-6,7%) und Braunschweig (-7,1%), sowie einige Regierungsbezirke[85] Nordrhein-Westfalens. Ansonsten dominieren im Westen jedoch die grün eingefärbten Gebiete, d.h. hier liegt ein Bevölkerungswachstum vor, das aber in der Regel recht moderat ausfällt. Einzig die Regionen mit starken ökonomischen Zentren in Süddeutschland und Hessen (Regierungsbezirk Darmstadt) weisen deutliche Bevölkerungsgewinne über 3% auf. Die beste Entwicklung ist im Bezirk Oberbayern mit +8,3% zu erwarten, die schlechteste Entwicklung wird für Sachsen Anhalt vorhergesagt (-18,5%). Für Deutschland insgesamt wird ein Bevölkerungsrückgang von 1,8% prognostiziert.

Veränderung Durchschnittsalter

Liegt in die meisten Regionen Westdeutschlands eine Veränderung des Durchschnittsalters im Bereich von 3 bis 4 Jahren vor, so ist in Ostdeutschland eine deutlich dramatischere Entwicklung zu beobachten. Bis auf die Bezirke Sachsens (+4,4 bis +5,0 Jahre) und Berlin (+3,2 Jahre) muss hier mit eine Veränderung des Durchschnittsalters von z.T. deutlich mehr als 5,5 Jahren gerechnet werden, wobei der stärkste Anstieg des Durchschnittsalters in Mecklenburg Vorpommern mit +6,9 Jahren erwartet wird. Positivere Entwicklungen, die sich deutlich vom Rest Deutschlands abheben, sind lediglich im Bezirk Darmstadt (+2,6 Jahre) und in den westdeutschen Stadtstaaten Hamburg (+1,6 Jahre) und Bremen zu beobachten, wobei in Bremen unter den getroffenen Annahmen mit +1,5 Jahren die beste Entwicklung zu verzeichnen ist. Für Deutschland insgesamt ergibt sich ein Anstieg des Durchschnittsalters von 3,7 Jahren.

---

85 Die NUTS II-Regionen basieren bis auf wenige Ausnahmen auf den aktuellen und ehemaligen (z.B. nach Abschaffung der Bezirksebene im Zuge von Verwaltungsreformen) deutschen Bezirken. Zur Vereinfachung wird deshalb der Begriff Bezirk und NUTS II-Region synonym verwendet.

Veränderung Altenkoeffizient

Obwohl bei der Veränderung des Altenkoeffizienten eine starke Korrelation mit den Ergebnissen zur Veränderung des Durchschnittsalters vorliegt, existieren im Detail einige bemerkenswerte Abweichungen. So ist bei der Verschiebung der Altersstruktur nun eine totale Zweiteilung zwischen Ost- und Westdeutschland zu beobachten. Für Westdeutschland liegt bei der Verschiebung der Altersstruktur eine überschaubare Varianz und geringe Spannweite vor. Die Werte beginnen bei Bremen (+0,040) und reichen bis +0,104 (Saarland) bzw. +0,107 (Unterfranken). Nur die Hansestadt Hamburg sticht deutlich heraus. Hier bleibt das Verhältnis zwischen der alten (65+) und der mittleren Bevölkerungsgruppe (19-64 Jahre) nahezu konstant (+0,016). In Ostdeutschland ist dagegen eine deutlich größere Spannweite auf einem wesentlich höheren Niveau festzustellen. Die noch günstigste Entwicklung liegt hier im Bezirk Leipzig vor (+0,158), die schlechteste in Mecklenburg-Vorpommern mit +0,265. Eine Ausnahme bildet Berlin (+0,083), das eine Verschiebung zur älteren Bevölkerung auf durchschnittlichem Westniveau verzeichnet. Zwischen der schlechtesten Entwicklung in Westdeutschland und der besten in Ostdeutschland zeigt sich also ein deutlicher Abstand, was die totale Separierung der Verschiebungstendenzen zwischen Ost- und Westdeutschland eindrucksvoll illustriert.

6 Determinanten des Bankertrags

6.1 Zur Methodik der Regressionsanalyse

Die in Abschnitt 5 dargestellte Datenbasis kann nun verwendet werden, um die Determinanten des Bankertrags zu identifizieren. Als Maß für den Bankertrag wird der DB II verwendet. Alle übrigen im Datensatz vorhandenen Variablen werden als potentielle Bestimmungsgrößen des Deckungsbeitrags in Betracht gezogen.

Um herauszufinden, welche der Variablen tatsächlich in einem systematischen, statistisch signifikanten Zusammenhang mit dem DB II stehen, wird eine multiple lineare Regressionsanalyse durchgeführt. Diese Methode untersucht die lineare Abhängigkeit zwischen einer metrisch skalierten abhängigen Variablen (hier dem DB II) und einer oder mehreren, in der Regel ebenfalls metrisch skalierten unabhängigen Variablen (den in Betracht kommenden Determinanten des DB II). Die Regressionsanalyse liefert statistisch abgesicherte Informationen darüber, welche Variablen einen signifikanten Einfluss auf den DB II haben. Sie erlaubt gleichzeitig auch eine Quantifizierung über die Richtung und die Stärke des Einflusses der relevanten Variablen.

Regressionsanalysen können prinzipiell auf drei unterschiedliche Arten vorgenommen werden: als Querschnitts-, Zeitreihen- oder Paneldatenanalyse.[86] Da im Rahmen der Untersuchung nur Querschnittsdaten zur Verfügung standen, also Daten, die zu einem identischen Zeitpunkt erhoben wurden, kommt für die vorliegende Untersuchung lediglich die Querschnittsanalyse in Betracht.[87]

Methodisch kann die Regressionsanalyse auf zwei Arten durchgeführt werden. Zum einen könne die Determinanten des DB II auf Sparkassenebene untersucht werden. Das bedeutet, man führt elf Einzelschätzungen für jede Sparkasse durch. In diese Schätzungen gehen dann ausschließlich die Kunden der jeweili-

---

86 Für eine ausführliche Darstellung vgl. z. B. von Auer [2007], Hackl [2005] oder Winker [2006].

87 Dies hat zur Folge, dass im Rahmen der vorliegenden Studie keine Aufschlüsse darüber gewonnen werden können, ob sich der Einfluss der einzelnen Determinanten des DB II im Zeitablauf ändert. Aus diesem Grund wird für die Studie von einer Konstanz der Determinanten über den gesamten Untersuchungszeitraum 2006/2007 bis 2020 ausgegangen.

gen Sparkasse ein. Dies hat den Vorteil, dass den sparkassenspezifischen Besonderheiten, die auf den Ertrag wirken, besonders Rechnung getragen wird. So ist es z.B. denkbar, dass unterschiedliche Schwerpunktsetzungen in der Geschäftspolitik dazu führen, dass sich die Kerndeterminanten der aus einem Kunden zu erzielenden Deckungsbeiträge systematisch unterscheiden. In diesem Fall wären gesonderte Schätzungen für jede Sparkasse vorteilhaft. Eine Vergleichbarkeit der Sparkassen kann mit diesem Ansatz jedoch nicht hergestellt werden. Die sparkassenindividuellen Regressionen werden in Abschnitt 6.2 durchgeführt.

Da die Ergebnisse der individuellen Analyse darauf hindeuten, dass die Sparkassen hinreichend homogen sind, d.h. identische Einflussfaktoren aufweisen, die auch in Wirkungsrichtung und Stärke nicht zu stark voneinander abweichen, kann die Schätzung der Ertragsdeterminanten auch sinnvoll für Aggregate von Sparkassen durchgeführt werden. Ein wichtiger Vorteil einer Schätzung der aggregierten Datensätze liegt in der großen Zahl verwendbarer Beobachtungen, die die Aussagekraft der Ergebnisse in der Regel erhöhen. Sparkassenindividuelle Effekte können zudem durch die Aufnahme von Dummyvariablen abgebildet werden, was zusätzlich den Vorteil hat, dass man die Effizienz der Sparkassen vergleichen kann. Diese Analyse wird in Kapitel 6.3 vorgestellt. Als Aggregate werden die integrierten Datensätze der ost- und westdeutschen Sparkassen, sowie der gesamte Datensatz aller Sparkassen untersucht.

6.2 Ertragsdeterminanten auf Sparkassenebene

Im ersten Untersuchungsschritt wird überprüft, wie homogen die einzelnen Sparkassen sind. Im Mittelpunkt steht hierbei die Frage, ob die gleichen Einflussfaktoren den Deckungsbeitrag II bestimmen. Darüber hinaus sollten die Koeffizienten möglichst das gleiche Vorzeichen aufweisen und in ähnlichen Dimensionen liegen, d.h. in Richtung und Stärke nicht zu stark voneinander abweichen.

Methodisch stellt sich darüber hinaus bei einer Schätzung auf Sparkassenebene die Frage, ob die Schätzung nur mit Kunden durchgeführt werden soll, die im Geschäftsgebiet der Sparkasse wohnen oder ob alle Kunden verwendet werden. Sollten die Kunden außerhalb des Geschäftsgebiets andere Charakteristika aufweisen, sich also deutlich von den Kunden im Geschäftsgebiet unterscheiden, würden sich später bei einer Prognose für das Geschäftsgebiet Fehler ergeben. Anderenfalls, bei großer Ähnlichkeit, entstehen durch die größere Anzahl an Beobachtungen tendenziell genauere Schätzergebnisse mit einer größeren Validität. In die folgenden Schätzungen werden deshalb grundsätzlich alle Kunden der jeweils betrachteten Sparkasse aufgenommen. Für relevante Kreise, die außerhalb des Geschäftsgebiets liegen, werden zusätzlich entsprechende Wohnortdummyvariablen eingeführt, um eventuelle bestehende Heterogenitäten aufzufangen.[88]

Die Schätzgleichung einer linearen multiplen Querschnittsregression zur Analyse der Determinanten des Bankertrags auf Sparkassenebene für die Sparkasse j ($j = 1, \ldots, 11$) hat die allgemeine Form:

(1) $$db2_{i,j} = c_j + \sum_{k=1}^{n} \beta_{k,j} \cdot DET_{k,i,j} + \sum_{l=1}^{85+} \gamma_{l,j} \cdot D\_age(l)_{i,j} + \varepsilon_{i,j}$$

Dabei bezeichnet die Variable $db2_{i,j}$ den Deckungsbeitrag II, den die Sparkasse j mit dem Kunden i erzielt. Die Variable c_j ist die Regressionskonstante, die Variablen $DET_{k,i,j}$ (k=1,…,n) stehen für die in Betracht kommenden Determinanten des DB II. Dies sind die in Tabelle 4 zusammengestellten potentiellen Einflussgrößen.[89] Die Variable D_age(l) (l=0,1,…,85+) kennzeichnet die Altersdummyvariablen, die wegen Ihrer besonderen Bedeutung gesondert aufgeführt werden. Die Variablen Alter, Geschlecht, Wohnort, Girokonto und Transfereinkommen gehen in Form von Dummyvariablen in die Schätzung ein.[90] Alle anderen Variablen gehen als Niveauvariablen in die Schätzung ein. Die Variable ε stellt das durch die Regression nicht erklärte Residuum dar. Je größer die Residuen der Regression ausfallen, desto geringer ist der Erklärungsgehalt der Regression.

88 Siehe dazu auch Abschnitt 5.1.

89 Die Determinanten sind für acht Sparkassen identisch, bei drei Sparkassen konnten einzelne Einflussfaktoren nicht berücksichtigt werden. Die Sparkasse 3 war aus technischen Gründen nicht in der Lage, die Variable Dispositionskredite rückwirkend zu erheben, die Sparkasse 10 hat keine Termineinlagen im Produktportfolio und die Sparkasse 11 konnte keine Angaben zum Transfereinkommen liefern.

90 Dies bedeutet, dass die entsprechenden Variablen nur den Wert Null oder Eins aufweisen können. Sie haben den Wert Eins, wenn der Kunde die jeweilige Eigenschaft aufweist und den Wert Null, wenn dies nicht der Fall ist. Ist der Kunde *i* z.B. 66 Jahre alt, so weisen alle Altersdummies den Wert Null auf, lediglich die Altersdummy für das Alter 66 hat den Wert Eins.

Als empirisches Maß für den Erklärungsgehalt der geschätzten Regression dient das adjustierte Bestimmtheitsmaß (adj. R^2). Dieses Maß kann Werte zwischen Null und Eins annehmen. Je näher dieses Maß bei Eins liegt, desto höher ist der Erklärungsgehalt der Regression.[91]

Im Zentrum der Regressionsanalyse steht die Ermittlung der Konstanten c und der Regressionskoeffizienten β_1 bis β_n. Die Koeffizienten werden mit Hilfe der Kleinste-Quadrate-Schätzung (Ordinary Least Squares, OLS) bestimmt. Mit Hilfe des T-Tests kann ermittelt werden, inwiefern die einzelnen geschätzten Regressionskoeffizienten signifikant sind, also mit einer genügend hohen Wahrscheinlichkeit davon ausgegangen werden kann, dass der durch den geschätzten Koeffizienten angegebene Zusammenhang zwischen der jeweiligen Determinante und dem Deckungsbeitrag II tatsächlich systematisch ist. Ist dies nicht der Fall, so ist davon auszugehen, dass es keinen linearen Zusammenhang zwischen der in Betracht gezogenen Determinante und dem Deckungsbeitrag II gibt.[92]Ergebnis der Regressionsanalyse ist also eine Gleichung, mit deren Hilfe sich abschätzen lässt, wie hoch der aus einem Kunden mit bekannten Eigenschaften zu erwartende Deckungsbeitrag ist. Die wichtigsten Schätzergebnisse der sparkassenspezifischen Schätzungen[93] sind in Tabelle 13 vergleichend zusammengestellt. Insignifikante Koeffizienten sind in der Tabelle dunkelgrau markiert, Ergebnisse mit unplausiblen Vorzeichen wurden hellgrau eingefärbt. Da die Anzahl der Beobachtungen der Anzahl der Kundendatensätze entspricht, die nicht veröffentlicht werden darf, muss hier mit der aus Abschnitt 5.1.5 bekannten Einteilung in drei Größenklassen gearbeitet werden. Die Klasse 1 entspricht dabei 50.000 bis 100.000 Beobachtungen, die Klasse 2 100.000 bis 200.000 Beobachtungen und Klasse 3 zeigt mehr als 200.000 Beobachtungen an.

---

91 Nimmt das adjustierte R^2 den Wert von Eins an, so bedeutet dies, dass die Regressionsgleichung den Deckungsbeitrag perfekt erklärt. Ein Wert von Null hingegen würde bedeuten, dass die Regressionsgleichung keinerlei Erklärungsgehalt aufweist. Ein Wert von 0,76 würde implizieren, dass 76% der beobachteten Varianz des Deckungsbeitrags durch die Schätzgleichung erklärt wird.

92 Im Rahmen der vorliegenden Studie wurde eine Irrtumswahrscheinlichkeit von weniger als 10% zu Grunde gelegt. Koeffizienten, die dieses Kriterium erfüllen, wurden mit einem Stern (*) gekennzeichnet. Zwei Sterne (**) implizieren eine Irrtumswahrscheinlichkeit von weniger als 5%, drei Sterne (***) eine von weniger als 1%.

93 Bei allen Einzelschätzungen wurde mit robusten Schätzern gearbeitet, um für Heteroskedastizität zu korrigieren. Für Details siehe White [1980]. Die t-Werte der Koeffizienten und die zugehörigen Irrtumswahrscheinlichkeiten wurden der Übersichtlichkeit nicht dargestellt.

Tabelle 13: Determinanten des DB II auf Sparkassenebene; Quelle: eigene Darstellung

Variable	Bank 1	Bank 2	Bank 3	Bank 4	Bank 5	Bank 6	Bank 7	Bank8	Bank 9	Bank 10	Bank 11
Konstante	1,168	-9,417	-39,863***	-7,158	9,431	-27,096***	-0,289	-9,565	-1,436	6,909**	-8,332
Einkommen	0,020***	0,034***	0,003	0,025***	0,004	0,049***	0,011***	0,041***	0,067***	0,038***	-0,006
Dispositions-kredite	0,032**	0,073***	-	0,054***	0,018***	0,069***	-0,017**	0,088***	0,049***	0,052***	0,012***
Darlehen	0,010***	0,009***	0,009***	0,012***	0,009***	0,010***	0,014***	0,005***	0,009***	0,004***	0,010***
Sichteinlagen	0,023***	0,018***	0,038***	0,025***	0,010***	0,021***	0,029***	0,032***	0,004**	0,007**	0,010***
Termineinlagen	0,007***	0,012***	0,004**	0,015***	0,015***	0,012***	0,010***	0,012***	0,014*	-	-0,001
DepotB	0,004***	0,008***	0,006***	0,002***	0,005***	0,006***	0,007***	0,007**	0,003***	0,005***	0,002***
DEKA-Fonds	0,000**	0,006***	-0,002*	0,000	0,001***	0,007***	0,008***	0,007***	0,003*	0,009***	0,006***
Spareinlagen	0,008***	0,016***	0,017***	0,012***	0,010***	0,011***	0,013***	0,017***	0,014***	0,001	0,021***
Girokonto	61,156***	59,144***	56,280***	71,473***	114,971***	63,649***	96,060***	36,485***	117,205***	130,848***	147,911***
Transfer-einkommen	-9,176***	15,495***	0,153	20,061***	32,360***	-4,235	16,896***	-9,402***	-10,252	-19.835*	-
Geschlecht	2,738**	0,442	3,175*	1,381	-2,315*	2,114	5,591***	7,221***	-2,319	-7.621**	1,874
Modellzusammenfassung											
Beobachtungen	2	3	2	2	3	1	1	2	1	1	3
F-Wert	1559,35	4265,20	1077,00	1149,81	2929,88	614,61	952,00	2045,96	661,27	342,85	1311,13
Prob > F	0,0000	0,0000	0,0000	0,0000	0,0000	0,0000	0,0000	0,0000	0,0000	0,0000	0,0000
Adj. R^2	0,6463	0,6663	0,6025	0,7315	0,5053	0,5436	0,7586	0,6539	0,4909	0,3702	0,6331

Die durchgeführten Schätzungen weisen für Querschnittsanalysen einen relativ hohen Erklärungsgehalt auf. Bei sieben der elf Sparkassen ist ein adjustiertes R2 von über 0,6 zu beobachten, die restlichen vier Sparkassen liegen darunter im Bereich von 0,5. Die Bandbreite für das adjustierte R2 reicht dabei von 0,4801 (Bank 9) bis 0,7586 (Bank 7), d.h. zwischen gut 48% und knapp 76% der Variation des DB II können durch die Schätzungen erklärt werden.

Für die Variablen des Produktportfolios Darlehen (DL), Sichteinlagen (SE), DepotB (DPB) und Spareinlagen (SP) sind alle Koeffizienten der Einzelschätzungen signifikant, d.h. sie besitzen mit einer Irrtumswahrscheinlichkeit von weniger als 10% einen systematischen Einfluss auf den DB II und weisen das erwartete positive Vorzeichen auf.[94] Darüber hinaus ist die Varianz der Koeffizienten vergleichsweise klein, d.h. die Schätzergebnisse sind sehr einheitlich. Das gleiche gilt für die Dummyvariable Girokonto. Für die Variablen DEKA (DK), Dispositionskredite (DP) und Termineinlagen (TE) ist das Bild nur minimal schlechter, bis auf zwei Ergebnisse mit unplausiblen Vorzeichen (Bank 3: DK, Bank 7: DP) und zwei insignifikanten Koeffizienten (Bank 4: DK, Bank 11: TE) sind auch hier homogene signifikante Schätzergebnisse mit dem erwarteten positiven Vorzeichen zu beobachten.

Ein gewisser Grad an Inhomogenität bei den Schätzergebnissen lässt sich hingegen bei den Variablen Einkommen (Y) und den Dummyvariablen für Geschlecht (D_sex) und Transfereinkommensbezieher (D_transfer) beobachten. Betrachtet man die Ergebnisse für das Einkommen, so ergeben sich für die Sparkassen 3, 5 und 11 insignifikante Koeffizienten, für alle anderen Sparkassen liegen signifikant positive Koeffizienten vor. Aus theoretischer Sicht ist jedoch nicht eindeutig klar, dass das Einkommen einen positiven Einfluss auf den DB haben sollte. Ein höheres Einkommen per se dürfte keinen höheren Deckungsbeitrag generieren, sondern tendenziell mit höheren Sichteinlagen[95] und höheren sonstigen Einlage- und Kreditvolumina einhergehen. Zum einen ist es plausibel anzunehmen, dass sich ein höheres Einkommen zumindest mittelfristig in höhe-

---

94 Bei einer Regressionsanalyse kommt es bisweilen vor, dass die erklärenden Variablen miteinander korreliert sind. Tritt dieses so genannte Multikollinearitätsproblem auf, sind die Schätzergebnisse verfälscht und nicht mehr interpretierbar. Eine Überprüfung der Korrelationskoeffizienten zwischen den Regressoren der vorliegenden Schätzung lässt darauf schließen, dass keine Multikollinearität vorliegt.

95 Der stärkste Zusammenhang zwischen dem Einkommen und den Produktportfoliovariablen besteht bei den Sichteinlagen. Hier ist durchgängig eine positive Korrelation im Bereich von 0,2 bis 0,3 festzustellen.

ren Vermögensbeständen niederschlägt, zum anderen dürfte die Kreditwürdigkeit mit wachsendem Einkommen ebenfalls steigen.

Denkbar ist darüber hinaus, dass das Einkommen eine Proxyvariable für andere nicht beobachtbare Effekte ist, für die in der Untersuchung nicht kontrolliert wurde. Warum hier jedoch kein durchgängig stabiler positiver Zusammenhang festgestellt werden konnte, kann letztendlich nicht geklärt werden.

Die uneinheitlichen Ergebnisse bei den Variablen Geschlecht und Transfereinkommen erscheinen weniger problematisch. Auch hier ist aus theoretischer Sicht nicht eindeutig, welches Vorzeichen der Effekt haben sollte. So ist ex ante unklar, ob eine Bank mit einem Kunden, der im Referenzjahr überwiegend Transfereinkommen bezieht[96] im Vergleich zu einem sonst identischen erwerbstätigen Kunden, einen höheren oder niedrigeren Deckungsbeitrag erwirtschaftet. Die Empirie ergibt zu dieser Frage ebenfalls kein einheitliches Bild. In fünf Fällen generieren Banken mit einem überwiegend arbeitslosen Kunden einen höheren Deckungsbeitrag als mit einem identischen berufstätigen Kunden, wobei die Spannweite von 15,50€ (Bank 2) bis 32,36€ (Bank 5) pro Jahr reicht.[97] Bei zwei Instituten ist ein negativer Zusammenhang, d.h. ein systematisch niedrigerer DB in der Größenordnung von -9,00€ pro Jahr festzustellen (Bank 1: -9,18/ Bank 8: -9,40). Bei drei Instituten (Bank 3, 6 und 10) spielt die Variable keine Rolle als Einflussfaktor auf den DB II, hier sind die Koeffizienten insignifikant.

Geschlecht

Unklarheit besteht ebenso bei der Frage, ob das Geschlecht einen systematischen Effekt auf den Deckungsbeitrag besitzt. Die Frage ist hier, ob Männer und Frauen, die im gleichen Alter sind, am gleichen Ort leben und identische Vermögen und Verbindlichkeiten aufweisen, den gleichen Deckungsbeitrag II erwarten lassen.[98] Da die Dummyvariable für das Geschlecht den Wert Eins für

---

96 Die exakte Definition wäre: einem Haushalt angehört, der im Referenzjahr überwiegend Transfereinkommen bezogen hat. Siehe hierzu Kapitel 5.1.2..

97 Da die abhängige Variable (db2) in € pro Jahr gemessen wird, können die Koeffizienten der Dummyvariablen als DBII pro Jahr in € interpretiert werden, wenn die Eigenschaftsvariable den Wert eins annimmt.

98 Dies bedeutet nicht, dass die Sparkasse mit männlichen und weiblichen Kunden tatsächlich die gleichen Deckungsbeiträge erwirtschaften. Allerdings beruhen diese Unterschiede nicht auf dem Geschlecht der Kunden an sich, sondern z.B. aus unterschiedlichem Vermögen oder Anlageverhalten.

weibliche Kunden annimmt, bedeutet ein signifikant positiver Koeffizient, dass Banken mit Frauen einen systematisch höheren Deckungsbeitrag erwirtschaften können als mit Männern. Umgekehrt würde ein negativer Koeffizient anzeigen, dass mit Frauen ein niedriger Deckungsbeitrag generiert werden könnte. Die Resultate zum isolierten Einfluss des Geschlechts auf den DB präsentieren sich uneinheitlich und lassen keine abschließende Antwort zu. In fünf Fällen erweisen sich die Koeffizienten als insignifikant (Bank 2, 4, 6, 10 und 11). Bei vier Banken sind die Frauen profitableren Kunden. Diese Banken generieren mit einer Frau einen Deckungsbeitrag pro Jahr, der zwischen 2,74€ (Bank 1) und 7,22€ (Bank 8) höher ist als mit einem (ansonsten vergleichbaren) Mann. Bei zwei Sparkassen ist ein inverser Effekt festzustellen. Bei Frauen muss bei diesen Instituten ein Abschlag auf den DB von 2,32€ (Bank 5) bzw. 5,22€ (Bank 9) pro Jahr im Vergleich zu einem sonst identischen männlichen Kunden hingenommen werden. Diese Varianz in den Schätzergebnissen kann aus sparkassenspezifischen oder regionalen Besonderheiten resultieren, die sich in systematisch unterschiedlichen Produkten innerhalb der untersuchten Aggregate oder unterschiedlichen Konditionen für ein Geschlecht niederschlagen. Denkbar sind z.B. unterschiedliche Zinssätze bei der Kreditvergabe, wenn sich beispielsweise für ein Institut ergeben sollte, dass ein Geschlecht ein systematisch niedrigeres Ausfallrisiko besitzen sollte.

Alter

Neben den in Tabelle 13 aufgeführten Variablen wurde mit Hilfe der Dummyvariablen für das Alter untersucht, ob das Alter eines Kunden einen über die übrigen Variablen hinausgehenden Erklärungsgehalt für den Deckungsbeitrag II liefert. Anders ausgedrückt zeigen die Altersdummies an, ob zwei Kunden, die sich lediglich durch ihr Alter unterscheiden, signifikant unterschiedliche Deckungsbeiträge generieren. Als Vergleichsgruppe wurde dabei in allen elf Schätzungen die Altersgruppe der 0-Jährigen gewählt.

Wie groß der isolierte Einfluss des Alters auf den DB II ist, lässt sich aus Abbildung 17 ablesen, die eine graphische Illustration der Regressionsergebnisse der elf Sparkassen liefert. Für jede der elf Sparkassen sind die Koeffizienten der Altersdummies abgetragen. Zu Grunde gelegt wurde dabei ein Signifikanzniveau von mindestens 10%, d.h. wenn ein Koeffizient einen absolut kleineren zugehörigen T-Wert als 1,645 aufweist, wird angenommen, dass er nicht von 0 verschieden ist und damit auf 0 gesetzt. Die Ergebnisse ostdeutscher Sparkassen sind hellgrau eingefärbt, die Koeffizienten der drei westdeutschen Sparkassen werden gestrichelt präsentiert.

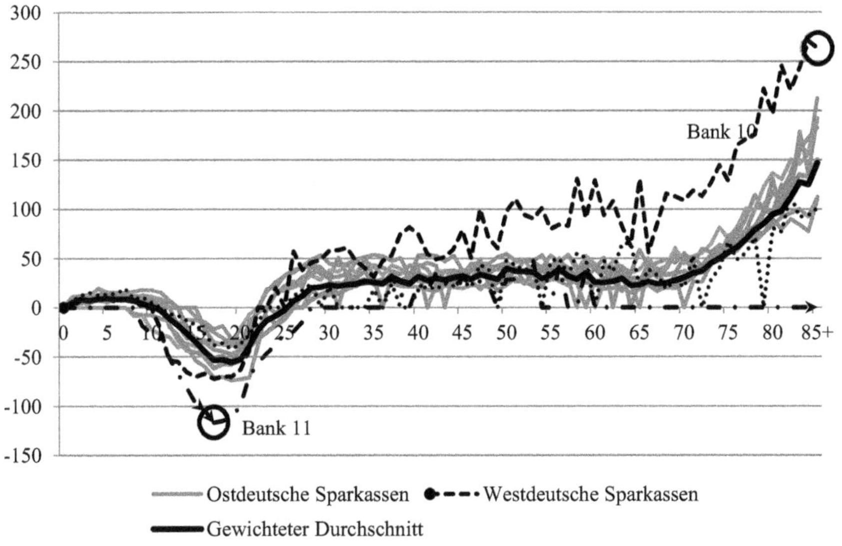

Abbildung 17: Koeffizienten der Altersdummies – Einzelschätzungen; Quelle: eigene Darstellung

Von den 935 geschätzten Koeffizienten (85 Altersdummies für jede der 11 Banken) erwiesen sich 816 als mindestens signifikant zum 10%-Niveau. In den Untersuchungen konnte darüber hinaus ein idealtypisches Muster identifiziert werden, dass zumindest für 10 der 11 Banken zu beobachten ist. Im Vergleich zu einem 0-Jährigen Kunden scheinen bei jungen Kunden bis zum Alter von ungefähr 10 Jahren leicht positive Alterseffekte vorzuliegen. Im sich anschließenden Segment bis zum Alter von ca. 25 Jahren ergeben sich bei allen Sparkassen negative isolierte Einflüsse des Alters. So generiert z.B. die Bank 11 im Vergleich zu einem identischen 0-Jährigen mit einem 17-Jährigen Kunden im Durchschnitt einen DB II, der um die 116,68€ niedriger ist. In den Altersgruppen ab ca. 25 Jahren sind in der Regel positive Koeffizienten festzustellen, die bei den betagteren Kunden ab dem Alter von ungefähr 70 Jahren nochmal deutlich ansteigen. So kann beispielsweise die Bank 10 mit einem Angehörigen der Gruppe der über 85-Jährigen ein um 263,43€ höheren DB II erwirtschaften als mit einem ansonsten identischen Vergleichskunden.

Um den idealtypischen Verlauf der Koeffizienten zu veranschaulichen, wurde ein mit den Beobachtungen gewichteter Durchschnitt der Koeffizienten für jede Altersgruppe berechnet. Die durchschnittlichen Koeffizienten finden sich in Abbildung 17 als schwarze gestrichelte Linie.

Betrachtet man die Ergebnisse für ost- und westdeutsche Sparkassen genauer, so fällt auf, dass für die ostdeutschen Institute sehr stabile homogene Schätzresultate vorliegen. Für die westdeutschen Sparkassen ist dagegen eine größere Varianz der Ergebnisse zu beobachten. Während die Koeffizienten der Altersdummies für Bank 9 im Rahmen der ostdeutschen Resultate liegen, weist Bank 10 zwar ebenfalls qualitativ ähnliche Ergebnisse auf, die positiven Einflüsse auf den DBII insbesondere bei den älteren Kunden sind jedoch deutlich ausgeprägter. Ebenso konnte bei Bank 11 bis auf die Altersklassen ab 60 ein von der Struktur vergleichbarer Verlauf ermittelt werden, jedoch ist hier ein wesentlich stärkerer negativer Alterseffekt bei den jugendlichen Kunden zu beobachten. Zusätzlich verschwindet in den höheren Altersklassen ab dem Alter 60 der altersspezifische Deckungsbeitragseffekt, der nicht durch die anderen Variablen aufgefangen wird, komplett. Die zugehörigen Koeffizienten sind hier nicht signifikant von Null verschieden.

Eine Erklärung für die insgesamt stark ausgeprägten altersspezifischen Effekte dürfte in unterschiedlichen Konditionen zu finden sein, die den jeweiligen Altersgruppen eingeräumt werden. Die günstigen Konditionen, die Sparkassen jungen Kunden anbieten, können als Investition in die Kundenbeziehung interpretiert werden, die die Bindung an die jeweilige Sparkasse erhöhen soll und in späteren Jahren, wenn die Wechselbereitschaft der Kunden deutlich niedriger ist, zur Erzielung höherer Deckungsbeiträge ausgenutzt werden kann. Des Weiteren ist zu vermuten, dass innerhalb der einzelnen aggregierten „Produktkategorien“ (z.B. Spareinlagen) ältere Kunden im Unterschied zu jungen Kunden systematisch Produkte besitzen, die höhere Deckungsbeiträge für die Sparkasse generieren.

Wie oben bereits beschrieben ist bei der Sparkasse 11 eine besondere Entwicklung feststellbar, die sich von den anderen 10 Banken abhebt. Warum hier die positiven altersspezifischen Effekte bei den alten Kunden verschwinden, bleibt fraglich. Zum einen ist denkbar, dass sparkassenspezifische Besonderheiten, wie eine im Vergleich zu anderen Sparkassen systematisch andere Geschäftspolitik bei alten Kunden, hierfür verantwortlich sind oder aber dass sich die älteren Kunden als Gruppe systematisch anders verhalten, als die alten Kunden anderer Sparkassen, was jedoch nicht sonderlich plausibel erscheint. Letztlich bleibt der Grund für diesen besonderen Verlauf im Dunkeln. Insgesamt jedoch sind auch die Ergebnisse für die isolierten Effekte des Alters sehr homogen und lassen auf eine relativ große strukturelle Ähnlichkeit der Institute schließen.

Wohnort

Darüber hinaus ist es denkbar, dass auch der Wohnort des Kunden einen Erklärungsgehalt für den DB II besitzt. Ähnlich wie bei den Altersdummies werden mit Hilfe der Dummyvariablen für den Wohnort des Kunden Effekte des Wohnorts abgebildet, die nicht durch die übrigen Variablen erklärt werden. Die Fragestellung ist hier also, ob beispielsweise ein Kunde, der in einem bestimmten Landkreis wohnt, einen systematisch anderen DB II generiert, als ein ansonsten identischer Kunde in einer Vergleichsregion. Dummyvariablen wurden wie oben beschrieben für die Kreise des Geschäftsgebiets, für relevante umliegende Kreise und für einen Wohnsitz im restlichen Deutschland eingeführt. Die Ergebnisse für die Wohnortdummies können nicht im Detail dargestellt werden, da aus der Anzahl der Dummyvariablen unter Umständen auf die Identität der Institute geschlossen werden kann. In den elf Schätzungen finden sich deutliche Anhaltspunkte dafür, dass Wohnorteffekte existieren. Die Ergebnisse für den Einfluss des Wohnortes auf den Ertrag sind für die Sparkassen jedoch sehr uneinheitlich, was auf die Struktur des Geschäftsgebiets und des Umlandes zurückgeführt werden kann. Wenn die Kreise, in denen die Bank tätig ist, sich nicht stark untereinander und auch nicht vom Rest Deutschlands unterscheiden, resultieren lediglich insignifikante Wohnorteffekte. Existiert dagegen eine gewisse strukturelle Heterogenität, die sich nicht bereits in den anderen Variablen niederschlägt, bilden die Wohnortdummies diese nicht durch die anderen Variablen erklärten Unterschiede ab.

Bei allen untersuchten ostdeutschen Sparkassen sind signifikante Wohnorteffekte festzustellen, wohingegen bei den beteiligten westdeutschen Sparkassen lediglich bei Sparkasse 11 signifikante Wohnortvariablen auftreten. Bei den beiden anderen westdeutschen Sparkassen spielt der Wohnort keine Rolle für den Ertrag. Alle eingeführten Dummyvariablen erweisen sich hier als insignifikant. Diese Ergebnisse deuten darauf hin, dass in den in den Regionen der beteiligten ostdeutschen Institute tendenziell stärkere strukturelle regionale Disparitäten existieren - die nicht durch die anderen Variablen abgebildet werden- als in den betrachteten westdeutschen Regionen.

Fazit

Insgesamt weisen die Schätzergebnisse für die elf Institute darauf hin, dass die Sparkassen genügend homogen sind, um im nächsten Abschnitt eine Schätzungen für integrierte Datensätze mehrerer Sparkassen durchzuführen. Den Besonderheiten der einzelnen Banken wird dabei durch die Berücksichtigung der Sparkassendummies in ausreichendem Maße Rechnung getragen.

Bis auf vereinzelte Ausnahmen scheint in allen Sparkassen ein ähnliches Geschäftsmodell vorzuliegen, die Koeffizienten der Variable D_giro und des Produktportfolios sind für alle Sparkassen sehr ähnlich und in der Regel hoch signifikant mit dem erwarteten positiven Vorzeichen. Dies erlaubt den Schluss, dass die Produktkategorien zwischen den Sparkassen nicht sehr stark differieren. Eine weitere Übereinstimmung zeigt sich schließlich bei den altersspezifischen Sondereffekten. Mit einer Ausnahme ergibt sich hier ein charakteristischer Verlauf, der im Osten besonders einheitlich ist. Dies ist ein weiterer Beleg für identische Schwerpunktsetzungen in der Geschäftspolitik und ähnliche Konditionen und Strukturen der Sparkassen. Größere Heterogenitäten bestehen lediglich bei den Variablen Einkommen, Geschlecht und Transfereinkommen, wo allerdings auch theoretisch unklar ist, welchen Effekt diese Variablen auf den Ertrag haben sollten.

6.3 Ertragsdeterminanten auf aggregierter Ebene

6.3.1 Schätzansatz ohne Sparkassendummyvariablen

Der allgemeine Schätzansatz entspricht prinzipiell dem Vorgehen in Abschnitt 6.2, lediglich die aufgenommenen Regressoren differieren in den einzelnen Modellen. Für die aggregierten Samples der ost- und westdeutschen Datensätze und für den Gesamtdatensatz werden folgende ökonometrische Modelle geschätzt:

(2) $$db2_{i,Ost} = c_{Ost} + \sum_{k=1}^{n} \beta_{k,Ost} \cdot DET_{k,i,Ost} + \sum_{l=1}^{85+} \gamma_{l,Ost} \cdot D\_age(l)_{i,Ost} + \varepsilon_{i,Ost}$$

(3) $$db2_{i,West} = c_{West} + \sum_{k=1}^{n} \beta_{k,West} \cdot DET_{k,i,West} + \sum_{l=1}^{85+} \gamma_{l,West} \cdot D\_age(l)_{i,West} + \varepsilon_{i,West}$$

(4) $$db2_{i} = c + \sum_{k=1}^{n} \beta_{k} \cdot DET_{k,i} + \sum_{l=1}^{85+} \gamma_{l} \cdot D\_age(l)_{i} + \varepsilon_{i}$$

Wie in den sparkassenspezifischen Schätzungen in Abschnitt 6.2 wird hierbei der $db2$ des Kunden i durch die Determinanten des Bankertrags DET_k und die altersspezifischen Dummyvariablen $D\_age(l)$ mit $(l = 1, 2, ..., 85+)$ erklärt. c stellt die Regressionskonstante dar, ε ist der Fehlerterm, d.h. das unerklärte Residuum der Regressionsgleichung. In allen drei Samples beinhalten die Determinanten DET_k das Einkommen, die Produktportfoliovariablen, sowie die Dummyvariablen zu Girokonto und Geschlecht. Für den ostdeutschen Datensatz konnte darüber hinaus auch die Eigenschaftsvariable Transfeinkommen als erklärender Faktor berücksichtigt werden, welche im westdeutschen und im Gesamtdatensatz aus oben diskutierten Gründen herausfallen muss. Zusätzlich zu diesen bereits aus den Einzelschätzungen bekannten Determinanten wird die Variable D_plzGG aufgenommen, um zu testen, ob ein Wohnort im Geschäftsgebiet (D_plzGG = 1) Einfluss auf den Ertrag besitzt. Weitere Variablen, die den Wohnort näher charakterisieren, konnten aus oben genannten Gründen nicht in den Schätzungen berücksichtigt werden.

Um eventuelle Unterschiede zwischen ost- und westdeutschen Sparkassen abzubilden, wird schließlich bei der Schätzung mit allen Kundendaten noch die Variable D_org aufgenommen, die die Zugehörigkeit des Kunden zu einer ostdeutschen (D_org = 0) bzw. westdeutschen Sparkasse (D_org = 1) anzeigt.

Die Ermittlung der Konstanten c und der Regressionskoeffizienten β_1 bis β_n bzw. γ_1 bis γ_{85+} erfolgt mit Hilfe der OLS-Methode.[99] Tabelle 14 liefert eine Zusammenfassung der relevanten Regressionsergebnisse.

---

99 Ebenso wie in Abschnitt 6.2 wird auch hier mit robusten Schätzern gearbeitet um für die vorliegende Heteroskedastizität zu korrigieren (White-Korrektur). Eine Überprüfung der Korrelationskoeffizienten zwischen den Regressoren der vorliegenden Schätzung ergab, dass einzig die Variablen Sichteinlagen und Einkommen stärker, aber nicht kritisch miteinander korreliert sind (Korrelationskoeffizient: 0,28), so dass davon ausgegangen werden kann, dass keine Multikollinearität vorliegt. Eine Korrelationsmatrix für die Regressoren ist im Anhang zu diesem Bericht zu finden.

Tabelle 14: Determinanten des DB II für aggregierte Datensätze (I); Quelle: eigene Berechnungen

Schätzung		I	II	III	IV
Variable		Sparkassen Ost	Sparkassen West	Gesamt	Gesamt
Konstante	c	**-8,31712***** (-6,04)	**3,013126** (0,89)	**-8,529198***** (-5,05)	**-7,067868***** (-4,98)
Einkommen	Y	**0,0117636** (1,15)	**-0,0003418** (-0,06)	**-0,0013889** (-0,17)	**-0,0013874** (-0,17)
Dispositions-kredite	DP	**0,0110151**** (2,53)	**0,0127801***** (4,63)	**0,0126558***** (5,06)	**0,0126553***** (5,06)
Darlehen	DL	**0,0092803***** (23,04)	**0,0097997***** (26,39)	**0,0097016***** (30,82)	**0,0097013***** (30,82)
Sichteinlagen	SE	**0,0142902***** (3,94)	**0,0056024***** (3,01)	**0,0107217***** (5,30)	**0,0107212***** (5,30)
Termineinlagen	TE	**0,0104136***** (5,00)	**-0,0001985** (-0,16)	**-0,0010088** (-0,65)	**-0,0010087** (-0,65)
DepotB	DPB	**0,0057726***** (16,73)	**0,0021688***** (3,18)	**0,0022591***** (3,17)	**0,0022591***** (3,17)
Deka	DK	**0,004628***** (11,82)	**0,0063556***** (5,21)	**0,006186***** (8,02)	**0,006186***** (8,02)
Spareinlagen	SP	**0,0135504***** (57,39)	**0,008864*** (1,66)	**0,0114379***** (3,79)	**0,0114381***** (3,79)
Girokonto	D_giro	**99,31691***** (9,58)	**154,6528***** (8,40)	**126,623***** (13,24)	**126,8462***** (13,09)
Transfer-einkommen	D_transfer	**-22,15418***** (-6,63)	---	---	---
Geschlecht	D_sex	**-1,273956** (-1,39)	**7,39366***** (1,94)	**1,066604** (0,39)	**1,064344** (0,39)
Herkunft Ost/West	D_org	---	---	**12,38711***** (4,35)	**12,36327***** (4,33)
Geschäftsgebiet	D_plzGG	**3,087941**** (2,51)	**-0,9493757** (-0,27)	**1,657932** (0,87)	---
Modellzusammenfassung					
Beobachtungen		1.923.154	549.331	2.472.485	2.472.485
F-Wert		12.975,34	2.076,98	12.962,95	13.003,74
Prob>F		0	0	0	0
Adj. R2		0,5642	0,5045	0,5144	0,5144

Ergebnisse der Schätzungen (I) und (II): Homogenität zwischen ost- und westdeutschen Sparkassen?

Die Schätzungen für die Datensätze ostdeutscher Sparkassen (I) und westdeutscher Sparkassen (II) weisen beide einen hohen Erklärungsgehalt auf, wobei das adjustierte R2 für die Schätzung (I) mit 0,5642 leicht größer ausfällt als in der Regression (II) für das westdeutsche Sample (0,5045). Darüber hinaus ist eine große Homogenität zwischen den ost- und westdeutschen Schätzergebnissen zu erkennen. So ergeben sich weitesgehend identische Determinanten des Deckungsbeitrags, die hinsichtlich Dimension und Wirkungsrichtung große Übereinstimmungen aufweisen.

Wie in einigen Einzelschätzungen (Bank 3,5 und 12) spielt das Einkommen keine direkte Rolle für die Erklärung des Ertrags. Die zugehörigen Koeffizienten sind in beiden Varianten nicht signifikant von Null verschieden. Ein indirekter Effekt über höhere Anlage- bzw. Kreditvolumina ist jedoch nicht auszuschließen. Ein signifikant positiver Einfluss auf den DBII, der sich auch hinsichtlich der Dimension zwischen Ost und West nicht maßgeblich unterscheidet, ist dagegen für die Portfoliovariablen festzustellen. Eine Ausnahme bilden hier lediglich die Termineinlagen (TE), die sich im Westen als nicht relevant für den Ertrag erweisen. Verantwortlich hierfür sind jedoch nicht, wie angenommen werden kann, die in Abschnitt 5.1.4 diskutierten Probleme bei der Aggregation. So ist bei Kontrollschätzungen ohne die Sparkasse 10, die keine Terminanlagen anbietet, ebenfalls ein insignifikanter Einfluss der Termineinlagen festzustellen.[100] Wie weitere alternative Schätzspezifikationen belegen, scheint die Aufnahme der Variable TE keinen Einfluss auf die anderen Schätzergebnisse zu besitzen. Die Kontrollregressionen ohne die Variable TE führen in sämtlichen untersuchten Varianten zu nahezu identischen Ergebnissen bei allen anderen Einflussfaktoren. Die Ergebnisse für Westdeutschland zeigen sich also hinsichtlich dieser Modifikation äußerst robust.

Unterschiede bestehen dagegen bei den Variablen D_sex (Geschlecht) und D_plzGG (Wohnort im Geschäftsgebiet). Im Westen wird mit einem sonst identischen weiblichen Kunden (D_sex = 1) ein um 7,39€ höherer Ertrag erwirtschaftet. Der zugehörige Koeffizient ist hochsignifikant zum 1%-Niveau, wohingegen im Osten kein spezifischer Einfluss des Geschlechts auf den De-

100 Auf Grundlage dieser Schätzergebnisse scheint es wenig problematisch die Variable TE trotz der leichten Inkonsistenz in die Regressionsgleichung aufzunehmen, um die Unterschiede hinsichtlich dieser Variable zwischen West- und Ostdeutschland zu illustrieren.

ckungsbeitrag existiert. Über die Ursache kann wegen fehlender weiterer Informationen lediglich spekuliert werden.

Im Fall der Variable D_plzGG, die sich nur für Ostdeutschland als signifikant zum 5%- Niveau erweist, liegen ebenfalls keine ergänzenden Informationen der Sparkassen vor, so dass die Ursachen dieses Ergebnisses ebenfalls nicht exakt ergründet werden können. Es scheint so, dass sich hier die bereits in den Einzelschätzungen festgestellte größere Bedeutung der Wohnorteffekte in Ostdeutschland im Geschäftsgebietsdummy niederschlägt. Offensichtlich existieren systematische strukturelle Unterschiede zwischen dem Geschäftsgebiet und den restlichen Regionen, die dazu führen, dass im Osten mit einem Kunden im Geschäftsgebiet (im Vergleich zu einem ansonsten identischen Kunden außerhalb des Geschäftsgebiets) ein um 3,09€ höherer Ertrag erwirtschaftet wird.

Verantwortlich hierfür könnten z.B. unterschiedliche Betreuungsstrategien für Kunden innerhalb und außerhalb des Geschäftsgebiets sein. Denkbar ist auch, dass identisches Verhalten von Kunden (z.B. Bargeldabhebungen) innerhalb und außerhalb des Geschäftsgebiets unterschiedliche Ertragswirkungen besitzt. So ist z.B. vorstellbar, dass sich die Nutzung von institutsfremden Sparkassengeldautomaten, die für die Kunden in der Regel kostenlos ist, durch eine interne Gebührenverrechnung der Sparkassen negativ auf den Deckungsbeitrag geschäftsgebietsexterner Kunden auswirken kann.[101] Warum diese potentiellen Ursachen in Westdeutschland keine Rolle spielen, kann im Rahmen dieser Arbeit nicht geklärt werden.

Ein weiterer Unterschied ergibt sich bei der Variable D_giro (Girokontodummy). Hier besteht zwar hinsichtlich Signifikanz und positiver Wirkungsrichtung Übereinstimmung, jedoch scheint die absolute Bedeutung[102] eines Girokontos für den Ertrag bei westdeutschen Sparkassen wesentlich größer zu sein. So erzielt die hier als repräsentativ betrachtete fiktive westdeutsche Sparkasse mit einem Girokonto 154,65€, d.h. einen um über 50% höheren Deckungsbeitrag als ihr ostdeutsches Pendant (99,32€).

101 Die Unterschiede zwischen Ost- und Westdeutschland können mit diesen Überlegungen jedoch nicht erklärt werden.

102 Die relative Bedeutung für den Ertrag hängt von der Nutzungsquote und von den anderen ertragsgenerierenden Komponenten ab.

Ergebnisse der Gesamtschätzungen (III) und (IV)

Für den Gesamtdatensatz werden in Tabelle 14 die Schätzungen (III) und (IV) präsentiert, die sich lediglich durch die Berücksichtigung des Wohnortdummies D_plzGG unterscheiden. Wegen der großen Homogenität der Schätzergebnisse für die Subsamples Ost und West und der nahezu identischen Schätzspezifikation[103] sind für den Gesamtdatensatz keine nennenswert von den Teilschätzungen abweichenden Ergebnisse festzustellen. Vielmehr liegen alle Koeffizienten innerhalb der Bandbreiten, die von Schätzung (I) und (II) vorgegeben werden. (können also als eine Art gewichteter Durchschnitt zwischen ost/west aufgefasst werden).

Die durchgeführten Schätzungen des Gesamtdatensatzes weisen wie die Einzelschätzungen und die Schätzungen (I) und (II) einen recht hohen Erklärungsgehalt auf. Das adjustierte R2 liegt bei 0,5144, d.h. 51,4% der Variation des DB II können durch die Regression erklärt werden. Bis auf die insignifikanten Termineinlagen[104] ergibt sich für alle Portfoliovariablen und die Dummyvariable Girokonto mit einer Irrtumswahrscheinlichkeit von weniger als 1% ein hoch signifikanter positiver Einfluss auf den DB II. Das Einkommen hingegen trägt wie in den Schätzungen für Ost und West nicht zur Erklärung des DB II bei.

Diese Resultate konnten wegen den übereinstimmenden Ergebnissen der ost- und westdeutschen Schätzung erwartet werden. Interessanter sind die Ergebnisse für die Variablen D_plzGG (Wohnort im Geschäftsgebiet) und D_Sex (Geschlecht). Hier ergeben sich für Ost- und Westdeutschland unterschiedliche Effekte auf den DB II und es stellt sich die Frage, wie die Ergebnisse bei Betrachtung des Gesamtdatensatz aussehen.

Für den Fall D_Sex ergibt sich wie in der Schätzung des ostdeutschen Datensatzes kein systematischer Effekt auf den Deckungsbeitrag. Männer und

103 Wie in Abschnitt 5.1.4 diskutiert, muss für die Schätzung des Gesamtdatensatzes auf die erklärende Variable D_transfer verzichtet werden.

104 Auch für die Gesamtschätzung wurden Vergleichsregressionen ohne die Termineinlagen (TE) geschätzt. Wie beim westdeutschen Datensatz sind die Ergebnisse für alle anderen Variablen äußerst robust und nahezu unabhängig von der Aufnahme der Variable TE. Darüber hinaus erweisen sich die Termineinlagen bei weiteren Kontrollregressionen ohne die kritische Bank 10 als weiterhin insignifikant. Somit erscheint die Aufnahme der Bank 10 in den Gesamtdatensatz ebenso wie die Berücksichtigung der Variable TE in den Schätzgleichungen (III) und (IV) als unproblematisch.

Frauen, die im gleichen Alter sind, am gleichen Ort leben und identische Vermögen und Verbindlichkeiten aufweisen, lassen somit den gleichen Deckungsbeitrag II erwarten.[105] Bei der Variable D_plzGG ist ebenfalls kein Einfluss auf den Ertrag festzustellen. Der positive Zusammenhang im ostdeutschen Datensatz verliert sich hier genauso wie der Einfluss des Geschlechts auf den Ertrag im westdeutschen Datensatz, d.h. beide Effekte verschwinden durch die Aggregation der Teildatensätze Ost/West.

Ein letzter interessanter Aspekt ergibt sich bei der eingeführten Variable D_org, die die Zugehörigkeit eines Kunden zu einer west- bzw. ostdeutschen Sparkasse (D_org = 0) anzeigt und somit die Unterschiede zwischen diesen beiden Gruppen einfangen soll. Obwohl eine gewisse Homogenität zwischen ost- und westdeutschen Sparkassen feststellbar ist, ergibt sich bei den Gesamtschätzungen III und IV für die Variable D_org ein signifikant positiver Koeffizient. Demnach sind westdeutsche Sparkassen in der Lage, mit ansonsten identischen Kunden im Durchschnitt 12,39€ (III) bzw. 12,36€ (IV) mehr Deckungsbeitrag zu generieren. Auf Grundlage des vorhandenen Datensatzes kann dieses Ergebnis einerseits als Hinweis auf Ineffizienzen und Verbesserungspotential bei ostdeutschen Sparkassen interpretiert werden. Im Vergleich zu ihren westdeutschen Schwesterinstituten wären aus dieser Perspektive im Privatkundengeschäft noch nicht alle Möglichkeiten ausgeschöpft. Andererseits ist jedoch auch denkbar, dass ostdeutsche Kunden innerhalb der einzelnen Produktkategorien systematisch Produkte wählen, die den Sparkassen weniger Ertrag bescheren. Dies könnte für tendenziell aufgeklärtere Konsumenten in Ostdeutschland sprechen, was vor dem Hintergrund der Financial Literacy-Diskussion ein bemerkenswertes Ergebnis wäre.[106] Um eine abschließende Beurteilung vornehmen zu können, müssten jedoch weitere interne Informationen der Sparkassen beispielsweise über die Zusammensetzung der einzelnen Produktkategorien oder über die Provisions-, Zins- und Risikokomponenten des DBII vorliegen.

---

105 Wie oben diskutiert, bedeutet dies nicht, dass die Sparkassen mit männlichen und weiblichen Kunden tatsächlich die gleichen Deckungsbeiträge erwirtschaften. Allerdings beruhen diese Unterschiede nicht auf dem Geschlecht der Kunden an sich, sondern z.B. aus unterschiedlichem Vermögen oder Anlageverhalten.

106 Für eine Einführung in das Konzept der Financial Literacy vgl. z.B. OECD [2005] oder Braunstein/Welch [2002].

Dummyvariablen Alter

Ebenso wie in Abschnitt 6.2 wurden in jeder der Schätzungen (I) bis (IV) 85 Dummyvariablen für jede Altersgruppe von 1 bis 85+ mit in die Regression aufgenommen, d.h. als Referenzgruppe wurde hier ebenfalls die Altersgruppe der 0-Jährigen gewählt. Durch die Aggregation der Datensätze zeigt sich eine noch deutlichere Relevanz der isolierten Alterseffekte. Legt man ein Mindestsignifikanzniveau von 10% zu Grunde, so ergeben sich bei der Schätzung für Westdeutschland 74, in der ostdeutschen und in den gesamtdeutschen Schätzungen sogar 82 von 85 Koeffizienten als signifikant von Null verschieden. Für über zwei Drittel, d.h. 230 der insgesamt 320 geschätzten Koeffizienten (67,6%) liegt dabei eine Irrtumswahrscheinlichkeit von weniger als 0,1% vor.

In allen 4 Schätzungen ist darüber hinaus das bereits in Abschnitt 6.2 charakterisierte altersabhängige Muster der Koeffizienten zu identifizieren. Wurde diese auffällige Struktur dort jedoch hilfsweise mit dem gewichteten Durchschnitt der Einzelergebnisse beschrieben, so kann der Verlauf in Abhängigkeit vom Alter jetzt statistisch exakt ermittelt (quantifiziert) werden.

Für Ost- und Westdeutschland zeigen sich dabei qualitativ übereinstimmende Resultate, die jedoch im Detail leichte Unterschiede hinsichtlich der Wirkungsstärke (Dimension) aufweisen. Die Ergebnisse der Gesamtschätzungen liegen im Wesentlichen im Bereich, der durch die Koeffizienten der Teilschätzungen Ost und West aufgespannt wird. Eine Ausnahme bilden hier die betagten Kunden ab einem Alter von ca. 70 Jahren, bei denen der Alterseffekt in den Gesamtschätzungen z.T. ausgeprägter ist als in den beiden Teilschätzungen. Dies ist bedingt durch die nicht völlig identischen Schätzspezifikationen.

Wie groß der isolierte Einfluss des Alters auf den DB II ist, lässt sich aus Abbildung 18 ablesen, in der die Schätzergebnisse für die Altersdummyvariablen graphisch aufbereitet werden.[107] Da die Ergebnisse der Gesamtschätzungen nahezu identisch sind, wurden für Gesamtdeutschland nur die Koeffizienten der Schätzung IV abgetragen.

---

107 Hierbei liegt wie bei Abbildung 17 ein Mindestsignifikanzniveau von 10% zu Grunde gelegt, d.h. ab einem zugehörigen T-Wert, der betragsmäßig kleiner als 1,646 ist, wird angenommen, der Koeffizient sei Null.

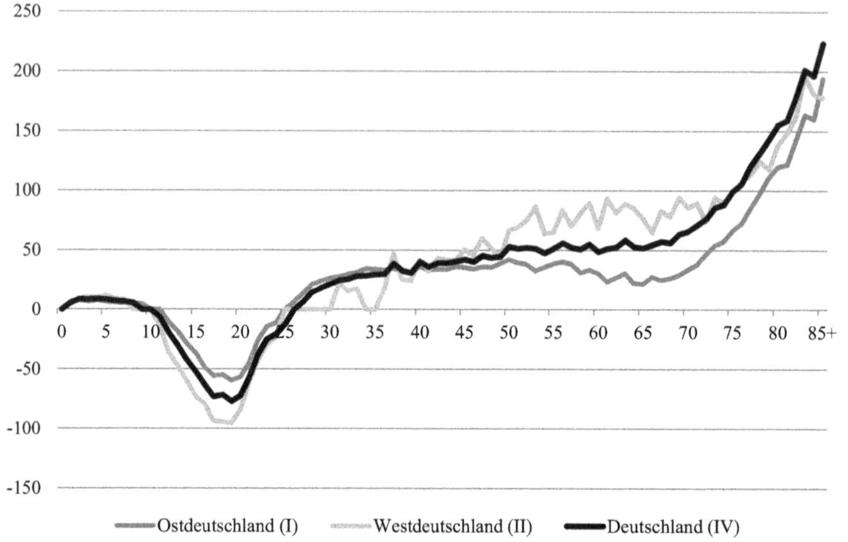

Abbildung 18: Koeffizienten Dummyvariablen Alter (II) – aggregierte Datensätze (Vergleichsgruppe: Altersklasse der 0-Jährigen); Quelle: eigene Darstellung

Betrachtet man die Schätzergebnisse für die aggregierten Datensatz aller Sparkassen (IV) im Detail, so ist für ganz junge Kunden bis zum Alter von 8 Jahren (Ost: 9 Jahre / West: 7 Jahre) ein leicht positiver Alterseffekt zu identifizieren. Im sich anschließenden Segment der jugendlichen Kunden von 11 und 25 Jahren ergeben sich die bereits aus Abschnitt 6.2 bekannten negativen Effekte auf den DB II (Ost: 12 bis 24 Jahre / West: 11 bis 24 Jahre), die ihren Tiefpunkt mit einem Koeffizient von -76,92 bei den 19-Jährigen erreichen (Ost: -59,32 / West: -95,17). Im Vergleich zu einem identischen 0-Jährigen generiert also ein Kunde dieses Alters einen DB II, der fast 77€ niedriger ist. Ab einem Alter von 27 Jahren liegen dann für alle Altersklassen signifikant positive Koeffizienten vor (Ost: 26 / West: 31, mit Ausnahme der Altersgruppen 34 und 35), die bis zur Altersgruppe der 68-Jährigen langsam, aber fast monoton auf einen Wert von 56,08 ansteigen. Für die älteren Kunden ab dem Alter von 69 Jahren sind schließlich stark ansteigende positive Alterseffekte festzustellen, die ihr Maximum bei der Altersgruppe 85+ (85 Jahre und älter) mit dem Wert 223,37 erreichen. Mit einem Angehörigen dieser Altersgruppe wird also ein um über 223€ höherer DB II erwirtschaftet als mit einem ansonsten identischen Kunden der Referenzgruppe.

Vergleicht man anschließend die Schätzergebnisse für den ost- und westdeutschen Datensatz, so fällt darüber hinaus auf, dass der negative Effekt auf den Deckungsbeitrag, der durch die jugendlichen Kunden erzeugt wird, im Westen wesentlich stärker ausgeprägt ist. Wie bereits in Abschnitt 6.2 diskutiert wurde, ist anzunehmen, dass die altersspezifischen Effekte insbesondere aus unterschiedlichen Konditionen entstehen, die unterschiedlichen Altersgruppen eingeräumt werden. Es liegt daher nahe zu vermuten, dass in Westdeutschland in diesem Kundensegment bereits ein stärkerer Wettbewerb besteht, der sich in die besonders attraktiven Konditionen für junge Kunden, d.h. in stärkeren negativen Alterseffekten niederschlägt.[108] In Ostdeutschland scheint dagegen noch ein etwas größerer Preissetzungsspielraum zu bestehen.

Bleiben die Rahmenbedingungen wie bisher,[109] so scheinen sich auf der anderen Seite die größeren Anstrengungen bei jungen Kunden, die vermutlich vor allem der Neukundenakquise und dem Erhalt des vorhandenen Kundenstamms in Zeiten höherer Mobilität dienen, langfristig zu lohnen, sofern es tatsächlich gelingt, die Kundenbeziehung zu erhalten. Ab dem Alter von 42 liegen nämlich für westdeutsche Sparkassen bis zur Altersklasse 84 durchgehend stärkere positive Alterseffekte vor, die insgesamt um fast zwei Drittel größer sind als im Osten.[110] In einzelnen Klassen übersteigen die westdeutschen die ostdeutschen Koeffizienten sogar um fast das Dreifache. Hier scheint es bislang für westdeutsche Banken möglich, vorteilhafte Konditionen durchzusetzen, was tendenziell für eine geringere Wechselbereitschaft und Preissensitivität spricht, aber auch auf einen weniger starken Wettbewerb in diesen Alterssegmenten zurückzuführen sein kann.

Zusammenfassend betrachtet findet sich also in allen Schätzungen das aus Kapitel 6.2 bekannte Muster mit negativen Alterseffekten auf den Ertrag bei jungen Kunden mit vermutlich höherer Mobilität und positiven isolierten Alterseffekten bei älteren Kunden mit geringer Wechselbereitschaft und Preissensitivi-

108 Darüber hinaus könnte neben dem Wettbewerb auch die Mobilität der jungen Kunden eine Rolle spielen, sofern sie in Westdeutschland größer ist. Die beiden Effekte, die sich auch gegenseitig bedingen, können im Rahmen dieser Analyse nicht getrennt werden.

109 Hilfsweise wird hier ceteris paribus angenommen, dass die Schätzergebnisse auch für zukünftige Zeitpunkte Gültigkeit besitzen.

110 Hierbei wurden im Bereich der Altersklassen 42 bis 84 die Integrale unter den entsprechenden Graphen für West- und Ostdeutschland berechnet und miteinander verglichen. Hierbei zeigt sich, dass im untersuchten Bereich die Fläche (die im Fall einjähriger Altersklassen als Summe der Koeffizienten ermittelt werden kann), für die westdeutsche Schätzung um 64,3% größer ist als die korrespondierende ostdeutsche Fläche.

tät. Diese Struktur ist dabei im Westen deutlich ausgeprägter als im Osten. Eine mögliche Interpretation dieses Zusammenhangs wäre, dass die westdeutschen Sparkassen mit Hilfe von größeren Investitionen in die Akquise und die Kundenbeziehungen versuchen, die später entstehenden stärkeren Preissetzungsspielräume im fortgeschrittenen Alter auszunutzen.

6.3.2 Schätzansatz mit Sparkassendummyvariablen - Performancevergleich

Abschließend werden sparkassenindividuelle Einflüsse auf den DB II untersucht. Ein großer Vorteil der gemeinsamen Schätzung besteht darin, dass strukturelle Unterschiede zwischen den einzelnen Sparkassen ermittelt werden können. Für diesen Zweck werden die Dummyvariablen genutzt, die die Zugehörigkeit des Kunden zu einer Sparkasse abbilden. Somit können Effekte auf den DB II, die allein und unmittelbar aus der Tatsache resultieren, dass ein Individuum Kunde einer bestimmten Sparkasse ist, isoliert werden. Diese Untersuchung wird separat für die ost- und westdeutschen Sparkassen durchgeführt, bevor abschließend das gesamte Sample mit den elf Sparkassendummies geschätzt wird. Als Vergleichssparkassen wurde die Sparkasse 5 für die Schätzung der ostdeutschen Sparkassen und des Gesamtdatensatzes gewählt. Bei der Schätzung für die westdeutschen Sparkassen dient Bank 9 als Referenzbank.

Für den Fall einer simultanen Schätzung über alle Kundendaten hat die Schätzgleichung einer linearen multiplen OLS-Querschnittsregression mit Sparkassendummies somit die allgemeine Form:

$$(5)\quad db2_i = c + \sum_{j=1}^{m} \alpha_j \cdot D\_Spk(j)_i + \sum_{k=1}^{n} \beta_k \cdot DET_{k,i} + \sum_{l=1}^{85+} \gamma_l \cdot D\_age(l)_i + \varepsilon_i$$

Dabei bezeichnet die Variable $db2_i$ den Deckungsbeitrag II, den die Sparkasse, bei der Individuum i Kunde ist, mit diesem Kunden erzielt. Die Variable c ist die Regressionskonstante, die Variablen D_spk1 bis D_spk11 sind Dummyvariablen für die elf Sparkassen, die die institutstypischen Besonderheiten erfassen sollen. Für jeden Kunden i hat genau eine dieser Dummyvariablen den Wert 1, und zwar die für jene Bank, bei der Individuum i Kunde ist. Die anderen zehn Dummyvariablen haben den Wert Null. Die Variablen $DET_{k,i}$ stehen wie in den Einzelschätzungen für die in Betracht kommenden Determinanten des DB II. Dies sind das Einkommen, die Produktportfoliovariablen sowie die Dummyvariablen Geschlecht und Girokonto. Um eventuell existierende Unterschiede zwischen Kunden innerhalb und außerhalb des Geschäftsgebiets abzubilden, wurde zusätzlich die Dummyvariable *D_plzGG* aufgenommen, die den Wert 1 annimmt, wenn der Kunde im Geschäftsgebiet der Sparkasse wohnt. Die Variable ε schließlich stellt das durch die Regression nicht erklärte Residuum dar. Eine Übersicht der Schätzergebnisse liefert Tabelle 15.

In der Gesamtschätzung (VII) können deutliche Unterschiede zwischen den Sparkassen ausgemacht werden, die sich in den Koeffizienten der entsprechenden Dummyvariablen widerspiegeln. Diese erweisen sich alle als statistisch signifikant zum 1%-Niveau. Mit Ausnahme der Sparkasse 1 würden demnach alle Sparkassen mit einem identischen Kunden einen höheren DB II als die Referenzbank 5 erzielen. Die Spanne liegt dabei zwischen 21,44€ (Bank 10) und 75,25€ (Bank 8). Der Deckungsbeitrag der Sparkasse 1 mit einem identischen Kunden fällt dagegen um 7,12€ niedriger aus. Wegen der großen Homogenität der Sparkassen hinsichtlich Produkten und Geschäftspolitik können die verbleibenden Unterschiede zwischen den Sparkassen, die durch die Dummyvariablen gemessen werden, als Effizienzunterschiede interpretiert werden.

Durch die Aufnahme der Sparkassendummies erhöht sich zudem der Erklärungsgehalt der Regression leicht von 0,5144 auf 0,5166. Die Schätzergebnisse für die übrigen Variablen bleiben nahezu unverändert. Auch hier ergeben sich hoch signifikante Koeffizienten für die Portfoliovariablen und die Dummyvariable Girokonto. Insignifikant erweisen sich nach wie vor das Einkommen und aus bereits diskutierten Gründen die Termineinlagen.[111] Wie in der Regression III besitzt der Wohnort im Geschäftsgebiet auch in dieser Schätzspezifikation keinen Einfluss auf den Ertrag. D.h. im Aggregat scheinen sich die Kunden innerhalb und außerhalb des Geschäftsgebiets nicht zu unterscheiden.

111 Auch für diese Schätzung wurde eine Vergleichsregression ohne die Variable TE durchgeführt. Die Ergebnisse erweisen sich dabei ebenfalls als robust und werden kaum von den Termineinlagen beeinflusst.

Tabelle 15: Determinanten des DB II für aggregierte Datensätze (II) - Dummyvariablen Sparkassen

Modell		V	VI	VII
Variable		Sparkassen Ost	Sparkassen West	Gesamt
Konstante	c	-29,69283*** (-7,10)	20,41967*** (4,77)	-36,79192*** (-18,88)
Einkommen	Y	0,0126036 (1,20)	-0,0002647 (-0,05)	-0,0012053 (-0,15)
Dispositionskredite	DP	0,0106542** (2,43)	0,0127745*** (4,63)	0,0126155*** (5,05)
Darlehen	DL	0,0092717*** (22,98)	0,0098014*** (26,40)	0,0096994*** (30,81)
Sichteinlagen	SE	0,0143256*** (3,93)	0,0055926*** (3,01)	0,0107398*** (5,30)
Termineinlagen	TE	0,0104703*** (4,99)	-0,0001984 (-0,16)	-0,001016 (-0,65)
DepotB	DPB	0,0058112*** (16,77)	0,0021678*** (3,18)	0,0022577*** (3,17)
Deka-Fonds	DK	0,0045253*** (11,53)	0,006382*** (5,27)	0,0061595*** (7,99)
Spareinlagen	SP	0,0135671*** (57,02)	0,0088706* (1,65)	0,0114548*** (3,79)
Girokonto	D_giro	97,66566*** (9,11)	152,8662*** (7,18)	124,7302*** (12,63)
Transfereinkommen	D_transfer	-22,26142*** (-6,7)	---	---
Geschlecht	D_sex	-0,8493904 (-0,91)	6,589163 (1,57)	1,119176 (0,40)
Geschäftsgebiet	D_plzGG	---	0,3314555 (0,09)	0,4733695 (0,23)
Bank 1	D_spk1	-9,026651** (-2,26)	---	-7,122164*** (-2,92)
Bank 2	D_spk2	25,92514*** (9,89)	---	49,81503*** (16,63)
Bank 3	D_spk3	33,62854*** (5,80)	---	61,21232*** (32,73)
Bank 4	D_spk4	26,83568*** (8,71)	---	41,55325*** (19,40)
Bank 6	D_spk6	25,95435*** (6,61)	---	42,63472*** (16,10)
Bank 7	D_spk7	26,64117*** (7,45)	---	49,77854*** (12,54)
Bank 8	D_spk8	24,57838*** (3,68)	---	75,24765*** (42,96)
Bank 9	D_spk9	---	---	51,21503*** (13,68)
Bank 10	D_spk10	---	-29,74362*** (-7,88)	21,44336*** (6,56)
Bank 11	D_spk11	---	-9.32017 (-0,80)	50,73453*** (9,81)
Modellzusammenfassung				
Beobachtungen		1.923.154	549.331	2.472.485
F-Wert		9.242,05	2.029,91	11.695,03
Prob > F		0,0000	0,0000	0,0000
Adj. R2		0,5694	0,5046	0,5166

Die Schätzung (V) für die ostdeutschen Sparkassen zeigt hinsichtlich der Sparkassendummies qualitativ ähnliche Ergebnisse wie die Gesamtschätzung. Bank 1 erweist sich auch hier im Vergleich zur Referenzsparkasse 5 als schlechter, für die Banken 2 bis 8 ergibt sich ein positiver isolierter Sparkasseneffekt, der jedoch für alle Sparkassen deutlich kleiner ausfällt als in der Schätzung VI. Ein Grund hierfür könnte in den insbesondere im Osten relevanten Wohnorteffekten zu finden sein, die in dieser Schätzung durch 30 Wohnortdummies (Kreisebene) abgebildet werden. Diese Dummyvariablen, die in Schätzung VII nicht enthalten sind, könnten einen Teil der Sparkasseneffekte aus der Gesamtschätzung auffangen.[112] Insgesamt ergibt sich für 19 der insgesamt 30 eingeführten Dummyvariablen ein signifikanter Koeffizient. Wie in den Einzelschätzungen spiegeln sich hier strukturelle Unterschiede zwischen den Kreisen wider, die nicht bereits durch die anderen Variablen abgebildet werden.

Wie im Fall der Gesamtschätzung verändern sich die Koeffizienten der anderen Einflussfaktoren durch die Aufnahme der Sparkassendummies lediglich marginal. Bis auf das Einkommen und das Geschlecht erweisen sich alle Determinanten als hoch signifikant zum 5%-Niveau (DP) bzw. 1%-Niveau (restliche Variablen). Der Erklärungsgehalt der Regression steigt leicht von 0,5642 auf 0,5694 an.

Für die Schätzung der westdeutschen Sparkassen (VI) wurde die Sparkasse 9 als Referenzsparkasse gewählt. Im Vergleich zu dieser Sparkasse weist Bank 10 einen DB II auf, der um fast 30€ geringer ist (Koeffizient: -29,74). Bank 11 scheint hingegen ähnlich effizient wie die Vergleichsbank zu sein. Der zugehörige Koeffizient ist insignifikant. Diese Relation bleibt auch in der Gesamtschätzung (VII) bestehen, wohingegen sich das Niveau wegen des Wechsels der Referenzsparkasse nach oben verschiebt. Für die restlichen Variablen waren ebenso wie in der Gesamt- und in der ostdeutschen Schätzung keine nennenswerten Abweichungen in den Schätzergebnissen zu erkennen. Wie in Schätzung II besitzen alle Regressoren bis auf das Einkommen, die Termineinlagen und das Geschlecht einen systematischen Einfluss auf den DB II. Ein Wohnort im Geschäftsgebiet ist in Westdeutschland nicht von Bedeutung. Der Erklärungsgehalt steigt durch die Aufnahme der beiden Sparkassendummies ganz leicht von 0,5045 auf 0,5046.

---

112 Insbesondere bei Sparkassen deren Geschäftsgebiet lediglich aus einem Kreis besteht, ergibt sich z.B. eine hohe Korrelation zwischen den entsprechenden Dummyvariablen für Wohnort und Sparkassenzugehörigkeit.

Die Ergebnisse der zugehörigen Koeffizienten für die Altersdummyvariablen der Schätzungen V-VII werden nicht präsentiert, da sie lediglich in vernachlässigbarem Ausmaß von den Ergebnissen in Abschnitt 6.3.1 abweichen.

7 Prognose der Kundenentwicklung und der Kundenstruktur

7.1 Untersuchung auf Sparkassenebene bis 2020

7.1.1 Methodische Vorgehensweise

Der zweite Arbeitsschritt der Analyse besteht in der Prognose der Entwicklung der Kundenzahl und der Kundenstruktur der beteiligten Sparkassen. Hierzu wird ein zweistufiges Vorgehen gewählt.

In einem ersten Teilschritt wird zunächst auf Basis der zur Verfügung gestellten Kundendaten und der tatsächlichen Bevölkerungsgröße aus der amtlichen Statistik die Marktausschöpfung der Sparkassen zum Ende des Referenzjahres (2006 bzw. 2007) ermittelt. Als Marktausschöpfung wird im Folgenden der Quotient aus der aktuellen Kundenzahl einer Sparkasse in einem Gebiet und der potentiellen Kundenzahl, also der Bevölkerung, bezeichnet.[113] Als Kunde im Sinne dieser Definition wird jedes Individuum aufgefasst, das zum Stichtag wenigstens ein Produkt der zugehörigen Sparkasse besitzt.[114] Die Marktausschöpfung wird dabei für jede Sparkasse, jede Altersklasse und jeden Kreis gesondert ermittelt. Sollte eine Analyse für bestimmte Sparkassen die Unterscheidung nach Geschlecht erfordern, weil sich beispielsweise der Dummy für das Geschlecht als signifikant erweist, so wird die Ausschöpfung in dieser zusätzlichen Dimension berechnet.

In einem zweiten Teilschritt werden auf der Basis von Plausibilitätsüberlegungen zwei Szenarien für die zukünftige Marktausschöpfung bis zum Jahr 2020 entwickelt, die beide auf den im ersten Schritt ermittelten Ist-Ausschöpfungsquoten aufbauen und in Abschnitt 7.1.3 näher vorgestellt werden. Durch Multiplikation der einzelnen Marktausschöpfungen mit den Ergebnissen der jeweiligen Bevölkerungsvorausberechnung ergibt sich für jedes der zwei Szenarien eine Prognose der Kundenentwicklung bis zum Jahr 2020, die dann

113 Es sei explizit darauf hingewiesen, dass sich diese Definition nicht mit der eines Marktanteils deckt. Zur Berechnung des Marktanteils wird die Zahl der Kunden einer Bank in Relation zu allen Bankkunden gesetzt. Da die Zahl der Bankkunden pro Kreis nicht bekannt ist, wird stattdessen die Marktausschöpfung verwendet.

114 Wie in Abschnitt 5.1.3 zur Datenbereinigung erläutert, werden nur lebende Kunden mit einem Alter bis zu 100 Jahren in die Untersuchung einbezogen.

als Grundlagen für die Abschätzung der Entwicklung der Deckungsbeiträge im nächsten Arbeitsschritt (Abschnitt 8) dienen.

Formal ergeben sich die zukünftigen Kundenzahlen Kr,a,t für das Geschäftsgebiet einer Sparkasse, indem für jeden Kreis r ($r=1,2,\ldots,\mathfrak{r}$) des Geschäftsgebiets in jeder Altersgruppe a ($a=1,2,\ldots,\mathfrak{a}$)[115] zu jedem Prognosezeitpunkt t ($t=1,2,\ldots,\mathfrak{t}$) des Prognosehorizonts die zukünftige Bevölkerung B mit der zugehörigen prognostizierten Marktausschöpfung M multipliziert wird:

(6) $$K_{r,a,t} = B_{r,a,t} \cdot M_{r,a,t}$$

Hierbei bezeichnet $\mathfrak{r}$ die Anzahl der Kreise des Geschäftsgebiets, $\mathfrak{a}$ die Anzahl der Altersgruppen und $\mathfrak{t}$ das letzte Prognosejahr bzw. gleichzeitig die Länge des Prognosehorizonts in Jahren. In Matrixschreibweise formuliert, ergibt sich die Matrix K der zukünftigen Kundenzahlen in jeder Altersklasse und jeder Region in jedem Prognosejahr aus dem Hadamard-Produkt (Marshall/Olkin [1979] 257f.) der Bevölkerungsmatrix B und der Marktausschöpfungsmatrix M, wobei alle Matrizen die Dimension $(\mathfrak{r} \cdot \mathfrak{a}) \times \mathfrak{t}$ aufweisen:

(7) $$\mathbf{K}_{(\mathfrak{r}\cdot\mathfrak{a})\,\mathrm{x}\,\mathfrak{t}} = \mathbf{B}_{(\mathfrak{r}\cdot\mathfrak{a})\,\mathrm{x}\,\mathfrak{t}} \odot \mathbf{M}_{(\mathfrak{r}\cdot\mathfrak{a})\,\mathrm{x}\,\mathfrak{t}}$$

Bei den untersuchten Sparkassen wurde jeweils mit 86 Altersklassen gearbeitet ($\mathfrak{a} = 86$). Die Prognose wurde ausgehend vom Referenzjahr 2006 bzw. 2007 bis zum Jahr 2020 durchgeführt ($\mathfrak{t} = 14$ bzw. $\mathfrak{t} = 13$). Die Dimension der Matrizen für die einzelnen Sparkassen wird dann durch die Anzahl der Kreise des Geschäftsgebiets $\mathfrak{r}$ bestimmt und ergibt sich als $(\mathfrak{r} \cdot 86) \times 13$ bzw. $(\mathfrak{r} \cdot 86) \times 14$.

Für eine Sparkasse mit Referenzjahr 2006, Prognosezeitraum 2007 bis 2020 und $\mathfrak{r}$ Kreisen nehmen die Matrizen K, M und B beispielsweise folgende Gestalt an:

115 Die Altersgruppe 1 sind die 0 bis unter 1-Jährigen, die Altersgruppe 2 umfasst die 1 bis unter 2-Jährigen usw. Die letzte Altersgruppe 86 stellen die über 84-Jährigen (Altersklasse 85+).

$$\begin{bmatrix} K_{1,0,2007} & \cdots & K_{1,0,2020} \\ \vdots & \ddots & \vdots \\ K_{1,85+,2007} & \cdots & K_{1,85+,2020} \\ & & \\ K_{2,0,2007} & \cdots & K_{2,0,2020} \\ \vdots & \ddots & \vdots \\ K_{2,85+,2007} & \cdots & K_{2,85+,2020} \\ \vdots & & \vdots \\ K_{r,0,2007} & \cdots & K_{r,0,2020} \\ \vdots & \ddots & \vdots \\ K_{r,85+,2007} & \cdots & K_{r,85+,2020} \end{bmatrix} = \begin{bmatrix} B_{1,0,2007} & \cdots & B_{1,0,2020} \\ \vdots & \ddots & \vdots \\ B_{1,85+,2007} & \cdots & B_{1,85+,2020} \\ & & \\ B_{2,0,2007} & \cdots & B_{2,0,2020} \\ \vdots & \ddots & \vdots \\ B_{2,85+,2007} & \cdots & B_{2,85+,2020} \\ \vdots & & \vdots \\ B_{r,0,2007} & \cdots & B_{r,0,2020} \\ \vdots & \ddots & \vdots \\ B_{r,85+,2007} & \cdots & B_{r,85+,2020} \end{bmatrix} \odot \begin{bmatrix} M_{1,0,2007} & \cdots & M_{1,0,2020} \\ \vdots & \ddots & \vdots \\ M_{1,85+,2007} & \cdots & M_{1,85+,2020} \\ & & \\ M_{2,0,2007} & \cdots & M_{2,0,2020} \\ \vdots & \ddots & \vdots \\ M_{2,85+,2007} & \cdots & M_{2,85+,2020} \\ \vdots & & \vdots \\ M_{r,0,2007} & \cdots & M_{r,0,2020} \\ \vdots & \ddots & \vdots \\ M_{r,85+,2007} & \cdots & M_{r,85+,2020} \end{bmatrix}$$

Die Matrix B enthält dabei die Bevölkerungsprognosen der statistischen Landesämter. Zur Konstruktion der Matrix M müssen die in den beiden Szenarien getroffenen Annahmen über die zukünftige Marktausschöpfung berücksichtigt werden, d.h. je nach Szenario wird eine unterschiedliche Marktausschöpfungsmatrix M zu Grunde gelegt ($\mathbf{M_I}$ bzw. $\mathbf{M_{II}}$), die in den Abschnitten 7.1.3.1 (Szenario I) und 7.1.3.2 (Szenario II) erläutert wird. Ausgangspunkt in beiden Fällen ist die „Ist"-Marktausschöpfung zum Stichtag der Datenerhebung, die im folgenden Abschnitt 7.1.3 für die elf Sparkassen näher beleuchtet werden soll.

Um in jedem Prognosejahr die zukünftigen Kundenzahlen für die Sparkasse als Ganzes zu bestimmen, müssen die Spalten der Matrix K aufsummiert werden. Durch partielle Aggregation über alle Altersklassen bestimmter Kreise oder über ausgewählte Altersgruppen (z.B. der 30 bis 40-jährigen) können zudem Ergebnisse für einzelne Regionen oder spezielle Kundengruppen abgeleitet werden. Die mit diesem Verfahren ermittelten Resultate für die Gesamtkundenzahlen der beteiligten Sparkassen finden sich in Kapitel 7.1.4.

Soll darüber hinaus nach Geschlecht unterschieden werden, muss die Berechnung der Matrix **K** zweimal, getrennt nach Männern und Frauen vorgenommen werden. Die prinzipielle Vorgehensweise bleibt dabei erhalten.

7.1.2 Analyse der Marktausschöpfung zum Ende des Referenzjahres

Zur Berechnung der Marktausschöpfung zum Stichtag der Datenerhebung wurden die korrespondierenden Bevölkerungsdaten für die Landkreise, aufgegliedert nach dem Lebensalter in Jahresschritten, aus der Bevölkerungsfortschreibung der statistischen Landesämter verwendet. Für alle elf Sparkassen kann die Marktausschöpfung in jedem Kreis und in jeder Altersklasse berechnet werden, indem die Anzahl der Sparkassenkunden durch die Anzahl der Einwohner geteilt werden. Wie in Abschnitt 2 dargelegt, existieren historisch bedingte strukturelle Unterschiede in der Markt- und Wettbewerbsposition zwischen ost- und westdeutschen Sparkassen, die sich auch in den vorhandenen Daten wiederfinden. Zur Verdeutlichung sind hierzu in Abbildung 19 und Abbildung 20 für die drei west- und die acht ostdeutschen Sparkassen die Marktausschöpfungen nach Altersklassen in ihren Geschäftsgebieten zum Stichtag zusammengefasst.

Abbildung 19: Aggregierte Marktausschöpfung der westdeutschen Sparkassen in ihren Geschäftsgebieten nach Altersklassen zum Stichtag; Quelle: eigene Berechnungen.

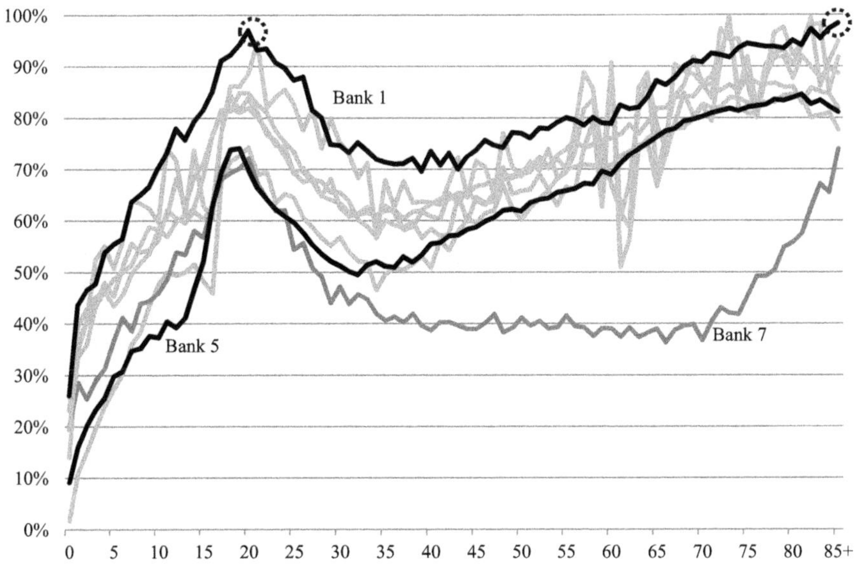

Abbildung 20: Aggregierte Marktausschöpfung der ostdeutschen Sparkassen in ihren Geschäftsgebieten nach Altersklassen zum Stichtag; Quelle: eigene Berechnungen.

Hinsichtlich der Marktausschöpfung in den einzelnen Altersklassen zeigt sich mit Ausnahme von Bank 7 in Ostdeutschland und Bank 10 in Westdeutschland ein idealtypisches Muster. Bei den jüngeren Kunden ist eine geringe aber kontinuierlich ansteigende Quote festzustellen, die bei den Anfang 20-jährigen ein lokales Maximum besitzt. Danach wird der Quotient für jede Altersgruppe kleiner, bis er bei den Mitte 30-jährigen seinen Tiefpunkt erreicht, um dann bei den älteren Kunden wieder anzusteigen. In Ostdeutschland liegen die Quoten dabei für die einzelnen Sparkassen mit Ausnahme von Bank 7 im Wesentlichen im Korridor, der durch die Sparkassen 1 und 5 aufgespannt wird. Sparkasse 1 besitzt in ihrem Geschäftsgebiet eine außerordentliche starke Wettbewerbsposition mit einer durchschnittlichen Ausschöpfungsquote von 80,4%. Die Spitzenwerte werden bei den 20-jährigen (97,0%) und bei den über 84-jährigen (98,4%) erreicht. Die untere Grenze des Korridors wird von Bank 5 gebildet, bei der eine qualitativ vergleichbare Struktur bei deutlich niedrigeren Raten zu beobachten ist. Die Maxima liegen hier bei den 19-jährigen (74,1%) und den 81-jährigen (84,6%) bei einer durchschnittlichen Ausschöpfung von 62,0%.

Lässt man Bank 10 wegen ihrer Besonderheiten vorerst aus der Betrachtung heraus, so zeigt sich für die Banken 9 und 11 in Westdeutschland eine ähnliche Struktur, die jedoch weniger stark ausgeprägt ist. Insbesondere die exponierte Position bei den älteren Kunden mit z.T. extrem hohen Quoten findet sich in westdeutschen Instituten nicht wieder. Bei den meisten Altersgruppen ist eine Marktausschöpfung festzustellen, die noch unterhalb der ostdeutschen Bank 5 liegt. Dies zeigt sich sowohl bei den durchschnittlichen Quoten von 54,6% (Bank 9) und 57,8% (Bank 11) als auch bei den Maxima, die bei den jungen und bei den älteren Kunden deutlich unter den ostdeutschen Werten liegen. Bei Bank 11 wird die maximale Ausschöpfung bei den jungen Kunden in den Altersklassen der 18 bzw. 19-jährigen mit 67,1% erreicht. Bei den älteren Kunden ist die größte Ausschöpfung bei den 82-jährigen (73,1%) zu beobachten. Bank 9 liegt mit Werten von 64,8% bei den 22-jährigen und 72,0% in der Altersklasse 85+ leicht darunter. Setzt man alle Kunden der Sparkassen in Ost- bzw. Westdeutschland ins Verhältnis zum korrespondierenden Marktpotenzial, so ergibt sich für die westdeutschen Sparkassen eine durchschnittliche Marktausschöpfung von 57,5% gegenüber 64,9% bei den ostdeutschen Instituten. Die auffällig niedrigeren Quoten im Westen sind im Wesentlichen auf die unterschiedliche aktuelle und historische Konkurrenzsituation in Ost- und Westdeutschland zurückzuführen.

Da im Bankenmarkt die Mobilität der Kunden verhältnismäßig gering ist (EU-Kommission [2007]), schlagen sich in der beobachteten Marktausschöpfung neben der aktuellen Geschäftspolitik und Wettbewerbslage auch das vergangene Verhalten und die historische Wettbewerbssituation nieder. Dies ist insbesondere der Fall bei Kunden mittleren und hohen Alters, bei denen generell eine besonders starke Kundenbindung besteht. Wie schon in Abschnitt 3 dargestellt, muss in diesem Kontext berücksichtigt werden, dass die Sparkassen in der DDR eine Monopolstellung im Privatkundengeschäft inne hatten, die -wie insbesondere die extrem hohe Marktausschöpfung bei den älteren Kunden belegtbis heute nachwirkt. Darüber hinaus sehen sich die Sparkassen im Westen im Gegensatz zu ihren Schwesterinstituten im Osten einer wesentlich stärkeren regionalen Konkurrenz durch die Genossenschaftsbanken gegenüber, deren Präsenz und Marktstellung in Ostdeutschland nach wie vor relativ schwach ist. Diese beiden Gründe führen bei den ostdeutschen Sparkassen zu einer im Vergleich zum Westen stärkeren Wettbewerbsposition, die sich in höheren Ausschöpfungsquoten niederschlägt.

Abschließend sollen kurz die zwei Banken beleuchtet werden, bei denen Abweichungen vom idealtypischen Muster bestehen. Diese Abweichungen können in beiden Fällen auf regionale Besonderheiten zurückgeführt werden. So sind bei Bank 10 starke Anstrengungen im Bereich der Neukundengewinnung festzustellen, die sich in außerordentlich hohen Anteilen bei den jungen Kunden unter 25 Jahren niederschlagen. Nach Aussage eines Sparkassenverantwortlichen soll mit Hilfe dieser Politik die unterdurchschnittliche Position in den älteren Kundensegmenten kompensiert werden, die auf eine suboptimale Geschäftspolitik in der Vergangenheit und die traditionell starke Konkurrenz der lokalen Wettbewerber im Geschäftsgebiet zurückzuführen ist. Die ostdeutsche Bank 7 weicht dagegen bei den jüngeren Kunden bis ca. 30 Jahre nicht vom idealtypischen Muster ab. Bei den älteren Kunden ab 30 bis zu den 70-jährigen liegt dagegen eine Marktausschöpfung um die 40% vor, die weit unter dem Niveau aller anderen Sparkassen liegt. Bei den betagten Kunden ab 70 Jahren steigt die Quote dann zwar an, liegt aber dennoch erheblich unter den Werten ihrer ostdeutschen Schwesterinstitute. Auch hier existieren historische regionale Spezifika, die zur vergleichswiese schwachen Marktposition dieser Bank bei den Kunden mittleren und hohen Alters geführt haben.[116]

7.1.3 Prognose der Marktausschöpfung bis 2020

In einem nächsten Schritt muss nun prognostiziert werden, wie sich die Marktausschöpfung der einzelnen Sparkassen bis zum Jahr 2020 entwickeln wird. Zwar wäre es wünschenswert, eine solche Prognose ebenfalls anhand eines ökonometrischen Prognosemodells zu erstellen, da die Daten zur Marktausschöpfung aber lediglich im Querschnitt zum Stichtag 2006/2007 vorliegen, können die Methoden der Zeitreihenanalyse hier nicht verwendet werden. Alternativ wird so vorgegangen, dass auf der Basis von Plausibilitätsüberlegungen zwei unterschiedliche Szenarien für die Entwicklung der Marktausschöpfung der einzelnen Sparkassen bis zum Jahr 2020 entwickelt und dann simuliert werden. Die Szenarien wurden in enger Abstimmung in einer Art Delphi-Verfahren (Häder [2002]) mit den beteiligten Sparkassen erstellt.

116 Um die Identität der Sparkasse zu schützen, kann auf die Details nicht weiter eingegangen werden.

7.1.3.1 Szenario I: Demographie (Benchmark)

Szenario I kann als Benchmarkszenario betrachtet werden. Hier liegt das Credo zu Grunde, alle Einflussfaktoren mit Ausnahme der demographischen Entwicklung konstant zu halten. So erhält man einen Vergleichsmaßstab, der es erlaubt, die rein demographischen Effekte auf Kundenzahl und -struktur zu quantifizieren. Dem ersten Szenario liegt somit die Annahme zugrunde, dass die gegenwärtigen Marktausschöpfungen der Sparkassen in den einzelnen Kreisen und Altersklassen konstant bleiben. Dies impliziert, dass insbesondere die starke Marktposition bei den älteren Kunden gehalten werden kann, was sicherlich sehr optimistisch und realitätsfern ist. Unter heutigen Gesichtspunkten kann nicht davon ausgegangen werden, dass die Sparkassen zukünftig in den höheren Altersklassen so viele Neukunden akquirieren, wie benötigt werden, um Quoten auf heutigem Niveau zu erreichen. Szenario I muss also als ein Status Quo-Szenario interpretiert werden, das nicht darauf abzielt, zukünftige Entwicklungen realistisch abzubilden, sondern lediglich zur Isolierung des demographisch induzierten Effekts dient. Für die Matrix $\mathbf{M}_\mathrm{I}$ bedeutet die Annahme einer konstanten Marktausschöpfung, dass alle Spalten von $\mathbf{M}_\mathrm{I}$ identisch mit der Ist-Marktausschöpfung im Referenzjahr sind.

7.1.3.2 Szenario II: Demographie und Wettbewerb

Das zweite Szenario beruht auf der Erkenntnis, dass die Sparkassen auch nach eigener Einschätzung die z.T. sehr hohen aktuellen Marktausschöpfungen in den höheren Altersklassen in Zukunft wohl kaum werden halten können. In den jüngeren Kundensegmenten, in denen die Wechselbereitschaft stärker ausgeprägt und auch die räumliche Mobilität höher ist, ist die Marktausschöpfung auch heute schon deutlich geringer. Im Laufe der Zeit wachsen nun die dünner besetzten Kundensegmente in die älteren Altersklassen hinein und senken dort vermutlich die Marktausschöpfung im Vergleich zum Status Quo. Diesem Umstand wird im Szenario II dadurch Rechnung getragen, dass die Marktausschöpfungen der Sparkassen nur bis zum Alter von 35 Jahren konstant gehalten werden. Für jede höhere Altersklasse wird angenommen, dass die Marktausschöpfung in den Folgejahren jeweils derjenigen entspricht, die der gleiche Jahrgang (Kohorte/Generation) im Basisjahr 2006/2007 aufwies. So wird also beispielsweise für die Marktausschöpfung bei den 36-jährigen im Prognosejahr 2007 angenommen, dass sie gerade der Marktausschöpfung der 35-jährigen im Jahr 2006 entspricht. Die Kohorten behalten also ab dem Alter von 35 ihre Marktausschöpfung bei. Im Wesentlichen bedeutet diese Annahme also, dass der Wettbewerb um Kunden unter 35 im Prognosezeitraum strukturell nach identischem Muster verläuft, wie er sich im Querschnitt des Referenzjahres manifestiert, d.h. es werden vor allen Dingen im Kundensegment unter 20 Jahren bei ansteigenden Ausschöpfungsquoten Kunden gewonnen,[117] die z.T. im Alter zwischen 20 und 30 abwandern (sinkende Anteile), bevor unterstellt wird, dass bei den Mittdreißigern eine Art Steady State mit dann kohortenspezifisch konstanten Quoten erreicht wird. Konsequenz dieser Annahmensetzung ist, dass die Ausschöpfungsquoten der älteren Kunden im Zeitverlauf gegen das Niveau der 35-jährigen im Referenzjahr konvergieren. Die aktuell (z.T. auch historisch bedingten) höheren Anteile bei den älteren Kunden werden so über die Zeit abgeschmolzen. Neukundengewinnung und Kundenverluste finden bei den älteren Kunden nur noch proportional zur demographischen Entwicklung statt, d.h. nur insoweit, als die Quote innerhalb einer Kohorte/Generation konstant bleibt.

In Szenario I und II werden prinzipiell nur Annahmen über die Ausschöpfung getroffen und nicht über die konkrete Zusammensetzung der Kohorten. Diese müssen sich im Zeitablauf nicht zwangsläufig aus denselben Individuen zusammensetzen. Theoretisch wäre auch eine starke Fluktuation denkbar, solange die absoluten Kundenzahlen in einer Altersklasse mit der jeweils unterstellten Ausschöpfung korrespondieren. Die Intention des Szenarios II ist jedoch eine andere. So soll insbesondere der Umstand modelliert werden, das bislang der Wettbewerb um Kunden vor allen Dingen im Segment der jüngeren Kunden unter 35 Jahren ausgetragen wird, die älteren Kunden dagegen tendenziell über eine ausgeprägtere Institutsbindung und geringere Mobilität verfügen, so dass Sie in der Regel bei Ihrem Institut verbleiben. Im theoretischen Extremfall findet ein Ausscheiden aus der Kundenbeziehung nur durch Tod oder Wegzug statt, woraus sich einige Implikationen ergeben würden, die im Folgenden knapp erläutert werden und die Intuition der Annahmensetzung illustrieren.

Die Stärke einer Kohorte ändert sich nur durch Todesfälle und Migration. Blendet man die Wanderungsbewegungen in einem ersten Schritt aus, bedeutet eine konstante Marktausschöpfung innerhalb einer Kohorte unter obiger Annahme demnach, dass die Sterbewahrscheinlichkeiten in jeder Altersklasse bei den Sparkassenkunden und in der Gesamtpopulation identisch sind. Berücksich-

117 Die Sparkassen gewinnen bei einer steigenden Marktausschöpfung absolut betrachtet nur Kunden, sofern die potenzielle Kundenbasis, d.h. die Bevölkerung innerhalb einer Kohorte nicht zu stark durch Wanderungsbewegungen oder Sterbefälle abnimmt.

tigt man zusätzlich die Wanderungsbewegungen, so müsste für den Nettowanderungssaldo in einer Altersklasse ebenfalls die entsprechende Ausschöpfungsquote der Kohorte gelten.

Da im Szenario II jedoch Fluktuation (unter der Prämisse einer bei den älteren Kunden unveränderten Wettbewerbsposition innerhalb eines Jahrgangs) zugelassen wird, erscheinen die Annahmen verhältnismäßig wenig restriktiv und geeignet, bestimmte Charakteristika des Retailbanking-Geschäfts abzubilden, die von Praktikerseite als relevant und realistisch erachtet werden.[118] Auch in der wissenschaftlichen Literatur finden sich Hinweise auf eine verhältnismäßig niedrige Kundenmobilität bzw. Wechselbereitschaft. Als Ursache hierfür gelten insbesondere existierende Switching Costs, die zu einem Lock-In Phänomen auf Seiten der Kunden führen können (Europäische Kommission [2007]; Gondat-Larralde/Nier [2004]; Kim et al. [2003]; Matthews et al. [2008a, 2008b]; Matthews [2007]; Vesala [2007]). Darüber hinaus existiert erste Evidenz für eine mit dem Alter abnehmende Wechselbereitschaft (Matthews/MacRae [2006]; Matthews [2009]).

Zusammengefasst wird in Szenario II bei den jüngeren Kunden die relative Wettbewerbsposition im Zeitverlauf konstant gehalten. Bei den älteren Kunden wird dagegen unterstellt, dass die bei den meisten Instituten sehr starke Marktstellung bei den älteren Kunden nicht gehalten werden kann und sukzessive gegen das Niveau der im Referenzjahr 35-jährigen konvergiert. Für eine Sparkasse mit Referenzjahr 2006 und einem Kreis nimmt die Matrix $\mathbf{M}$ in Szenario II ($\mathbf{M}_{II}$) unter diesen Annahmen beispielsweise folgendes Aussehen an:

---

118 Historische Marktanteilsdaten für die Jahre 2003 bis 2010 einer großen deutschen Sparkasse, die nicht im Sample enthalten ist, lassen den Schluss zu, dass das Szenario II als äußerst realitätsnah und praxisrelevant betrachtet werden kann.

Prognosejahr: 2007 2008 … … 2020

$$\mathbf{M}_{\mathrm{II}} = \begin{bmatrix} M_{1,1,2006} & M_{1,1,2006} & \cdots & \cdots & M_{1,1,2006} \\ \vdots & \vdots & & & \vdots \\ M_{1,35,2006} & M_{1,35,2006} & \cdots & \cdots & M_{1,35,2006} \\ M_{1,35,2006} & \vdots & & & \vdots \\ M_{1,36,2006} & M_{1,35,2006} & \cdots & \cdots & \vdots \\ \vdots & M_{1,36,2006} & & & \vdots \\ \vdots & \vdots & \ddots & & M_{1,35,2006} \\ \vdots & \vdots & & \ddots & M_{1,36,2006} \\ \vdots & \vdots & & & \vdots \\ M_{1,84,2006} & M_{1,83,2006} & \cdots & \cdots & M_{1,72,2006} \end{bmatrix}$$

7.1.3.3 Graphische Illustration der Szenarien

Die sich über die Zeit ergebenden Veränderungen der Marktausschöpfungen in den Altersklassen sind in Abbildung 21 exemplarisch für die Bank 1 grafisch dargestellt. Hierzu wird die Marktausschöpfung der Bank 1 in ihrem Zuständigkeitsgebiet im Jahr 2020 für beide Szenarien abgetragen. Die Marktausschöpfung 2020 im Szenario I ist annahmegemäß identisch mit der Ausgangssituation im Jahr 2006.[119] Größere Abweichungen zu diesem Markausschöpfungsprofil ergeben sich dagegen für das Szenario II.

Szenario I und II weisen im Jahr 2020 (und in allen vorherigen Prognosejahren) bis zum Alter von 35 annahmegemäß identische Marktausschöpfungen auf. Danach schlägt beim Szenario II die Abschmelzung der Marktausschöpfung auf das Niveau der 35-jährigen durch und die Quote verharrt zwischen den 35 und 49-Jährigen konstant bei 71,4%, um dann versetzt wie in Szenario I anzusteigen.[120]

---

119 Dies gilt jedoch nur für Einkreissparkassen. Sollte die Sparkasse mehrere Kreise besitzen, können durch Verschiebungen der relativen demographischen Struktur zwischen den Kreisen für die Sparkasse insgesamt (leicht) abweichende aggregierte Marktausschöpfungen nach Altersklassen resultieren. Als Beispiele seien hier die Sparkassen 2 und 5 angeführt.

120 Dies ist ebenfalls nur bei Einkreissparkassen der Fall. Bei Mehrkreissparkassen können sich durch Verschiebung der demographischen Gewichte zwischen den Kreisen im Aggregat leicht variierende Werte ergeben.

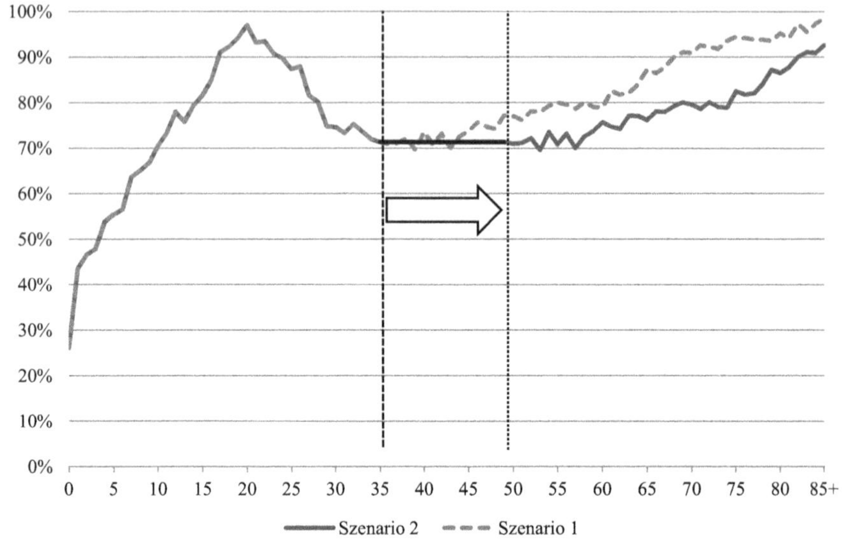

Abbildung 21: Marktausschöpfung der Bank 1 im Jahr 2020 (Szenario I und II, Geschäftsgebiet); Quelle: eigene Darstellung

7.1.4 Prognose der Kundenentwicklung bis 2020

Um eine quantitative Prognose für die Kundenentwicklung zu gewinnen, müssen für beide Szenarien in einem dritten Teilschritt nun die prognostizierten Marktausschöpfungen für jeden Kreis und jede Altersklasse mit den zugehörigen Ergebnissen der Bevölkerungsprognose multipliziert werden. Als Bevölkerungsprognose werden die in Abschnitt 5.2.3 charakterisierten regionalen Bevölkerungsvorausberechnungen der statistischen Landesämter verwendet. Anders formuliert, erfolgt in diesem Teilschritt die elementweise Multiplikation der Bevölkerungsmatrix **B** mit den beiden Marktausschöpfungsmatrizen $\mathbf{M_I}$ (Szenario I) bzw. $\mathbf{M_{II}}$ (Szenario II), wie sie in Kapitel 7.1.1 illustriert wurde. Es ergibt sich die Matrix **K**.

Durch spaltenweise Aggregation der Ergebnisse über die Altersklassen für jeden Landkreis des Geschäftsgebiets erhält man die Kundenprognose für jede Sparkasse für jedes Prognosejahr. Abbildung 22 und Abbildung 23 (Szenario I) bzw. Abbildung 24 und Abbildung 25 (Szenario II) stellen die Ergebnisse für beide Szenarien über den Zeitraum 2007 bis 2020 für die jeweiligen Geschäftsgebiete graphisch dar. Aufgrund unterschiedlicher Referenzjahre und unterschiedlicher Länge der Bevölkerungsprognosen, die den Prognosezeitraum limitieren, liegen nur innerhalb dieser Periode für alle untersuchten Sparkassen entsprechende Kundenzahlen vor.

Um eine bessere Übersichtlichkeit zu gewährleisten, wurde eine Unterteilung der Sparkassen nach demographischer Entwicklung in zwei Gruppen vorgenommen. Für die erste Gruppe werden dabei die drei westdeutschen Sparkassen (9, 10 und 11) mit den beiden städtischen ostdeutschen Sparkassen (2 und 5) zusammengefasst. Diese Sparkassen sehen sich in ihren Geschäftsgebieten einer relativ guten (Bank 9,10 und 11) bzw. moderaten Bevölkerungsdynamik gegenüber (Bank 2 und 5). Die zweite Gruppe bilden die kleinen und mittleren ländlichen ostdeutschen Sparkassen, die über sehr schlechte demographische Perspektiven verfügen und strukturell sehr ähnlich zu sein scheinen.

7.1.4.1 Szenario I: Demographie (Benchmark)

Legt man die oben skizzierten Annahmen zugrunde, ergibt sich für die westdeutschen und großen ostdeutschen Sparkassen (Gruppe 1) im demographischen Benchmarkszenario I eine prognostizierte Entwicklung der Kundenbasis bis 2020, die in Abbildung 22 zusammenfassend dargestellt ist.

Für vier von fünf Sparkassen der Gruppe 1 mit moderaten bzw. relativ guten demographischen Perspektiven sind sinkende Kundenzahlen zu beobachten. Über den Prognosezeitraum ergibt sich für die westdeutschen Sparkassen 9 und 10 und die großen ostdeutschen Sparkassen 2 und 5 eine tendenziell ähnliche Entwicklung mit einem Kundenverlust bis 2020 im Bereich von -5,4% (Bank 9) bis -3,0% (Bank 2). Die große westdeutsche Sparkasse 11 stellt in diesem Rahmen ein Sonderfall dar. Für sie wird ein Zugewinn an Kunden in Höhe von 2,9% prognostiziert. Auffällig ist, dass für die westdeutschen Sparkassen 9 und 10 im Vergleich zu den ostdeutschen Banken 2 und 5 anfänglich eine leicht bessere Entwicklung zu beobachten ist. Im Zeitverlauf kehrt sich dieser Trend jedoch um, so dass sich die ostdeutschen Institute 2020 einem geringeren Kundenverlust gegenübersehen.

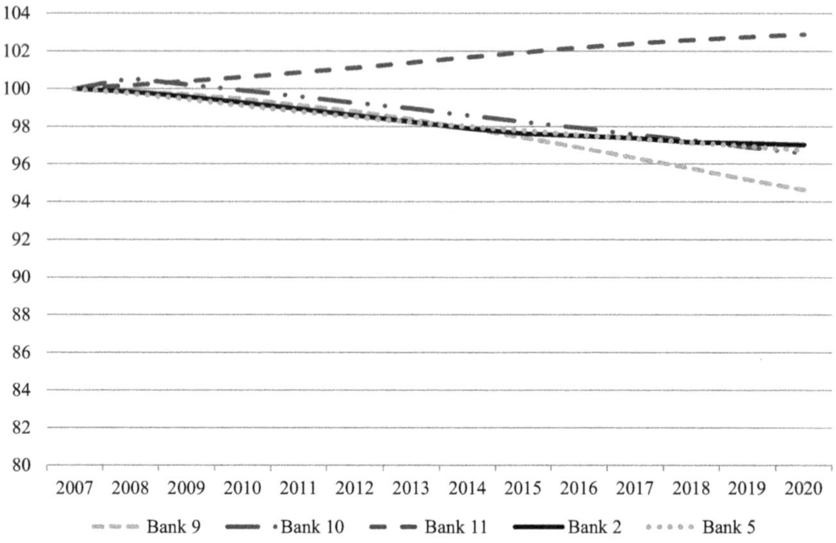

Abbildung 22: Kundenprognose für die westdeutschen und großen ostdeutschen Sparkassen (Szenario I, Geschäftsgebiet, 2007-2020); Quelle: eigene Darstellung

Dieser Effekt ist vermutlich auf die vergleichsweise höheren Marktanteile der ostdeutschen Institute bei den älteren Kunden zurückzuführen, die in diesem Szenario konstant gehalten werden. Da mit zunehmender Prognosedauer der Alterungsprozess der Bevölkerung und voranschreitet, mildert das den Potenzialeffekt einer schrumpfenden Bevölkerung. Das gute Ergebnis der Sparkasse 11 ist auf zwei Tatsachen zurückzuführen. Zum ist die Sparkasse in einem Geschäftsgebiet tätig, das über die günstigste demographische Prognose mit einer Bevölkerungszunahme von 1,1% (2007-2020) verfügt. Zum andern besitzt die Sparkasse eine starke Marktposition bei den älteren Kunden. Der positive Potenzialeffekt einer wachsenden Bevölkerung und die Effekte der Alterung in Kombination mit vergleichsweise hohen Ausschöpfungsquoten sorgen für eine Entwicklung der Kundenbasis, die sich von den restlichen Instituten deutlich abhebt.

Erscheinen die Ergebnisse für die Gruppe 1 mit einem maximalen Kundenverlust von 5,4% als nicht sehr gravierend, so stellt sich die Situation für die kleineren ostdeutschen Institute bereits in Szenario I wesentlich dramatischer dar. Wie Abbildung 23 illustriert, ergibt sich eine erheblich schlechtere Kundenprognose, die maßgeblich auf die schlechteren demographischen Perspektiven, d.h. insbesondere auf die zu erwartenden Schrumpfungsprozesse zurückgeführt werden muss. Die stärkere Alterung dürfte dagegen eher dämpfend auf den Kundenverlust wirken.

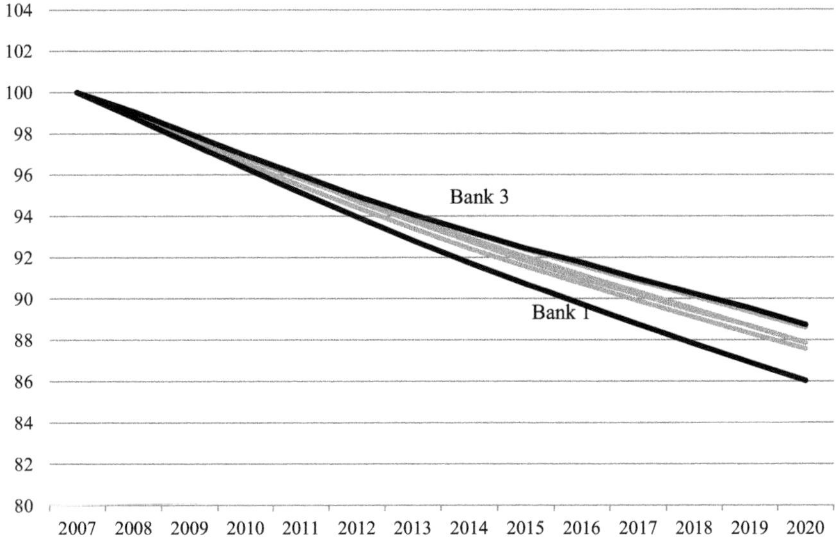

Abbildung 23: Kundenprognose für kleine und mittlere ostdeutsche Sparkassen (Szenario I, Geschäftsgebiet, 2007-2020); Quelle: eigene Darstellung

Bei der Betrachtung der Gruppe 2 der kleinen und mittleren ostdeutschen Sparkassen ist eine verhältnismäßig große Homogenität festzustellen. Es ergeben sich für alle Institute stetig sinkende Kundenzahlen. Der Korridor der Entwicklung über den Prognosehorizont wird dabei von der Bank 1 mit der schlechtesten (-14,0%) und der Bank 3 mit der besten Entwicklung innerhalb dieser Gruppe gebildet (-11,2%).

7.1.4.2 Szenario II: Demographie und Wettbewerb

Bereits im rein demographischen Szenario I sehen sich die Sparkassen einem teilweise erheblichen Kundenverlust von bis zu 14,0% gegenüber. In Szenario II zeigt sich, dass die Abschmelzung der Marktausschöpfung diesen Prozess noch erheblich verstärkt. Kann die derzeitige Marktausschöpfung bei den älteren Kunden nicht gehalten werden, sinken die erwarteten Kundenzahlen noch deutlicher. Abbildung 24 illustriert diesen Prozess für die Gruppe der großen ostdeutschen und der westdeutschen Sparkassen.

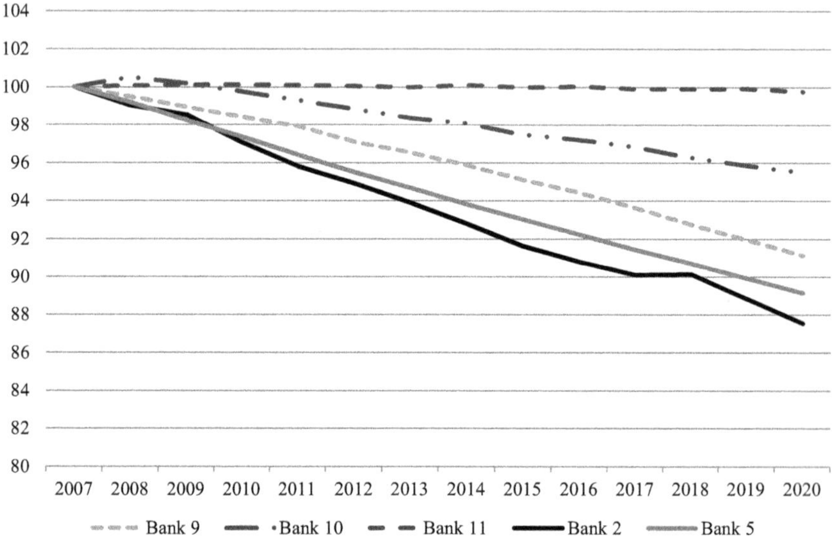

Abbildung 24: Kundenprognose für die westdeutschen und großen ostdeutschen Sparkassen (Szenario II, Geschäftsgebiet, 2007-2020); Quelle: eigene Darstellung

Die Modellierung einer sich abschwächenden Wettbewerbsposition bei den älteren Kunden führt jetzt auch bei Sparkasse 11 zu einem erwarteten Kundenverlust, der jedoch mit 0,3% marginal ausfällt. Der Einfluss der hohen Marktanteile manifestiert sich noch klarer, wenn man die ostdeutschen Institute betrachtet, die jetzt deutlich hinter ihre westdeutschen Partnerinstitute zurückfallen. Die schlechteste Entwicklung weist jetzt die Bank 2 mit einem Kundenverlust von -12,5% auf, der damit ungefähr im Rahmen der kleinen ostdeutschen Institute in Szenario I liegt. Für Bank 5 werden nun ebenfalls erhebliche Kundenverluste vorhergesagt, die mit -10,8% ebenfalls in dieser Dimension liegen. Die westdeutsche Bank 10 verliert im Vergleich zu Szenario I am wenigsten Kunden (-4,5% im Szenario II zu –3,4% im Szenario I), da sie bereits heute über keine herausgehobene Markstellung bei den älteren Kunden verfügt. Größere Effekte durch die Abschmelzung der Marktausschöpfung sind hier deshalb nicht zu erwarten. Gleiches gilt in abgeschwächter Form für die westdeutsche Bank 9, für die im Vergleich zu Szenario I ebenfalls nur kleinere zusätzliche Kundenverluste prognostiziert werden (-8,9% im Szenario II, -5,4% im Szenario I).

Nach der Analyse der absoluten Kundenentwicklung für die erste Untersuchungsgruppe wird in Abbildung 25 abschließend die Prognose für Szenario II der kleinen ostdeutschen Institute dargestellt.

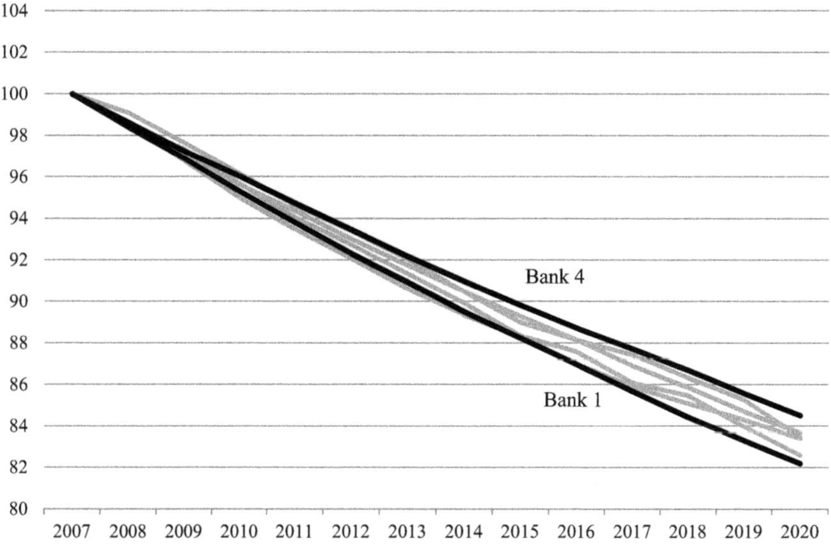

Abbildung 25: Kundenprognose für kleine und mittlere ostdeutsche Sparkassen (Szenario II, Geschäftsgebiet, 2007-2020); Quelle: eigene Darstellung

Analog zu Szenario I ist bei den kleineren ostdeutschen Banken in Szenario II eine sehr homogene Entwicklung mit stetig sinkenden Kundenzahlen zu beobachten. Wie zu erwarten, verschärft sich jedoch bei allen Instituten der Kundenverlust durch die Modellierung einer realistischeren Wettbewerbssituation erheblich. Bis 2020 liegen die prognostizierten Werte zwischen –17,8% bei Bank 1, die auch hier über die schlechtesten Aussichten verfügt und Bank 4 mit einem Verlust von -15,5%.

7.1.4.3 Ergebnisübersicht

Tabelle 16 fasst die Ergebnisse für die Sparkassen 1 bis 11 hinsichtlich der Entwicklung der Kundenzahlen im Zeitraum 2007 bis 2020 zusammen und stellt sie der demographischen Dynamik im Geschäftsgebiet hinsichtlich der Faktoren Bevölkerungsveränderung, Veränderung Durchschnittsalter, Veränderung Altenkoeffizient gegenüber. Um den Einfluss der Szenarien auf die Entwicklung der Kundenzahlen zu verdeutlichen, wurde abschließend die Differenz der Kundenzahlen zwischen Szenario I und II im Jahr 2020 (im Verhältnis zur Kundenzahl im Referenzjahr 2006/2007) aufgenommen.[121]

Tabelle 16: Entwicklung des Kundenbestands und demographische Entwicklung (Szenarien I und II, Geschäftsgebiet, 2007-2020); Quelle: eigene Darstellung

	Demographische Entwicklung*			**Entwicklung Kundenzahl (in %)**		
	1	**2**	**3**	**Szenario I**	**Szenario II**	**Differenz** Szenario I/II**
Bank 1	--	--	--	-13,95	-17,81	-4,11
Bank 2	O	+	-	-2,96	-12,47	-11,38
Bank 3	--	-	--	-11,25	-17,41	-7,06
Bank 4	--	-	--	-12,16	-15,48	-3,44
Bank 5	-	O	-	-3,26	-10,84	-8,10
Bank 6	--	--	--	-12,14	-16,48	-5,69
Bank 7	--	-	--	-12,42	-16,62	-4,84
Bank 8	--	--	--	-11,41	-16,32	-5,16
Bank 9	-	O	+	-5,38	-8,87	-3,88
Bank 10	O	++	++	-3,44	-4,51	-1,06
Bank 11	++	++	++	2,88	-0,25	-3,13

* 1:Veränderung Bevölkerung; 2: Veränderung Durchschnittsalter; 3:Veränderung Altenquotient.

** Differenz der Kundenzahl zwischen Szenario I und Szenario II im Verhältnis zur Kundenzahl im Basisjahr.

---

121 Diese Vorgehensweise wurde gewählt, da die Kundenzahl im Referenzjahr in beiden Szenarien identisch ist und somit die Berechnungsbasis vereinheitlicht werden kann.

Zwischen der Bevölkerungsentwicklung und der Kundenentwicklung besteht ein enger Zusammenhang, der sich sichtbar in den erwarteten Kundenzahlen niederschlägt. Betrachtet man die Differenzen zwischen Szenario I und Szenario II wird deutlich, dass nicht nur die absolute Veränderung der Bevölkerung eine Rolle spielt, sondern auch die zukünftige Altersstruktur und die Annahmen über die zukünftige Wettbewerbssituation sich deutlich in den zukünftigen Kundenzahlen bemerkbar machen. Dies zeigt sich insbesondere bei der großen ostdeutschen Sparkasse 2, die gegenüber Szenario I in Szenario II bei einer relativ guten Bevölkerungsentwicklung wegen der langsamen Alterung und den relativ hohen Marktanteilen bei älteren Kunden im Vergleich zur strukturell ähnlichen Sparkasse 5 deutlich an Kunden verliert.

Insgesamt stellt sich die Situation in Ost- und Westdeutschland für die kleineren Sparkassen, die zumindest teilweise im ländlicheren Raum tätig sind, gravierender dar als für die großen Sparkassen 2, 5 und 11. Für die westdeutschen Institute ergeben sich wegen der besseren demographischen Perspektiven Entwicklungen der Kundenzahlen, die selbst bei der schlechtesten Bank 9 noch beherrschbar scheinen. Bei den ostdeutschen Instituten drohen dagegen substantielle Kundenverluste, die erhebliche Auswirkungen auf das Privatkundengeschäft und dessen Ertragskraft haben dürften.

7.1.5 Prognose der Kundenstruktur

Mit Hilfe des vorliegenden Ansatzes können jedoch nicht nur Veränderungen der absoluten Kundenzahlen in einer Region prognostiziert werden, sondern es ergeben sich aus dem Modell automatisch auch Informationen über die Veränderung der Altersstruktur der Kunden in den beiden Szenarien. Exemplarisch ist in Abbildung 26 die Altersstruktur der Kunden für die Bank 1 zu den Zeitpunkten 2006 und 2020 (im Szenario I) abgebildet. Deutlich wird dabei, dass neben dem Potenzialeffekt (Schrumpfung der Kundenbasis), der in Abschnitt 7.1.4 dargestellt wurde, auch eine deutliche Alterung der Kunden festzustellen ist. So steigt beispielsweise das Durchschnittsalter im vorliegenden Fall von 47,3 Jahren (2006) auf 52,4 Jahre (2020) an.

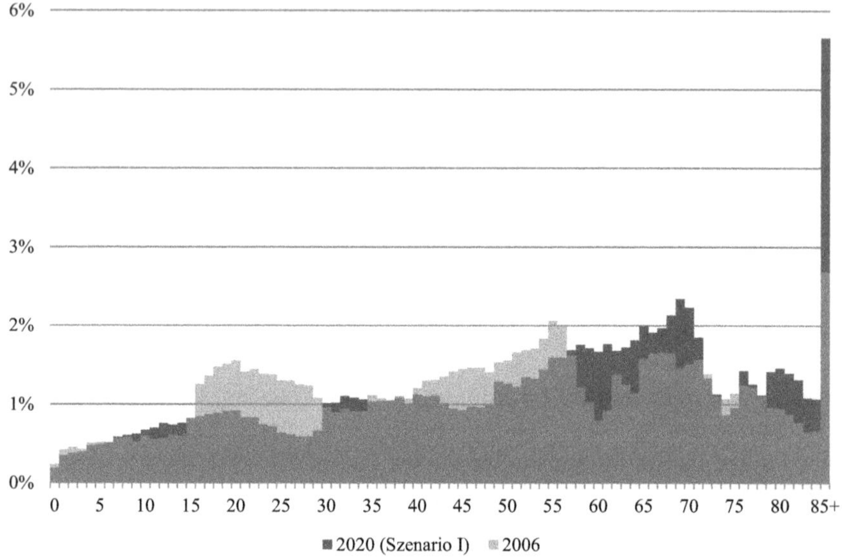

Abbildung 26: Altersstruktur der Kunden 2006 und 2020 (Szenario 1) für Bank 1; Quelle: eigene Darstellung

Die für Bank 1 exemplarisch festgestellte Änderung der Altersstruktur ist in abgeschwächter Form bei nahezu allen untersuchten Banken zu beobachten. Wie Tabelle 17 belegt, steigt das Durchschnittsalter der Kunden bis 2020 bei allen untersuchten Sparkassen z.T. erheblich an.

Das Durchschnittsalter der Kunden im Ausgangsjahr ist zwangsläufig verhältnismäßig stark mit dem Durchschnittsalter der Bevölkerung in den zugehörigen Geschäftsgebieten korreliert, liegt aber mit Ausnahme von Bank 7 und Bank 10 bei allen Sparkassen z.T. erheblich über den korrespondierenden Werten der Bevölkerung.[122] Im Durchschnitt der ostdeutschen Sparkassen (Summe aller Kunden in den Altersklassen 0 bis 85+ dividiert durch das entsprechende Marktpotential) ergibt sich dabei ein Wert von 48 Jahren. Die Kundenbasis der westdeutschen Sparkassen ist dagegen schon im Basisjahr wesentlich jünger. Hier ergibt sich ein Mittelwert, der mit 44,6 Jahren über 3,5 Jahre darunter liegt.

122 Das genaue Durchschnittsalter kann nicht dargestellt werden, da Rückschlüsse auf die beteiligten Sparkassen und deren Geschäftsgebiete möglich sind.

Tabelle 17: Durchschnittsalter der Kunden 2006/2007 und 2020 (Szenarien I und II, Geschäftsgebiet); Quelle: eigene Darstellung

	Durchschnittsalter*			**Veränderung Durchschnittsalter*****	
	2006 (2007)**	**2020 (Szenario I)**	**2020 (Szenario II)**	**Szenario I**	**Szenario II**
Bank 1	47,3	52,4	51,4	5,1	4,2
Bank 2	48,5	52,7	50,7	4,2	2,3
Bank 3	48,2	53,1	51,8	4,9	3,5
Bank 4	46,7	51,3	50,6	4,6	3,9
Bank 5	48,1	52,2	51,4	4,1	3,2
Bank 6	47,1	52,5	50,9	5,4	3,9
Bank 7	44,9	50,3	47,6	5,4	2,7
Bank 8	48,5	53,4	52,8	4,9	4,3
Bank 9	46,6	49,8	48,7	3,2	2,2
Bank 10	41,1	43,7	43,5	2,6	2,5
Bank 11	44,9	47,3	46,6	2,3	1,6
Ø Ost	**48,0**	**52,5**	**51,2**	**4,4**	**3,1**
Ø West	**44,6**	**47,1**	**46,4**	**2,5**	**1,8**

* Für die Altersklasse 85+ wurde bei der Berechnung ein Alter von 85 angesetzt. Dies führt zu einer leichten Unterschätzung des Durchschnittsalters.

** Bei drei Sparkassen basieren die Berechnungen auf Kundendaten zum Jahrsende 2007.

*** Abweichungen durch Rundungsdifferenzen.

Betrachtet man die prognostizierte Kundenbasis im Jahr 2020, so zeigen sich deutlich die Konsequenzen der demographischen Prozesse in den Geschäftsgebieten. Die in der Regel älteren Kunden der ostdeutschen Sparkassen altern im Durchschnitt wesentlich schneller als die Kunden der westdeutschen Institute. Ist im Mittel für die ostdeutschen Institute mit einem Anstieg des Durchschnittsalters von ca. 4,5 Jahren im Szenario I und 3 Jahren im Szenario II zu rechnen, liegen die Werte mit 2,5 Jahren (Szenario I) und knapp 2 Jahren (Szenario II) im westdeutschen Durchschnitt erheblich darunter. Der geringere Anstieg des Durchschnittsalters in Szenario II ergibt sich dabei aus der Reduktion der Ausschöpfungsquoten bei den älteren Kunden. Die stärksten Alterungsprozesse verzeichnen Bank 6 und 7 (Szenario I) bzw. Bank 1 (Szenario II) mit einem Anstieg des Durchschnittsalters von 5,4 bzw. 4,2 Jahren.

Wie bei der Analyse der Bevölkerungsprognosen in Abschnitt 5.2 wird deutlich, dass „Schrumpfung“ hoch korreliert mit „Alterung“ ist, d.h. Sparkassen mit sinkenden Kundenzahlen müssen in der Regel auch stärkere Alterungsprozesse bei ihren Kunden berücksichtigen. Konsequenterweise verfügt die Sparkasse 11 aufgrund der günstigen demographischen Dynamik wie bei der Prognose der Kundenzahlen über die besten Perspektiven mit dem geringsten Anstieg des Durchschnittsalters von lediglich 2,5 bzw.1,8 Jahren.

Analog zur Darstellung der demographischen Situation in den Geschäftsgebieten (Abschnitt 5.2.3.2) wird abschließend der Altenkoeffizient, betrachtet, um die Analyse der Altersstruktur der zukünftigen Kundenbasis abzurunden. Tabelle 18 gibt eine Übersicht der entsprechenden Quotienten für die elf Sparkassen in den beiden Szenarien und fasst die Veränderung bis zum Ende des Vorhersagehorizonts zusammen.

Bei der Betrachtung des Altenkoeffizienten finden sich die bereits bei der Analyse des Durchschnittsalters festgestellten Tendenzen wieder. Die ostdeutschen Institute verfügen in der Ausgangssituation über ältere Kunden, der Quotient liegt hier zwischen 0,4247 (Bank 7) und 0,4919 (Bank 8) gegenüber Werten im Westen zwischen 0,3348 (Bank 11) und 0,4247 (Bank 9). Im Durchschnitt kommt im Osten auf zwei Kunden im erwerbsfähigen Alter[123] ungefähr ein Kunde im Ruhestand (0,4730). Im Westen ergibt sich dagegen in etwa ein Verhältnis Drei zu Eins.

Im Osten ergeben sich zudem deutlich stärkere Alterungsprozesse der Kundenbasis, die demographisch dominiert sind und durch die Marktausschöpfungsstruktur zusätzlich befördert werden. Der Altenkoeffizient steigt deutlich auf 0,6431 bzw. 0,6029 an. Im Westen ergibt sich im Mittel aufgrund der wesentlich langsameren Alterung, die sich auch im Durchschnittsalter manifestiert, lediglich ein geringer Anstieg auf 0,3982 (Szenario I) bzw. 0,3785 (Szenario II).

Die Extrema sind in Szenario I bei den Sparkassen 3 (0,7402) und 10 (0,3762) sowie in Szenario II bei Bank 8 (0,7001) und Bank 11 (0,3678) zu beobachten. Hier schlägt sich die Heterogenität der demographischen Entwicklung in den einzelnen Regionen, insbesondere zwischen den ost- und westdeutschen Instituten, deutlich nieder. Diese Heterogenität wird durch die unterschiedliche

---

123 Die hier verwendete Definition (Alter 19 bis 64 Jahre) deckt sich nicht exakt mit der offizieller Statistiken, z.B. des Statistischen Bundesamtes, die als Bevölkerung im erwerbsfähigen Alter in der Regel die Altersgruppen 15 bis unter 65 Jahren heranziehen.

Wettbewerbssituation der Sparkassen in den Geschäftsgebieten in Zukunft nochmals verstärkt und führt hinsichtlich der Altersstruktur zu einer extrem divergierenden Entwicklung.

Tabelle 18: Altenkoeffizient der Kundenbasis 2006/2007 und 2020 (Szenarien I und II, Geschäftsgebiet); Quelle: eigene Darstellung

	Altenkoeffizient			**Veränderung Altenkoeffizient**	
	2006 (2007)*	**2020 (Szenario I)**	**2020 (Szenario II)**	**Szenario I**	**Szenario II**
Bank 1	0,4589	0,7072	0,6634	0,2483	0,2045
Bank 2	0,4904	0,6495	0,5792	0,1592	0,0889
Bank 3	0,4885	0,7402	0,6982	0,2518	0,2097
Bank 4	0,4557	0,6288	0,6134	0,1731	0,1576
Bank 5	0,4568	0,5888	0,5790	0,1320	0,1222
Bank 6	0,4590	0,6849	0,6251	0,2259	0,1661
Bank 7	0,4247	0,6535	0,4972	0,2288	0,0724
Bank 8	0,4919	0,7016	0,7001	0,2096	0,2081
Bank 9	0,4247	0,4826	0,4243	0,0579	-0,0004
Bank 10	0,3584	0,3762	0,3809	0,0178	0,0225
Bank 11	0,3348	0,3842	0,3678	0,0493	0,0330
Ø Ost	**0,4730**	**0,6431**	**0,6029**	**0,1701**	**0,1299**
Ø West	**0,3523**	**0,3982**	**0,3785**	**0,0458**	**0,0262**

* Bei drei Sparkassen basieren die Berechnungen auf Kundendaten zum Jahrsende 2007.

7.2 Hochrechnung für Deutschland auf NUTS II-Ebene bis 2025

7.2.1 Methodische Vorgehensweise

Im zweiten Teil der Kundenprognose werden die Ergebnisse für die einzelnen Sparkassen genutzt, um eine Hochrechnung für Deutschland auf NUTS II-Ebene durchzuführen. Die Kundenprognose wird dabei mit Hilfe der in Abschnitt 7.1.1 charakterisierten Methode vorgenommen, d.h. Ermittlung der regionalen Ist-Marktausschöpfung für die 86 Altersklassen (0-85+), Prognose der Marktausschöpfung in den beiden bekannten Szenarien und Ableitung der Kundenprognose durch Kombination von Bevölkerungsvorausberechnung und zukünftiger Marktausschöpfung. Im Unterschied zur Prognose auf Sparkassenebene werden jetzt jedoch 39 fiktive Sparkassen betrachtet, die als Geschäftsgebiet die 39 deutschen NUTS II-Regionen besitzen und deren Charakteristika aus den Eigenschaften der Sparkassen im Untersuchungssample konstruiert werden. Durch die Verwendung der Bevölkerungsprognose des BBR (siehe Abschnitt 5.2.4) verlängert sich zudem der Prognosezeitraum bis zum Ende des Jahres 2025.

7.2.2 Analyse der Marktausschöpfung zum Ende des Referenzjahres

Um im ersten Schritt die Wettbewerbssituation der fiktiven Sparkassen zum Ende des Ausgangsjahres 2006[124] zu modellieren, werden die im Referenzjahr beobachteten Kundenzahlen der elf realen Sparkassen genutzt. Aufgrund der unterschiedlichen, historisch bedingten Wettbewerbssituation der ost- und westdeutschen Sparkassen, die sich auch in der Analyse der Marktausschöpfung auf Sparkassenebene zeigt, wird hierbei ebenfalls nach ost- und westdeutschen Instituten unterschieden. Die Marktausschöpfungsstruktur „West“, die den westdeutschen NUTS II-Sparkassen zugewiesen wird, ergibt sich dabei aus der durchschnittlichen Marktausschöpfung der drei westdeutschen Sparkassen. Für ostdeutsche Regionen wird ein Durchschnitt aus den Quoten der ostdeutschen Sparkassen 1 bis 8 ermittelt (Profil „Ost“). Hierzu werden die Kundenzahlen der

---

124 Als Basisjahr bzw. Referenzzeitpunkt der Hochrechnung für Deutschland wurde der 31.12.2006 gewählt, da die Mehrzahl der beobachteten Daten zu diesem Zeitpunkt erhoben wurde.

jeweils relevanten Sparkassen in jeder Altersklasse in ihren Geschäftsgebieten addiert und durch das korrespondierende Marktpotential, d.h. die zugehörige Bevölkerung dividiert. Abbildung 27 fasst die sich ergebenden durchschnittlichen Quoten in den einzelnen Altersklassen für ost- und westdeutsche Sparkassen zusammen.

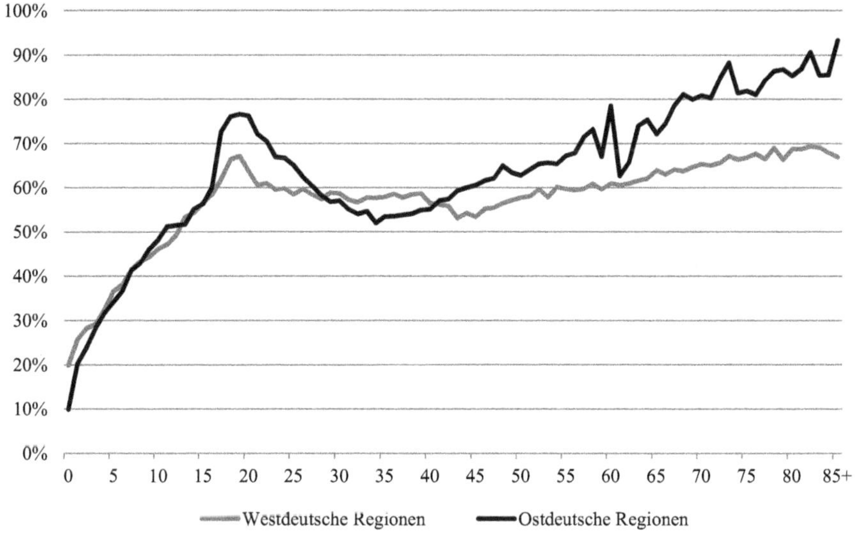

Abbildung 27: Durchschnittliche Marktausschöpfung ost-/westdeutsche Sparkassen (Referenzjahr 2006/2007); Quelle: eigene Darstellung

Hinsichtlich der durchschnittlichen Marktausschöpfung zeigt sich sowohl für Ost- als auch für Westdeutschland ein U-förmiger Verlauf über den Lebenszyklus. Wie auf Basis der Analyse auf Sparkassenebene zu erwarten, ergibt sich im Osten insbesondere bei den Kunden über 40 und bei den Kunden zwischen 16 und 28 Jahren eine bessere Marktposition mit z.T. deutlich höheren Anteilen. Bei den jungen Kunden unter 16 Jahren sind dagegen ähnliche Quoten zu beobachten. Die den 31 westdeutschen und den 8 ostdeutschen Instituten zu Grunde liegenden Marktausschöpfungsprofile „West" bzw. „Ost" bilden im Anschluss die Grundlage für die Modellierung der zukünftigen Wettbewerbssituation der fiktiven Sparkassen in den ost- und westdeutschen NUTS II-Regionen.

7.2.3 Prognose der Kundenentwicklung bis 2025

Zur Prognose der Kundenbasis in den 31 westdeutschen und den 8 ostdeutschen Sparkassen werden im nächsten Schritt Annahmen über die Entwicklung der zukünftigen Marktausschöpfung benötigt. Ebenso wie bei der Analyse auf Sparkassenebene werden hierfür im Folgenden zwei Szenarien für die Modellierung der zukünftigen Wettbewerbssituation herangezogen. Dies ist zum einen das in Abschnitt 7.1.3.1 charakterisierte Szenario I mit einem konstanten Marktausschöpfungsprofil über den Prognosezeitraum 2007 bis 2025. Zum Andern wird das aus Abschnitt 7.1.3.2 bekannte Szenario II genutzt, um ein realistischeres Abbild der zu erwartenden Marktstellung zu erhalten und die hohen Quoten bei den älteren Kunden sukzessive abzuschmelzen.

Für jedes der 39 Institute wird eine separate Analyse für das Geschäftsgebiet vorgenommen. Im Unterschied zu den bereits durchgeführten Analysen sind die kleinsten Untersuchungseinheiten jetzt nicht die Kreise des Geschäftsgebiets, sondern es werden Prognosen für die 86 Altersklassen der korrespondierenden NUTS II-Regionen abgeleitet. Formal gesprochen wird dabei, wie in Abschnitt 7.1.1 erläutert, die Marktausschöpfungsmatrix **M** mit der Bevölkerungsmatrix **B** elementweise multipliziert:

$$\mathbf{K}_{\alpha \times t} = \mathbf{B}_{\alpha \times t} \odot \mathbf{M}_{\alpha \times t} \tag{8}$$

B enthält dabei die zukünftigen Bevölkerungszahlen jeder Altersklasse in der betrachteten NUTS II-Region. Die Matrix **M** wird, je nachdem ob es sich um eine ost- oder westdeutsche Sparkasse handelt, für jedes Szenario gemäß dem beschriebenen Vorgehen mit Hilfe der in Abschnitt 7.2.2 ermittelten durchschnittlichen Quoten konstruiert. Es ergibt sich die Matrix **K,** die für jedes Prognosejahr und jede Altersklasse die zukünftigen Kundenzahlen enthält. Die Matrizen haben dabei die Dimension $\boldsymbol{\alpha}$ x **t**, wobei **t,** die Länge des Prognosehorizonts in Jahren, jetzt durch **t** = 19 (2007 bis 2025) gegeben ist. $\boldsymbol{\alpha}$, die Anzahl der Altersgruppen, ändert sich im Vergleich zur Analyse auf Sparkassenebene dagegen nicht ($\boldsymbol{\alpha}$ = 86).

Das in Szenario II unterstellte Abschmelzen der Marktposition bei den älteren Kunden macht sich insbesondere in den ostdeutschen Gebieten deutlich bemerkbar. Durch den stärkeren Alterungsprozess und die höheren Marktanteile in diesem Segment (vgl. Abschnitte 5.2.4.2 und 7.2.2) verlieren jetzt alle fiktiven Sparkassen in diesen Regionen im Vergleich zu Szenario I nochmals deutlich an Kunden. Dies führt nun auch zu erheblichen Kundenverlusten in den beiden brandenburgischen Regionen des Berliner Umlands von 13,1 (Brandenburg-Nordost) bzw. 13,9% (Brandenburg-Südwest). Die übrigen Regionen verzeichnen bis 2025 einen besorgniserregenden Rückgang der Kundenzahlen im Bereich von 19,1% (Leipzig) bis zu 26,1% in Sachsen Anhalt, das wie in Szenario I über die ungünstigste Kundenprognose verfügt. Für die westdeutschen Regionen ist Modellierung der Wettbewerbsposition in Szenario II weniger relevant und hat wesentlich geringere Konsequenzen für die prognostizierte Kundenentwicklung. Alle Regionen verzeichnen zwar Kundenverluste im Vergleich zu Szenario I, so dass jetzt bereits für 21 der 31 westdeutschen Regionen ein Rückgang der Kundenzahlen prognostiziert wird, jedoch bleibt die Entwicklung der Kundenbasis bis 2025 für die meisten Regionen recht stabil. Auffällig hohe erwartete Verluste sind im Westen in den bereits in Szenario I identifizierten Regionen festzustellen: Saarland (-10,1%), Arnsberg (7,9%), sowie die ehemaligen innerdeutschen Grenzregionen Oberfranken (-9,0%), Braunschweig (-9,2%) und Kassel (-8,8%). Die beste Entwicklung ist wie in Szenario I in Oberbayern mit einem Zugewinn von 6,4% zu beobachten.

Insgesamt ergibt sich auch in Szenario II zwangsläufig eine starke Korrelation mit der demographischen Entwicklung, die jedoch geringer als in Szenario I ausfällt. Im Gegensatz zum Benchmark-Szenario I ist jetzt in allen Regionen mit einer im Vergleich zur Bevölkerungsentwicklung unvorteilhafteren Kundendynamik zu rechnen. Bis auf die beiden brandenburgischen Regionen ergeben sich dabei aber keine auffälligen Änderungen in der Rangordnung, d.h. der relativen Position der Regionen.

7.2.3.2.2 Ergebnisse für den Sparkassensektor in Deutschland

Analog zur Vorgehensweise in Szenario I können auch im realistischeren Szenario II die regionalen Teilergebnisse zusammengefasst werden, um Aussagen für die Aggregate West-/ Ost- und Gesamtdeutschland zu erhalten. Die Entwicklung über den Prognosehorizont ist in Abbildung 31 abgetragen.

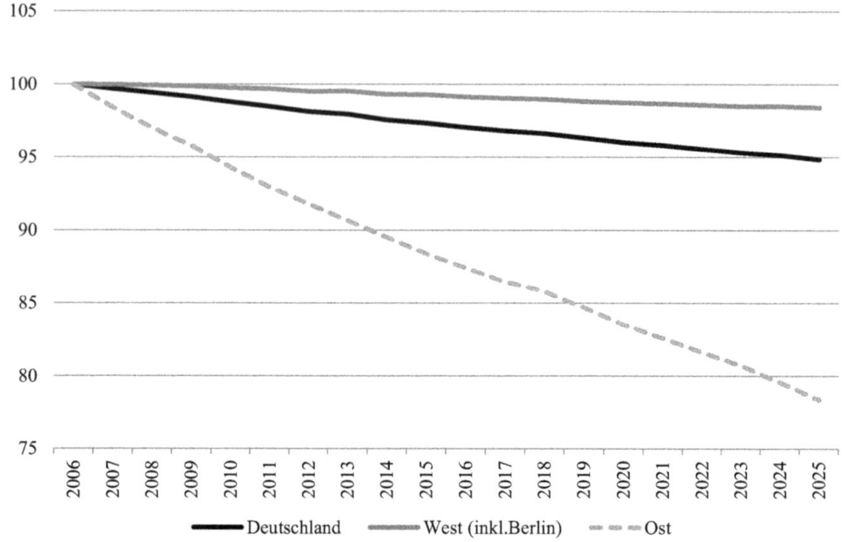

Abbildung 31: Kundenentwicklung 2006-2025 im Szenario II (Aggregate, jährliche Ergebnisse, 2006 = 100); Quelle: eigene Darstellung

Durch die berücksichtigten Marktausschöpfungsverschiebungen in Szenario II müssen nun auch die westdeutschen Institute insgesamt mit einem Schrumpfen der Kundenbasis rechnen. Bis zum Jahr 2025 wird ein Rückgang um 1,6% prognostiziert. Wesentlich dramatischer stellt sich die Lage in Ostdeutschland dar. Hier führt der Abbau der guten Marktposition bei den älteren Kunden im Zusammenspiel mit den schlechteren demographischen Perspektiven zu drastischen Kundenverlusten in Höhe von 21,6%, d.h. hier bricht ein gutes Fünftel der Kundenbasis weg. Durch Kombination der beiden extrem auseinanderfallenden Entwicklungen ergibt für den Sparkassensektor in Deutschland durch das wesentlich größere Gewicht der westdeutschen Institute lediglich ein moderater Kundenverlust von 5,2%.

Im Vergleich zu Szenario I schlägt sich das Abschmelzen der Marktausschöpfung in Szenario II in Westdeutschland nicht so deutlich in der prognostizierten Kundenentwicklung nieder wie in Ostdeutschland, wo erhebliche zusätzliche Kundenverluste resultieren. Wie in der Analyse auf Sparkassenebene und der NUTS II-Regionen angedeutet, resultiert dieser Effekt vermutlich aus den stärkeren Alterungsprozessen in den ostdeutschen Regionen. Da zum einen

Die ostdeutsche Region mit der günstigsten Entwicklung hinsichtlich des Anstiegs des Durchschnittsalters (Leipzig; +5,0 Jahre) liegt oberhalb der westdeutschen Region mit der stärksten Alterungsdynamik (Unterfranken; +4,6 Jahre). Neben der demographischen Komponente wirkt hier die unterstellte Marktausschöpfungsstruktur Ost/West zusätzlich separierend, d.h. verstärkt die Unterschiede zwischen den Regionen.

Da in Szenario II die hierfür verantwortlichen hohen Quoten in den älteren Kundensegmenten sukzessive reduziert werden, löst sich die klare Separierung zwischen ost- und westdeutschen Regionen in Szenario II auf. So sind in den sächsischen Bezirken jetzt nur noch moderate Werte zu beobachten, die sich nicht von der Entwicklung in Westdeutschland abheben. Insgesamt schlägt sich das Abschmelzen der guten Markstellung bei den älteren Kunden in Szenario II in einem niedrigeren Anstieg des Durchschnittsalters nieder, die Alterung der Kundenbasis verläuft im Vergleich zur Bevölkerung unterproportional. Den geringsten Anstieg weisen die Stadtstaaten Bremen (+0,82 Jahre) in Szenario I und Hamburg (+1,68 Jahre) in Szenario II auf. Die stärkste Alterung ist in Mecklenburg-Vorpommern (Szenario I: +7,7 Jahre; Szenario II: +5,8 Jahre) festzustellen.

Um die Untersuchung der zukünftigen Kundenaltersstruktur zu vervollständigen, wird wie bei der Analyse auf Sparkassenebene neben dem Durchschnittsalter auch die Entwicklung des Altenkoeffizienten zwischen dem Basis- und dem Endjahr 2025 betrachtet. Zur Einordnung der Ergebnisse wird die resultierende Veränderung für die Kundenbasis in den beiden Szenarien in Abbildung 33 auch hier der entsprechenden Veränderung innerhalb der Bevölkerung gegenübergestellt.

Wie erwartet werden kann, ergeben sich im Vergleich zur Analyse des Durchschnittsalters bei der Untersuchung der Altenkoeffizienten qualitativ ähnliche Aussagen zu den Alterungsprozessen in den Regionen. So ist hinsichtlich der Veränderung der Altenkoeffizienten in Szenario I ebenfalls eine klare Separierung zwischen ost- und westdeutschen Regionen erkennbar, die sich auch in der Bevölkerungsstruktur wiederfindet. Wie bei der Entwicklung des Durchschnittsalters ergibt sich für alle Regionen ein Anstieg bis 2025, wobei der Zuwachs in der „besten“ Region Ostdeutschlands (Leipzig) mit +0,213 erheblich über dem Ergebnis der „schlechtesten“ westdeutschen Region (Unterfranken; +0,118) angesiedelt ist. Insgesamt liegen die entsprechenden Kennziffern im Westen sehr nah an den zugehörigen Ergebnissen für die Bevölkerung. Im Osten ist dagegen generell ein stärkerer Anstieg der Koeffizienten zu beobachten. Verantwortlich für diese bereits aus der obigen Analyse bekannten Fakten dürften die unterschiedlichen Markausschöpfungsprofile in Ost und West sein. Die beste Entwicklung ergibt sich in Hamburg (+0,019), die größte Veränderung des Altenkoeffizienten resultiert in Mecklenburg-Vorpommern mit +0,347, das auch nach diesem Kriterium der stärksten Alterungsdynamik ausgesetzt ist.

Auch in Szenario II bestätigen sich die Tendenzen aus der Analyse des Durchschnittsalters. Die durch den Anstieg des Altenkoeffizienten abgebildeten Alterungsprozesse der Kundenbasis sind im Vergleich zu Szenario I in allen Regionen z.T. deutlich abgemildert. In Relation zu den Kennziffern der Bevölkerung ergibt sich für die westdeutschen und die ostdeutschen Bezirke Leipzig und Dresden ein geringerer Anstieg des Altenkoeffizienten, in der Stadt Hamburg sinkt er im Vergleich zu 2006 sogar (-0,013). Die übrigen ostdeutschen Bezirke weisen selbst bei Abschmelzen der Marktausschöpfung bei den älteren Kunden eine überproportional starke Alterungsdynamik auf. Der größte Anstieg ergibt sich dabei für Mecklenburg Vorpommern mit +0,280.

Zu beachten ist, dass bestimmte demographische Prozesse durch die Veränderung des Altenkoeffizienten nicht vollkommen adäquat abbildbar sind. So sind die geringen Anstiege bei einigen westdeutschen Regionen darauf zurückzuführen, dass die Kundenbasis zwar altert (d.h. das Durchschnittsalter z.T. deutlich ansteigt), sich aber kundenstarke Segmente besonders in den Altersklassen zwischen 50 und 64 wiederfinden, so dass die existierende Alterungsdynamik durch den Altenkoeffizienten in diesen Fällen nicht eingefangen bzw. unterschätzt wird.

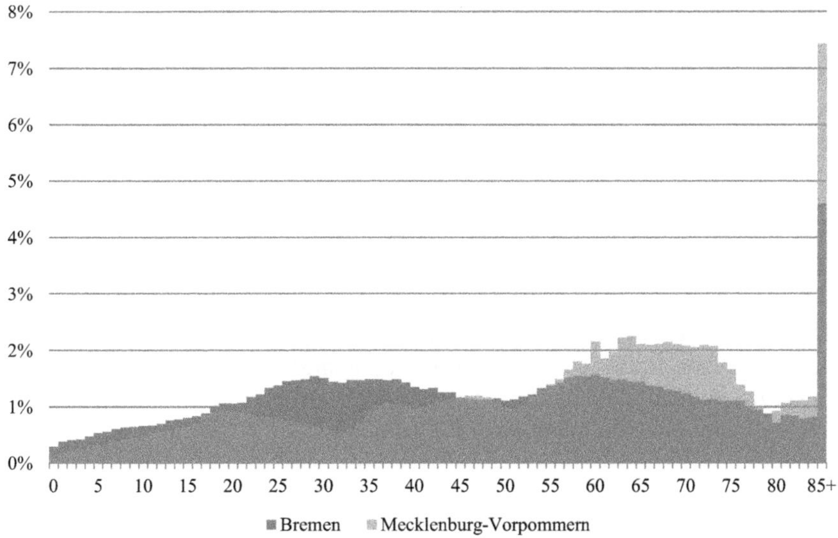

Abbildung 35: Altersstruktur der Kundenbasis für Bremen und Mecklenburg-Vorpommern zum Ende des Jahres 2025 (Anteil der Altersgruppen am Gesamtkundenbestand in %); Quelle: eigene Darstellung.

Zum Ausgangszeitpunkt zeigen sich noch keine gravierenden Unterschiede in der Kundenaltersstruktur. Das Durchschnittsalter in Bremen beträgt 45,1 Jahre gegenüber 46,8 Jahren in Mecklenburg-Vorpommern. Die zugehörigen Altenkoeffizienten weichen ebenfalls nicht sehr stark voneinander ab: 0,376 in Bremen gegenüber 0,418 in Mecklenburg-Vorpommern. In der Ausgangssituation ergeben sich in MV sogar höhere Anteile bei den jüngeren Kunden zwischen 16 und 22 Jahren. Zum Ende des Vorhersagezeitraums stellt sich diese Situation jedoch komplett anders dar. Während in Bremen die Kunden über die Altersgruppen relativ homogen verteilt sind, ergibt sich für MV eine Konzentration in den Altersklassen zwischen 55 und 75 Jahren. Die zu beobachtenden Strukturen schlagen sich deutlich im Durchschnittsalter (Bremen: 46,9 Jahre; Mecklenburg-Vorpommern: 54,5 Jahre) und den Altenkoeffizienten (Bremen: 0,384; Mecklenburg-Vorpommern: 0,698) nieder. Qualitativ ähnliche Ergebnisse lassen sich auch für Szenario II ableiten, wobei die Alterungsdynamik dort etwas abgeschwächt ist.

Die exemplarische Analyse für zwei Regionen verdeutlicht nochmals die Heterogenität und Varianz in der Entwicklung der Kundenaltersstruktur zwischen den Regionen, die sich in der Untersuchung des Durchschnittsalters und des Altenkoeffizienten bereits angedeutet hat. Diese Entwicklung wird dabei maßgeblich durch die Bevölkerungsprognose getrieben. Die zukünftige Wettbewerbssituation wirkt dabei wie eine Art Filter, der über die zugrunde liegende Bevölkerungsdynamik gelegt wird, wobei die grundsätzlichen Tendenzen in der Kundenprognose bei den verwendeten Szenarien erhalten bleiben. Weil Bevölkerungs- und Kundenentwicklung deshalb in der Regel eng korreliert sind, ist wie bei der Analyse der zukünftigen Bevölkerung festzustellen, dass Alterungsprozesse tendenziell mit Schrumpfungsprozessen einhergehen. Neben einer extrem heterogenen Entwicklung der absoluten Kundenbasis ergibt sich somit in den Regionen auch eine stark variierende Altersstruktur, die, wie erläutert, für die Ertragsprognose von erheblicher Bedeutung ist.

8 Prognose der Ertragsentwicklung

8.1 Untersuchung auf Sparkassenebene bis 2020

8.1.1 Methodische Vorüberlegungen

Im letzten Arbeitsschritt werden die Erkenntnisse der Regressionsanalyse (Abschnitt 6) und der Kundenprognose (Abschnitt 7) kombiniert, um Prognosen für die Ertragsentwicklung der einzelnen Sparkassen zu ermitteln. Ausgangspunkt der Ertragsprognose für die einzelnen Sparkassen ist dabei Generierung von repräsentativen Kunden für jede Altersklasse in jeder Untersuchungsregion, d.h. in jedem Kreis des Geschäftsgebiets. Angenommen wird dabei, dass diese repräsentativen Durchschnittskunden die Eigenschaften der jeweiligen regionalen Altersklasse, z.B. hinsichtlich Einkommen oder Anlage- und Kreditvolumina, adäquat abbilden. Für jeden repräsentativen Kunden kann dann anschließend ein zu erwartender Deckungsbeitrag ermittelt werden. Hierzu wird das in Abschnitt 6 vorgestellte Verfahren genutzt, das es erlaubt, den prognostizierten Deckungsbeitrag für einen fiktiven Sparkassenkunden zu ermitteln. Auf Basis der Regressionsergebnisse für die einzelnen Sparkassen kann so für jeden repräsentativen Kunden im Referenzjahr der erwartete Deckungsbeitrag II, wie dort exemplarisch gezeigt, berechnet werden.

Um den erwarteten Deckungsbeitrag eines repräsentativen Kunden berechnen zu können, müssen seine ertragsgenerierenden Charakteristika bekannt sein. Es handelt sich hierbei um diejenigen Variablen, die im Rahmen des ersten Arbeitsschritts mit Hilfe der Regressionsanalyse als signifikante Determinanten des DB II identifiziert wurden. Hierzu wird aus dem Datensatz für das Referenzjahr für jede Altersgruppe von 0 bis 85+ in jedem Kreis des Geschäftsgebiets der untersuchten Sparkasse die durchschnittliche Ausprägung der relevanten Variablen, also z.B. die durchschnittlichen Sichteinlagen der 25-Jährigen Bankkunden in einer bestimmten Region, berechnet.[126] Neben den durchschnittlichen Einkommens-, Anlage- und Kreditvolumina, werden dabei für die Eigenschaftsvariablen „Transfereinkommen" und „Girokonto" in jeder Region für die einzelnen Altersklassen durchschnittliche Transfereinkommensquoten bzw. Girokonten-

126 Durch die Beschränkung der Analyse auf die Kreise des Geschäftsgebiets ist sichergestellt, dass die zur Ermittlung der Durchschnittswerte herangezogenen Kundenzahlen in den einzelnen Altersklassen und Regionen ausreichend groß sind, um aussagekräftige Ergebnisse zu erzielen.

quoten ermittelt. Da in der Regel auch das Alter einen isolierten Effekt auf den Ertrag besitzt, müssen in den einzelnen Altersgruppen zusätzlich die Altersdummies berücksichtigt werden. Hier wird der mit der Altersklasse korrespondierende Altersdummy auf eins gesetzt, alle andern nehmen den Wert Null an. Sollten zusätzlich Wohnorteffekte eine Rolle spielen, d.h. entsprechende Wohnortdummies signifikant sein, wird allen repräsentativen Kunden, die im entsprechenden Kreis wohnen, für diese Variable eine 1 zugewiesen. Alle anderen Wohnortvariablen nehmen den Wert Null an. Im Ergebnis erhält man auf diesem Wege für jede Altersklasse und Region die repräsentativen Kunden mit ihren spezifischen Charakteristika.[127]

Sollte sich für eine Analyse die Dummyvariable D_sex als signifikant herausstellen, ist eine Unterscheidung nach Geschlecht notwendig. In diesem Fall müssen männliche und weibliche repräsentative Kunden kreiert werden, wobei für letztere zusätzlich die Dummyvariable Geschlecht auf den Wert 1 gesetzt wird.

Prognose der ertragsgenerierenden Eigenschaften

Die kundenspezifischen Ausprägungen der ertragsgenerierenden Eigenschaften sind lediglich für das Ausgangsjahr 2006 bzw. 2007 bekannt, nicht aber für die Prognosejahre 2007/2008 bis 2020. Um jedem repräsentativen Kunden auch für die Prognosejahre die Merkmale adäquat zuweisen und so den zu erwartenden DB II errechnen zu können, müssen für die Ertragsprognose Annahmen getroffen werden, wie sich diese Eigenschaften über den Lebenszyklus der repräsentativen Kunden entwickeln.

In Ermangelung besserer Informationen wird für den Untersuchungszeitraum angenommen, dass sich die ermittelten Eigenschaften der repräsentativen Kunden in jeder Altersklasse und Region nicht über den Prognosezeitraum verändern. So wird unterstellt, dass beispielsweise ein durchschnittlicher 25-Jähriger Kunde im Jahr 2020 bspw. eine identische Portfoliostruktur besitzt wie zum Ausgangszeitpunkt. Für die Entwicklung der Eigenschaften über den Lebenszyklus bedeutet diese Annahme, dass sich die durchschnittlichen Anlage- und Kreditvolumina im Längsschnitt so entwickeln, wie sich dies im Querschnitt des Basisjahres manifestiert.

---

127 Die Charakteristika der repräsentativen Kunden werden im Abschnitt 8.1.3 exemplarisch anhand von Bank 2 dargestellt.

Aus dem zweiten Arbeitsschritt, der Kundenprognose, ist zusätzlich für jedes Szenario bekannt, mit wie vielen Kunden in jeder Altersklasse in jeder Region des Geschäftsgebiets bis zum Jahr 2020 zu rechnen ist. Um den gesamten Deckungsbeitrag einer Sparkasse für ein beliebiges Prognosejahr zu errechnen, wird deshalb der DB II der repräsentativen Kunden für jede Altersklasse mit der Anzahl der in jedem Szenario zu erwartenden Kunden der Sparkassen multipliziert und über die Altersklassen aufsummiert.[128]

Formale Darstellung

Wie bei der Kundenprognose kann das Vorgehen bei der Ertragsprognose auch formal in Vektor- bzw. Matrixschreibweise dargestellt werden. Ausgangspunkte sind hierbei der Koeffizientenvektor $\vec{\mathbf{k}}$ und die Eigenschaftsmatrix **E**. Der Vektor $\vec{\mathbf{k}}$ enthält dabei die in der Regressionsanalyse ermittelten Koeffizienten mit einem Mindestsignifikanzniveau von 10%. Dementsprechend hat $\vec{\mathbf{k}}$ die Dimension 1 x $\mathfrak{e}$, wobei $\mathfrak{e}$ die Anzahl der signifikanten Koeffizienten beschreibt.

Die Eigenschaftsmatrix **E** beinhaltet die Ausprägungen der den (signifikanten) Koeffizienten zugehörigen Variablen, d.h. in **E** werden die zugehörigen Eigenschaften der repräsentativen Kunden für jede Altersklasse in jeder Untersuchungsregion zusammengefasst. Da unterstellt wird, dass sich die Eigenschaften der repräsentativen Kunden über den Lebenszyklus im Prognosezeitraum so verändern, wie im Querschnitt des Referenzjahres ermittelt, verändert sich die Eigenschaftsmatrix **E** nicht über den Prognosehorizont. Die Dimension der Matrix **E** ist gegeben durch die Anzahl der Kreise $\mathfrak{r}$, die Anzahl der Altersgruppen $\mathfrak{a}$ und die Anzahl der relevanten ertragsgenerierenden Koeffizienten $\mathfrak{e}$: $(\mathfrak{r} \cdot \mathfrak{a})$ x $\mathfrak{e}$. Besitzt das Alter oder der Wohnort zusätzlich einen isolierten Effekt auf den Ertrag, d.h. liegen signifikante Alters- oder Wohnortdummies vor, so muss die Matrix entsprechend um 0/1-kodierte Alters- bzw. Wohnortvariablen erweitert werden. Multipliziert man die Eigenschaftsmatrix **E** mit dem transponierten Koeffizientenvektor $\vec{\mathbf{k}}^{\,T}$, so ergibt sich der Vektor $\vec{\mathbf{r}}$, der die prognostizierten Erträge für die repräsentativen Kunden in jeder Altersklasse in jedem Kreis enthält:

(9) $$\vec{\mathbf{r}}_{(\mathfrak{r}\cdot\mathfrak{a})\,\mathrm{x}\,1} = \mathbf{E}_{(\mathfrak{r}\cdot\mathfrak{a})\,\mathrm{x}\,\mathfrak{e}} \cdot (\vec{\mathbf{k}}_{1\,\mathrm{x}\,\mathfrak{e}})^{T}$$

128 Siehe Abschnitt 8.1.4.

Da unterstellt wird, dass sich die Eigenschaften der repräsentativen Kunden in jeder Altersklasse über den Zeitablauf nicht verändern[129] kann mit Hilfe des Ertragsvektors $\vec{\mathbf{r}}$ eine Hilfsmatrix **R** konstruiert werden, die genau **t** identische Spaltenvektoren enthält, wobei **t** die Länge des Prognosehorizonts in Jahren beschreibt. **R** weist somit die Dimension $(\mathfrak{r} \cdot \mathfrak{a})$ x t auf:

(10) $$\mathbf{R}_{(\mathfrak{r}\cdot\mathfrak{a})\,\mathrm{x}\,\mathrm{t}} = [\vec{\mathbf{r}}\ \vec{\mathbf{r}} \cdots \vec{\mathbf{r}}\,]_{(\mathfrak{r}\cdot\mathfrak{a})\,\mathrm{x}\,\mathrm{t}}$$

Zur Ableitung der Ertragsmatrix **P** („Profitability“), in der die zu erwartenden Deckungsbeiträge jeder Altersklasse in jeder Region für jedes Jahr des Prognosehorizonts zusammengefasst sind, wird im letzten Schritt die Ertragsmatrix der repräsentativen Kunden **R** elementweise mit den korrespondierenden Elementen der Kundenmatrix $\mathbf{K_I}$ (Szenario I) bzw. $\mathbf{K_{II}}$ (Szenario II), die die zukünftigen Kundenzahlen in jeder Altersklasse und Region enthalten, multipliziert:

(11) $$\mathbf{P}_{(\mathfrak{r}\cdot\mathfrak{a})\,\mathrm{x}\,\mathrm{t}} = \mathbf{K}_{(\mathfrak{r}\cdot\mathfrak{a})\,\mathrm{x}\,\mathrm{t}} \odot \mathbf{R}_{(\mathfrak{r}\cdot\mathfrak{a})\,\mathrm{x}\,\mathrm{t}}$$

Analog zur Kundenprognose kann aus der Ertragsmatrix **P** der zu erwartende Deckungsbeitrag in den einzelnen Prognosejahren durch spaltenweise Summation über alle Altersklassen und Kreise ermittelt werden. Teilergebnisse für einzelne Kreise oder spezielle Altersgruppen ergeben sich entsprechend durch partielle Aggregation.

8.1.2 Koeffizientenvektor

Zur Generierung von Ertragsprognosen für die elf Sparkassen müssen geeignete Koeffizientenvektoren ausgewählt werden. Es bieten sich hier grundsätzlich zwei Möglichkeiten an. Die erste besteht darin, für jede Sparkasse die Schätzergebnisse heranzuziehen, die sich aus ihrem eigenen Kundendatensatz ergeben.

---

129 Im verwendeten Prognosemodell ist es ohne größere Schwierigkeiten möglich, eine Veränderung der Charakteristika der repräsentativen Kunden über den Prognosehorizont zu modellieren, die beispielsweise aus einer Reduktion oder Erhöhung der durchschnittlichen Kredit- und Anlagebeträge resultiert (z.B. um ein Szenario zur „Altersarmut“ zu simulieren). Die Ertragsvektoren **r** variieren dann im Zeitablauf und sind nicht mehr identisch.

Die zweite Option ist für einzelne Sparkassen oder Gruppen von Sparkassen einen gemeinsamen Koeffizientenvektor zu verwenden, der aus der Schätzung aggregierter Datensätze stammt.[130] Im ersten Fall wird den individuellen Charakteristika der Sparkasse besser Rechnung getragen, im zweiten Fall sind die Ergebnisse zwischen den Sparkassen besser vergleichbar. Die Auswahl der Vektoren sollte dabei nach Homogenitätsgrad der Sparkassen und Untersuchungsfokus erfolgen. Da, wie in Abschnitt 6.2 gezeigt wurde, die Schätzergebnisse der ostdeutschen Sparkassen sehr ähnlich sind, wurden für die ostdeutschen Institute die Regressionsergebnisse der Schätzung I des aggregierten ostdeutschen Datensatzes verwendet.[131] Für die westdeutschen Sparkassen stellt sich das Bild etwas anders dar. Hier muss den individuellen Besonderheiten mehr Rechnung getragen werden, indem für jede Sparkasse die eigenen Schätzergebnisse verwendet werden. Sensitivitätsanalysen zeigen, dass für die ostdeutschen Banken lediglich geringe Abweichungen in den Prognoseergebnissen entstehen, wenn die individuellen Vektoren verwendet werden. Für Westdeutschland resultieren bei Verwendung der Vektoren aus Schätzung II jedoch insbesondere für die Sparkasse 11 erhebliche Unterschiede in den projezierten Erträgen. Aufgrund dieser Heterogenität scheint es hier angebracht, keine gemeinsamen Koeffizientenvektoren zu verwenden.

8.1.3 Eigenschaftsmatrix und erwarteter Ertrag der repräsentativen Kunden

Nachdem die Koeffizientenvektoren $\vec{\mathbf{k}}$ mit den entsprechenden ertragsgenerierenden Faktoren und Einflüssen auf den Ertrag ausgewählt wurden, müssen im nächsten Schritt die Charakteristika der repräsentativen Kunden hinsichtlich der relevanten Faktoren ermittelt werden. Formal gesprochen muss die Matrix der ertragsgenerierenden Eigenschaften **E** konstruiert werden. Wie aus den methodischen Vorüberlegungen deutlich wurde, werden hierzu die alters- und kreisspezifischen Durchschnittswerte der Sparkassen verwendet. Es wird angenommen, dass diese Mittelwerte in den Altersklassen und Regionen über den Vorhersagezeitraum konstant bleiben. Auf eine Darstellung der Durchschnittsportfolios wird der Übersichtlichkeit halber verzichtet.

---

130 Vgl. hierzu den Abschnitt 6.3 zur Schätzung der aggregierten Datensätze ost- und westdeutscher Sparkassen.

131 Siehe Abschnitt 6.3.1.

Im nächsten Schritt wird für jede Sparkasse der zugrunde gelegte Koeffizientenvektor $\vec{\mathbf{k}}$ mit der Eigenschaftsmatrix **E** kombiniert, d.h. man berechnet die erwarteten Erträge der repräsentativen Kunden in jeder Altersklasse und Region. Stellvertretend für die Vielzahl der prognostizierten Ertragsstrukturen in den Kreisen der Geschäftsgebiete werden in Abbildung 36 die Ergebnisse für zwei ausgewählte Kreise der Sparkasse 11 exemplarisch dargestellt.

In beiden Kreisen ergeben sich prognostizierte Erträge, die -wie die realen Deckungsbeiträge im Ausgangsjahr- mit dem Alter deutlich ansteigen. Dieser Zusammenhang ist für alle Sparkassen in allen Kreisen festzustellen und besitzt für die nachfolgende Ertragsprognose elementare Bedeutung.

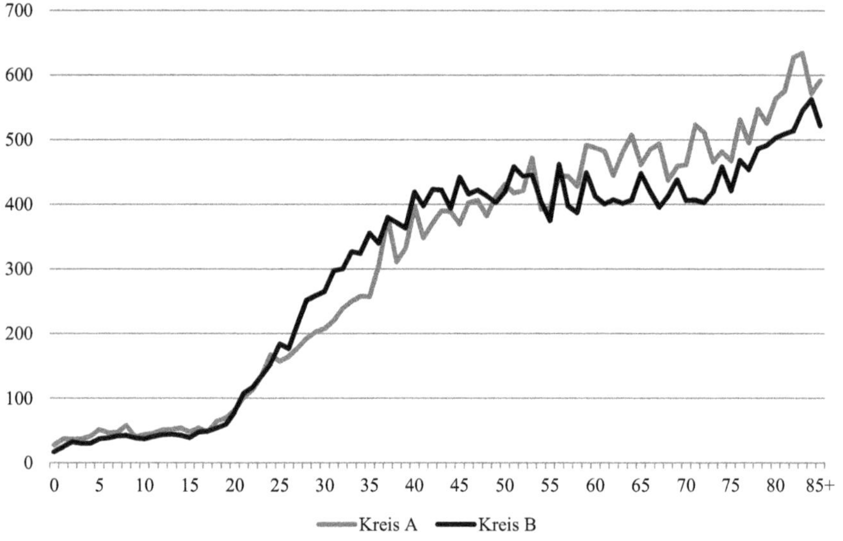

Abbildung 36: Erwarteter Ertrag der repräsentativen Kunden, Sparkasse 11 (jährliche Altersklassen, ausgewählte Kreise des Geschäftsgebiets, in €) ; Quelle: eigene Berechnungen

8.1.4 Prognose der Ertragsentwicklung bis 2020

Um eine quantitative Prognose für die Ertragsentwicklung zu gewinnen, müssen abschließend die erwarteten Erträge der repräsentativen Kunden in jeder Altersklasse und Region mit den entsprechenden erwarteten Kundenzahlen multipliziert werden. Da die erwarteten Kundenzahlen in beiden Szenarien unterschiedlich sind, ergeben sich für beide Situationen unterschiedliche Ertragsprognosen, die in den Ertragsmatrizen $\mathbf{P_I}$ (Szenario I) bzw. $\mathbf{P_{II}}$, die (Szenario II) enthalten sind.

Durch spaltenweise Aggregation der Ergebnisse über die Altersklassen für jeden Landkreis des Geschäftsgebiets erhält man die Ertragsprognose für jede Sparkasse und für jedes Prognosejahr. In der Abbildung 37 und der Abbildung 38 (Szenario I) bzw. in der Abbildung 39 und Abbildung 40 (Szenario II) sind die Ergebnisse für beide Szenarien über den Zeitraum 2007 bis 2020 für die jeweiligen Geschäftsgebiete graphisch dargestellt. Wie bei der Kundenprognose erläutert, liegen nur innerhalb dieser Periode für alle untersuchten Sparkassen entsprechende Prognoseergebnisse für den DB II vor.

Um eine bessere Übersichtlichkeit zu gewährleisten, wurde die bei der Kundenprognose vorgenommene Unterteilung der Sparkassen nach demographischer Entwicklung in zwei Gruppen beibehalten.

8.1.4.1 Szenario I: Demographie (Benchmark)

Legt man die oben skizzierten Annahmen zugrunde, ergibt sich für die westdeutschen und großen ostdeutschen Sparkassen (Gruppe 1) im demographischen Benchmarkszenario I eine prognostizierte Entwicklung des DB II bis 2020, die in Abbildung 37 zusammenfassend dargestellt ist.

Für die großen städtischen Sparkassen zeigt sich in Szenario I eine relativ homogene Entwicklung. Alle drei Banken können unter den getroffenen Annahmen ihren Ertrag über den Prognosezeitraum stetig steigern. Bis zum Jahr 2020 ergibt sich hierbei ein deutlicher Anstieg im Vergleich zum Jahr 2007 von 7,4% (Bank 2 und 11) und 8,3% (Bank 5). Bei den beiden kleineren Sparkassen 9 und 10 wächst der DB II zwar ebenfalls, die Veränderung fällt aber wesentlich kleiner aus (Bank 9: +1,0%; Bank 10: +3,0%). Im Vergleich zur Kundenentwicklung ist bemerkenswert, dass alle Sparkassen, auch wenn sie mit Kundenverlusten (wie die Banken 2, 5, 9 und 10) rechnen müssen, ihre zukünftige Ertragskraft ausbauen können. Auffällig ist besonders das gute Ergebnis der beiden großen ostdeutschen Sparkassen, die über eine ähnliche Kundenentwicklung wie die kleine Sparkasse 10 im Bereich von -3% verfügen, ihren Ertrag jedoch deutlich stärker steigern können.

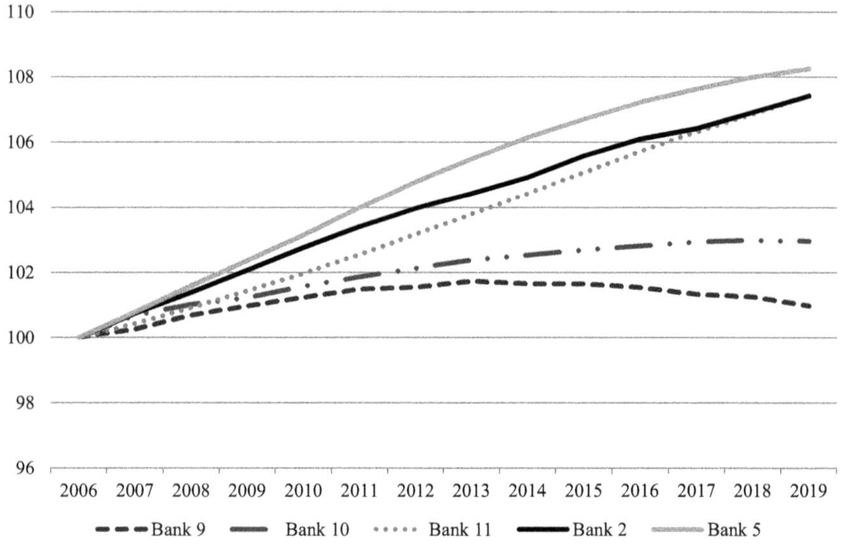

Abbildung 37: Ertragsprognose für die westdeutschen und großen ostdeutschen Sparkassen (Szenario I, Geschäftsgebiet, 2007-2020); Quelle: eigene Berechnungen

An dieser Stelle zeigt sich der Einfluss der zukünftigen Kundenstruktur. Wie Tabelle 17 belegt, besitzen die ostdeutschen Sparkassen bereits in der Ausgangssituation eine Kundenbasis mit deutlich höherem Durchschnittsalter, das zudem stärker ansteigt. Da der Ertrag positiv mit dem Alter korreliert ist, steigt der zukünftige DB II bei einer ähnlichen Entwicklung der absoluten Kundenbasis in diesen Regionen deutlich stärker an. Dieser Struktureffekt ist letztlich so groß, dass die Sparkasse 5 sogar die Sparkasse 11 mit der besten Entwicklung der absoluten Kundenzahlen (+2,9%) in Hinblick auf die zukünftigen Erträge überflügeln kann.

Für die kleineren ostdeutschen Institute (Gruppe 2) stellt sich die Situation bei der Ertragsprognose ebenfalls wesentlich besser dar, als aufgrund der Kundenprognose vermutet werden konnte. Wie Abbildung 38 illustriert, ergibt sich trotz der teils massiven Schrumpfungsprozesse für alle Sparkassen eine stabile Ertragsentwicklung, die bis 2020 im Bereich von 1,1% (Bank 7) bis -2,0% (Bank 8) liegt. Die Prognose der besten Bank 7 ähnelt dabei qualitativ und quantitativ den Ergebnissen der schlechtesten Bank aus Gruppe 1 (Bank 9).

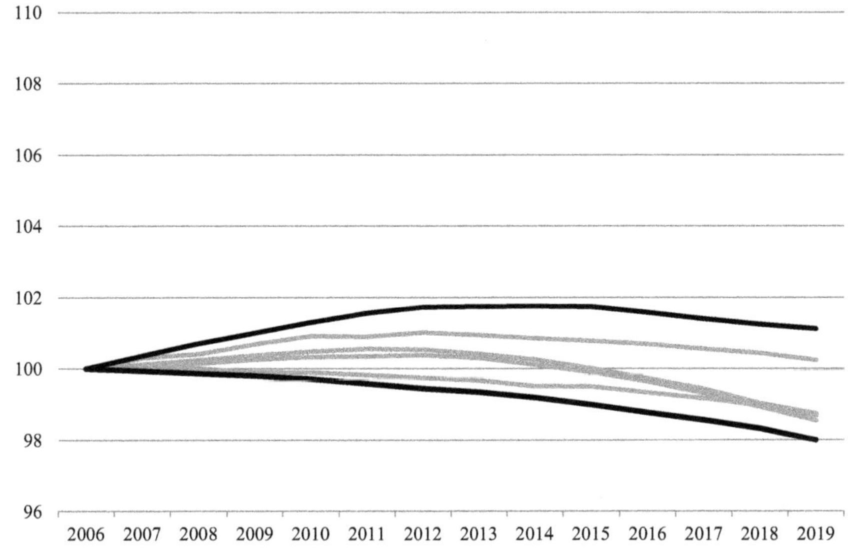

Abbildung 38: Ertragsprognose für kleine und mittlere ostdeutsche Sparkassen (Szenario I, Geschäftsgebiet, 2007-2020); Quelle: eigene Darstellung

Die im Vergleich zur Prognose der Kundenzahlen erheblich besseren Ergebnisse hinsichtlich der zukünftigen Ertragsstärke sind auf den oben angesprochenen Struktureffekt zurückzuführen, der den Potenzialeffekt sinkender Kundenzahlen kompensiert. Dieser Mechanismus, resultierend aus der starken Alterung und der wesentlich höheren Ertragskraft älterer Kunden, führt dazu, dass die beiden Banken mit dem stärksten Anstieg des Durchschnittsalters ihrer Kunden (Bank 6 und 7) innerhalb der Gruppe 2 am besten abschneiden und sogar mit einem leichtem Anstieg des Deckungsbeitrags rechnen können. Selbst für die Bank 1 mit einem Kundenverlust von fast 14% in Szenario I resultiert wegen der Alterungsdynamik lediglich ein marginaler Ertragsrückgang von 1,2 %.

8.1.4.2 Szenario II: Demographie und Wettbewerb

Sehen sich die Sparkassen im rein demographischen Szenario I einer positiven bzw. stabilen Ertragsentwicklung gegenüber, so zeigt sich in Szenario II, welche Rolle die Abschmelzung der Marktausschöpfung spielt. Kann die derzeitige Marktausschöpfung bei den älteren Kunden nicht gehalten werden, sinken zum einen die erwarteten Kundenzahlen was c.p. ertragssenkend wirkt. Zum andern verändert sich die Kundenstruktur im Vergleich zu Szenario I. Da insbesondere die ertragsstarken älteren Kundensegmente wegbrechen, ergeben sich hieraus ebenfalls negative Auswirkungen auf den zukünftigen Deckungsbeitrag. Wie Abbildung 39 für die Gruppe der großen ostdeutschen und der westdeutschen Sparkassen illustriert, schlagen sich beide Effekte deutlich in den Ertragsprognosen nieder.

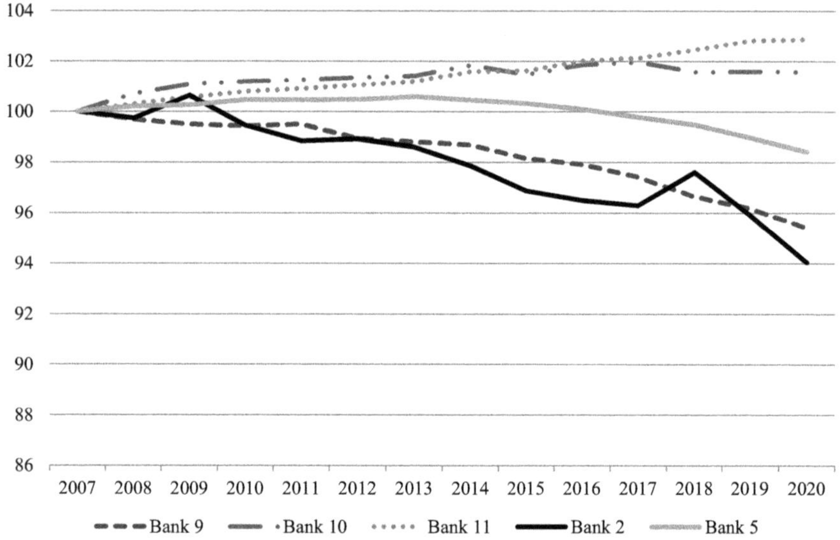

Abbildung 39: Ertragsprognose für die westdeutschen und großen ostdeutschen Sparkassen (Szenario II, Geschäftsgebiet, 2007-2020); Quelle: eigene Darstellung

Im Gegensatz zu Szenario I sind jetzt bis 2020 nur noch bei den westdeutschen Instituten 10 und 11 steigende Deckungsbeiträge zu erwarten (1,6% bzw. 2,9%). Für die Banken 2, 5 und 9 ergeben sich dagegen sinkende prognostizierte Erträge im Bereich von 1,6% (Bank 5) bis 6,0% (Bank 2). Insgesamt fällt die prognostizierte Entwicklung wegen der dämpfenden Wirkung des Alterseffekts zwar deutlich besser aus als es eine naive Prognose anhand der Kundenzahlen erwarten lassen würde. Jedoch wirkt dieser Struktureffekt dem Potenzialeffekt nicht mehr so stark entgegen wie in Szenario I. Da die zukünftige Kundenbasis bei allen Sparkassen in Szenario II im Durchschnitt jünger ist, die Alterungsdynamik also schwächer ausfällt, profitieren die Sparkassen weniger von den ertragskräftigen älteren Kunden. Dies zeigt sich insbesondere bei den großen ostdeutschen Sparkassen 2 und 5. Die beiden Banken verlieren durch den Abbau ihrer starken Marktposition in den älteren Kundensegmenten erheblich mehr ertragsstarke Kunden als die westdeutschen Sparkassen, so dass die schwindende Kundenbasis die Ertragsprognose zunehmend dominiert und die Institute im Vergleich zu den westdeutschen Sparkassen zurückfallen. Im Gegensatz dazu ergibt sich beispielsweise bei Bank 10 eine gemäßigte (Kunden-) Alterungsdynamik, die sich in beiden Szenarien kaum unterscheidet. Folglich verliert sie im Vergleich zu Szenario I kaum an Ertragskraft.

Die für die Banken in Gruppe 1 wirkenden Mechanismen finden sich auch bei den kleinen und mittleren ostdeutschen Sparkassen (Gruppe 2) wieder. Wie zu erwarten, sinkt auch hier der Ertrag deutlich unterproportional zur Veränderung der Kundenzahl, d.h. der Altersstruktureffekt besitzt eine große Bedeutung, die jedoch auch hier zwangsläufig schwächer wirkt als in Szenario I. Wie Abbildung 40 verdeutlicht, sinken jetzt bis zum Endes des Jahres 2020 bei allen Sparkassen die prognostizierten Erträge aus dem Privatkundengeschäft spürbar, d.h. wesentlich stärker als im Status Quo-Szenario. Die geringsten projizierten Verluste ergeben sich für Bank 4 mit 6,3%, den stärksten Ertragseinbruch verzeichnet Bank 7 mit 11,9%.

Da alle Sparkassen der Gruppe 2 über ähnliche demographische Perspektiven verfügen und einen ähnlichen absoluten Kundenrückgang verzeichnen, können die Ertragsentwicklung in Szenario II und die resultierenden Unterschiede im Vergleich zu Szenario I insbesondere auf die variierende Bedeutung des Alterungseffekts zurückgeführt werden.

Die Relevanz der zukünftigen Kundenaltersstruktur manifestiert sich besonders bei den beiden Sparkassen 6 und 7, für die in Szenario I als einzige Institute ihrer Gruppe Ertragszuwächse prognostiziert wurden. Profitieren beide Banken in der Status Quo- Prognose von der stärksten Alterungsdynamik aller untersuchten Sparkassen,[132] so altert die Kundenbasis in Szenario II bei Sparkasse 7 im Vergleich zu Sparkasse 6 deutlich langsamer. Der Anstieg des Durchschnittsalters beträgt hier nur 2,7 Jahre im Vergleich zu 3,9 Jahren bei Bank 6. Da zudem die Kunden der Sparkasse 7 bereits in der Ausgangssituation verhältnismäßig jung sind,[133] fallen die dämpfenden Altersstruktureffekte (bei einem ähnlichen Potenzialeffekt) so klein aus, dass für Bank 7 die mit Abstand größten Ertragseinbrüche prognostiziert werden, wohingegen bei Bank 6 nur ein Rückgang in Höhe von 7,1% resultiert.

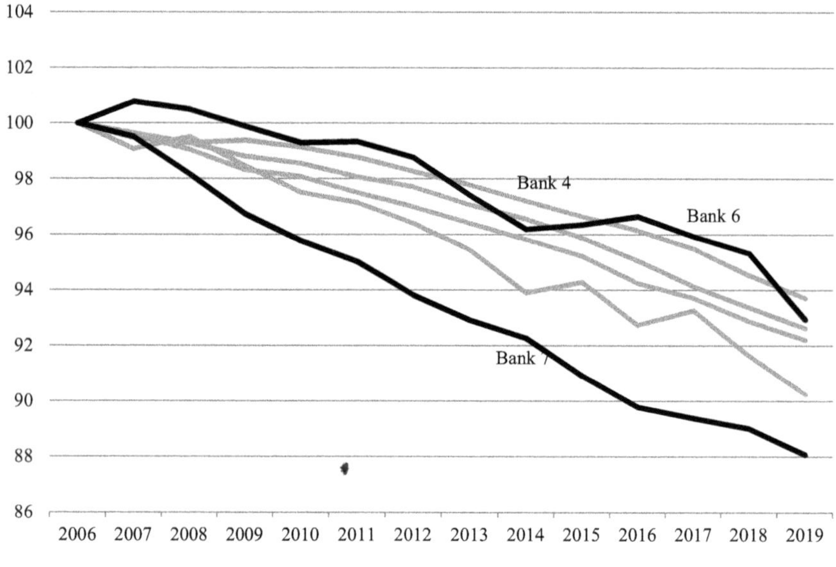

Abbildung 40: Ertragsprognose für kleine und mittlere ostdeutsche Sparkassen (Szenario II, Geschäftsgebiet, 2007-2020); Quelle: eigene Darstellung

132 Der Anstieg des Durchschnittsalters aller Kunden beträgt im Zeitraum 2007 bis 2020 in beiden Sparkassen 5,4 Jahre.

133 Das Durchschnittsalter der Kunden beträgt 44,9 Jahre im Vergleich zu 47,1 Jahren bei Bank 6.

8.1.5 Ergebnisübersicht und Zusammenfassung

Bei der Ertragsprognose, die die Ergebnisse der vorherigen Arbeitsschritte kombiniert, spielen zwei entgegengesetzt wirkende Mechanismen eine wesentliche Rolle. Zum einen existiert ein deutlich sichtbarer Potenzialeffekt: die aufgrund der demographischen Entwicklung zukünftig sinkenden Kundenzahlen führen c.p. zu einem Rückgang der prognostizierten Erträge. Demgegenüber steht die (überwiegend demographisch induzierte) Alterung der Kundenbasis, die c.p. ertragssteigernd wirkt. Dieser positive Altersstruktureffekt resultiert aus der Beobachtung, dass der erwartete pro Kopf-Ertrag bei allen Sparkassen deutlich mit dem Alter ansteigt. Die Stärke des Altersstruktureffekts hängt somit zum einen vom Ausmaß der Alterungsdynamik und zum anderen vom altersabhängigen Anstieg des erwarteten Deckungsbeitrags II der repräsentativen Kunden ab.[134] Je stärker die Alterungsprozesse der Kundenbasis und je ertragskräftiger die Kunden im Alter sind, desto stärker wirkt auch der Altersstruktureffekt.[135]

Tabelle 19 fasst die Ergebnisse für die Sparkassen 1 bis 11 hinsichtlich der Entwicklung des DB II im Zeitraum 2007 bis 2020 für die beiden Szenarien zusammen und stellt sie der erwarteten Kundendynamik im Geschäftsgebiet gegenüber. Um den Einfluss der Szenarien auf die Ertragsentwicklung zu verdeutlichen, wurde abschließend die Differenz der Deckungsbeitragssumme zwischen Szenario I und II im Jahr 2020 (im Verhältnis zum Ausgangswert im Referenzjahr 2006/2007) aufgenommen.[136]

---

134 Siehe hierzu Abschnitt 8.1.3.

135 Da sich die erwartete Ertragskraft der Kunden aus sparkassenindividuellen Einflussfaktoren, wie der durchschnittlichen Portfoliostruktur und den Koeffizientenvektoren errechnet, schwanken die erwarteten Erträge zwischen den Sparkassen. Somit kann die Relevanz des Struktureffekts nicht nur wegen differierender Alterungsprozesse, sondern auch aus diesem Grund zwischen den Sparkassen variieren. Die Unterschiede in den erwarteten altersabhängigen Ertragsstrukturen zwischen den Sparkassen sind jedoch verhältnismäßig klein. Wie die Analyse der sich ergebenden Ertragsentwicklungen gezeigt hat, ist somit die zukünftige Altersstruktur der Kundenbasis entscheidend.

136 Wie bei der Zusammenfassung der Kundenentwicklung in Abschnitt 7.1.4.3, dient diese Vorgehensweise der Sicherstellung einer szenarioübergreifenden identischen Bezugsbasis.

Tabelle 19: Ertrags- und Kundenentwicklung in den Szenarien I und II (2007/2020) (Geschäftsgebiete, in %); Quelle: eigene Darstellung

	Ertragsentwicklung			Kundenentwicklung		
	Szenario I	**Szenario II**	**Differenz***	**Szenario I**	**Szenario II**	**Differenz***
Bank 1	-1,25	-7,37	**-6,60**	-13,95	-17,81	**-4,11**
Bank 2	7,42	-5,95	**-16,70**	-2,96	-12,47	**-11,38**
Bank 3	-1,31	-9,74	**-9,87**	-11,25	-17,41	**-7,06**
Bank 4	-1,45	-6,28	**-4,88**	-12,16	-15,48	**-3,44**
Bank 5	8,26	-1,59	**-10,52**	-3,26	-10,84	**-8,10**
Bank 6	0,24	-7,05	**-10,12**	-12,14	-16,48	**-5,69**
Bank 7	1,11	-11,92	**-15,00**	-12,42	-16,62	**-4,84**
Bank 8	-2,01	-7,79	**-6,02**	-11,41	-16,32	**-5,16**
Bank 9	0,98	-4,58	**-6,19**	-5,38	-8,87	**-3,88**
Bank 10	2,97	1,59	**-1,38**	-3,44	-4,51	**-1,06**
Bank 11	7,43	2,87	**-4,55**	2,88	-0,25	**-3,13**

* Differenz der Deckungsbeitragssummen im Jahr 2020 zwischen Szenario I und Szenario II im Verhältnis zum DB II im Basisjahr 2006 bzw. 2007

Im Szenario I, also bei Annahme konstanter Marktausschöpfung, wirkt sich der demographische Wandel unter den getroffenen Annahmen überwiegend positiv auf die zu erwartenden Deckungsbeiträge aus. Die Prognose ergibt hier bei 7 von 11 Sparkassen einen Anstieg des DB II im Bereich von 0,2% (Bank 6) bis 8,3% (Bank 5). Der negative Effekt aus dem Rückgang der zu erwartenden Kundenzahlen (Potenzialeffekt) wird hier durch den Alterungseffekt und die daraus resultierenden höheren Pro-Kopf-Erträge deutlich überkompensiert.

Im realistischeren Szenario II büßen wegen der stärker sinkenden Kundenzahlen alle Institute an Ertragskraft ein. Zuwächse ergeben sich nur noch für die beiden westdeutschen Institute 10 und 11. Wie im Szenario I fällt die resultierende Ertragsentwicklung jedoch deutlich besser aus als die zugehörige Kundenentwicklung. Dem negativen Potenzialeffekt stehen hier ebenfalls die entgegengesetzten Ertragswirkungen der Alterung gegenüber, die jedoch im Vergleich zu Szenario I geringer ausfallen.

Die Veränderung des Struktureffekts kann isoliert werden, wenn man die Differenzen zwischen Szenario I und II hinsichtlich Kundenbasis und Ertrag vergleicht. Alle Sparkassen verlieren beim Übergang von Szenario I zu Szenario II an Kunden. Unter der Annahme, dass die Kundenaltersstruktur konstant bleibt, müssten sich quantitativ entsprechende Ertragswirkungen ergeben. Da die Erträge jedoch bei allen Sparkassen überproportional sinken, d.h. die Sparkassen beim Übergang von Szenario I auf II mehr Deckungsbeitrag verlieren als Kunden, müssen die zusätzlichen Effekte aus der Veränderung der zukünftigen Kundenaltersstruktur zwischen den beiden Szenarien resultieren.[137]

Auch wenn es wegen der Komplexität der Prognosemethodik und der Vielzahl der z.T. sparkassenspezifischen Determinanten zunehmend schwerer fällt, die Ergebnisse zu generalisieren, sind die demographischen Einflüsse auf die Ertragsentwicklung in beiden Szenarien nach wie vor deutlich zu erkennen. Die vorgenommenen Berechnungen wirken dabei wie ein zweiter Filter, der über die Kundenprognose gelegt wird. Da die sich durch diesen Filter ergebenden „Verzerrungen" recht systematisch sind, spiegeln sich die treibenden Faktoren der Demographie über das Vehikel Kundenprognose auch in den projizierten Erträgen wider. Entscheidend für die zukünftigen Deckungsbeiträge ist neben der erwarteten Veränderung der absoluten Kundenzahlen insbesondere die Altersstruktur der Kunden. Konsequenterweise schneiden die westdeutschen Sparkassen auch bei der Ertragsprognose in der Regel besser ab als ihre ostdeutschen Schwesterinstitute. Ebenso ergibt sich tendenziell für städtische Sparkassen eine optimistischere Ertragsentwicklung als für Banken, die überwiegend im ländlichen Raum tätig sind

.

137 Theoretisch kann der Struktureffekt vom Potenzialeffekt separiert werden, indem man basierend auf den Prognosen für die absoluten Kundenzahlen für jedes Prognosejahr einen fiktiven Ertrag unter Berücksichtigung einer mit dem Ausgangsjahr konstanten Altersstruktur errechnet. Die sich ergebenden Differenzen zu den prognostizierten Erträgen bei variierender Altersstruktur können dann als Ertragswirkungen, die sich allein aus der Änderung der Kundenaltersstruktur ergeben, interpretiert werden.

8.2 Hochrechnung für Deutschland auf NUTS II-Ebene bis 2025

8.2.1 Methodische Vorüberlegungen

Im zweiten Teil der Ertragsprognose wird die in Abschnitt 8.1 eingehend charakterisierte Methodik genutzt, um die Entwicklung der Deckungsbeiträge für die NUTS II-Regionen zu prognostizieren[138] und im Anschluss daran Ergebnisse für das gesamte Privatkundengeschäft der deutschen Sparkassen[139] abzuleiten. Untersuchungsobjekt sind jetzt die 39 fiktiven Sparkassen, für die adäquate Koeffizientenvektoren ausgewählt und entsprechende Ertragsmatrizen auf Basis der vorliegenden Datensätze konstruiert werden müssen. Im Ergebnis erhält man für jede Sparkasse die erwarteten Erträge der repräsentativen Kunden in jeder Altersklasse, die mit den in Abschnitt 7.2.3 ermittelten Kundenzahlen für jede Region multipliziert werden, um eine Ertragsprognose auf Bezirksebene für die beiden Szenarien abzuleiten. Durch Aggregation werden analog zum Vorgehen bei der Kundenprognose abschließend Ergebnisse für den Sparkassensektor und die Teilgebiete Ost-/Westdeutschland berechnet.

Wie bei der Kundenprognose wird für jedes der 39 Institute eine separate Analyse für das Geschäftsgebiet vorgenommen, d.h. es werden Ertragsprognosen für die 86 Altersklassen der korrespondierenden NUTS II-Region abgeleitet. Formal gesprochen wird dabei, wie in Abschnitt 8.1.1 erläutert, die Kundenmatrix $\mathbf{K_I}$ (Szenario I) bzw. $\mathbf{K_{II}}$ (Szenario II) mit der Ertragsmatrix der repräsentativen Kunden **R** elementweise multipliziert[140]:

(12) $$\mathbf{P}_{a \times t} = \mathbf{K}_{a \times t} \odot \mathbf{R}_{a \times t}$$

K enthält dabei für jedes Prognosejahr die zukünftigen Kundenzahlen in jeder Altersklasse in der betrachteten NUTS II-Region. Die Matrix **R** wird gemäß dem bekannten Vorgehen mit Hilfe eines geeigneten Koeffizientenvektors $\vec{\mathbf{k}}$

138 Siehe hierzu die Abschnitte 8.2.4.1.1 und 8.2.4.2.1

139 Siehe hierzu die Abschnitte 8.2.4.1.2 und 8.2.4.2.2

140 In der Analyse auf NUTS II-Ebene wird ebenfalls unterstellt, dass sich die Ertragseigenschaften der repräsentativen Kunden in jeder Altersklasse im Zeitablauf nicht verändern, der Vektor **r** also konstant bleibt.

und der Eigenschaftsmatrix **E** berechnet.[141] Es ergibt sich die Matrix **P**, die für jedes Prognosejahr und jede Altersklasse die zukünftigen Deckungsbeiträge enthält. Die Matrizen haben dabei die Dimension **a** x **t**, wobei **t**, die Länge des Prognosehorizonts in Jahren, mit **t** = 19 (2007 bis 2025) gegeben ist. **a**, die Anzahl der Altersgruppen, ändert sich im Vergleich zur Analyse auf Sparkassenebene dagegen nicht (**a** = 86). Analog zur Kundenprognose kann aus der Ertragsmatrix **P** der zu erwartende Deckungsbeitrag in den einzelnen Prognosejahren durch spaltenweise Summation über alle Altersklassen ermittelt werden.

8.2.2 Koeffizientenvektor

Zur Generierung von Ertragsprognosen werden für die 39 Sparkassen adäquate Koeffizientenvektoren benötigt, die die signifikanten ertragsgenerierenden Eigenschaften und deren Wirkungen auf den Ertrag enthalten. Diese Vektoren spiegeln das Geschäftsmodell der Sparkassen wider, d.h. sie enthalten die relevanten Produkte und die „Margen"[142] in den einzelnen Produktkategorien. Den fiktiven Sparkassen werden dabei Charakteristika zugewiesen, die aus den vorliegenden Datensätzen der elf realen Sparkassen gewonnen wurden.

Um die Vergleichbarkeit der Ergebnisse zwischen den Regionen zu gewährleisten, werden hierzu die Regressionsergebnisse aus Abschnitt 6.3.1 herangezogen. Da die Unterschiede zwischen den Schätzergebnissen der ost- und westdeutschen Sparkassen nicht sehr groß sind, also von ausreichender Homogenität ausgegangen werden kann, wird allen 39 Sparkassen dabei der Koeffizientenvektor aus Schätzung IV zugewiesen. Diese Vorgehensweise hat den Vorteil, dass die resultierende Ertragsentwicklung in den Regionen nicht zusätzlich auf unterschiedliche Modellierungen der Geschäftstätigkeit zwischen den Sparkassen zurückzuführen ist. Insofern können die Effekte des demographischen Wandels besser isoliert werden. Unterstellt wird somit, dass der verwendete Vektor repräsentativ für die Sparkassen in West- und Ostdeutschland ist, das Geschäftsmodell also ausreichend genau erfasst wird. Da detaillierte Regionendummies für NUTS II-Regionen mit Hilfe des vorliegenden Datensatzes

141 Die Auswahl des Vektors **k** wird in Kapitel 8.2.2 beschrieben. Die Konstruktion der Matrix **E** für die NUTS II-Sparkassen aus den vorliegenden Datensätzen wird in Abschnitt 8.2.3 erläutert.

142 Die Koeffizienten können als Margen der einzelnen Produktkategorien interpretiert werden.

nicht ermittelt werden können, werden die beobachtbaren Unterschiede in der Profitabilität zwischen ost- und westdeutschen Sparkassen durch die signifikante Dummyvariable D_org aufgefangen, die den Wert 0 für Sparkassen aus ostdeutschen Regionen und den Wert 1 bei Sparkassen westdeutscher Herkunft annimmt.

Als ertragsrelevante Portfoliovariablen ergeben sich somit Dispositionskredite, Darlehen, Sichteinlagen, DepotB, Deka-Fonds und Spareinlagen. Zusätzlich fließen die Dummyvariable „Girokonto" (Existenz eines Girokontos) und die isolierten Alterseffekte (Altersdummies) als erklärende Größen ein. Nicht berücksichtigt werden müssen das Einkommen, die Termineinlagen und das Geschlecht der Kunden.

8.2.3 Eigenschaftsmatrix und erwarteter Ertrag der repräsentativen Kunden

Nachdem der in den NUTS II-Regionen zugrunde gelegte Koeffizientenvektor ausgewählt wurde, müssen die entsprechenden altersspezifischen Eigenschaften hinsichtlich der relevanten Variablen, die in der Eigenschaftsmatrix **E** enthalten sind, für die 39 fiktiven Sparkassen bestimmt werden. Dies betrifft in erster Linie die Portfoliovariablen. Da davon ausgegangen werden kann, dass die durchschnittlichen Anlage- und Kreditbeträge stark vom durchschnittlichen Vermögen der Bevölkerung in einer Region abhängen, wurde in einem ersten Schritt versucht, die NUTS II-Regionen und die Geschäftsgebiete der elf Sparkassen nach diesem Kriterium zu klassifizieren. Im Anschluss können dann den NUTS II-Sparkassen die Eigenschaften (d.h. die durchschnittlichen Anlage- und Kreditbeträge) der realen Sparkassen, die hinsichtlich des Vermögens in einem strukturell ähnlichen Gebiet tätig sind, zugewiesen werden. Hinter diesem Vorgehen steckt die Idee, dass „reiche" Regionen die Portfoliostruktur von Sparkassen aus Geschäftsgebieten mit vermögenden Einwohnern zugewiesen und „arme" Regionen entsprechend die Werte der Sparkassen, die in weniger wohlhabenden Geschäftsgebieten tätig sind.

Da auf regionaler Ebene keine entsprechenden Informationen zum Vermögen vorliegen, wurden als Proxyvariablen verschiedene Indikatoren zur allgemeinen wirtschaftlichen Leistungsfähigkeit in Betracht gezogen. Konkret wurden zur Beurteilung der Vermögenssituation für das Jahr 2006 die Kriterien verfügbares Einkommen pro Kopf, BIP pro Kopf, die Arbeitslosenquote und der

GFK-Kaufkraftindex (GFK [2009]) herangezogen. Die Daten zum regionalen BIP und zum regional verfügbaren Einkommen stammen aus der VGR der Länder (Statistische Ämter der Länder [2007a, 2007b]). Die Arbeitslosenquoten wurden der Arbeitsmarktstatistik der Bundesagentur für Arbeit entnommen (BA [2005]). Insbesondere zwischen dem verfügbaren Einkommen und dem Vermögen kann ein enger Zusammenhang angenommen werden (Krause/Schäfer [2005]; Grabka/Frick [2007]).

Es zeigt sich für alle Kriterien und insbesondere für das verfügbare Einkommen eine klare regionale Zweiteilung. Die ostdeutschen NUTS II-Regionen weisen im Vergleich zu den westdeutschen Bezirken hinsichtlich aller Indikatoren z.T. deutlich schlechtere Ausprägungen auf. Es zeigt sich zudem, dass alle ostdeutschen Sparkassen aus Geschäftsgebieten stammen, deren wirtschaftliche Leistungsfähigkeit teilweise deutlich unter der der westdeutschen Geschäftsgebiete liegt.

Es kann somit davon ausgegangen werden, dass das durchschnittliche Vermögen in den ostdeutschen NUTS II-Gebieten systematisch unterhalb des Vermögens in westdeutschen Regionen liegt. Diese Vermutung wird durch neuere Auswertungen der aktuellen Einkommens- und Verbrauchsstichprobe (EVS) und der Daten des Sozio-ökonomischen Panels des DIW (SOEP) gestützt (BVR [2009]; Krause/Schäfer [2005]; Grabka/Frick [2007]). Um die Portfoliostruktur angemessen zu modellieren, wurden deshalb den ostdeutschen Regionen die Durchschnittswerte der ostdeutschen Sparkassen zugwiesen. Ein entsprechendes Vorgehen wurde für die westdeutschen NUTS II-Regionen und Sparkassen gewählt. Diese Methodik hat zudem den Vorteil, dass die bisher verfolgte Ost/West-Unterteilung auch in diesem Punkt beibehalten werden kann.

Die Abbildung 41 fasst die durchschnittlichen Beträge in den einzelnen Altersklassen, die in die Eigenschaftsmatrix **E** eingehen, für die verschiedenen Produkte zusammen. Die Zusammensetzung und die Unterschiede zwischen ost- und westdeutschen Sparkassen wurden ausführlich in Abschnitt 0 erläutert und werden an dieser Stelle nicht tiefergehend betrachtet.

a) Durchschnitt der westdeutschen Sparkassen in €

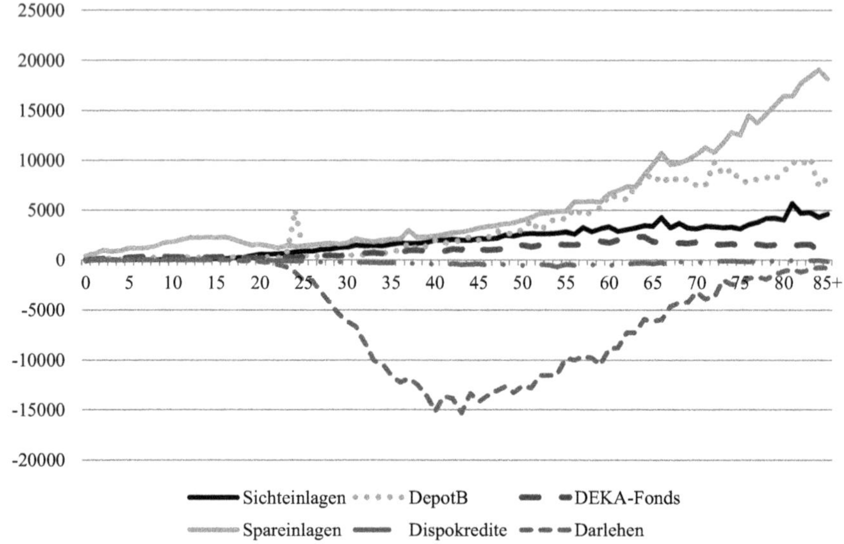

b) Durchschnitt der ostdeutschen Sparkassen in €

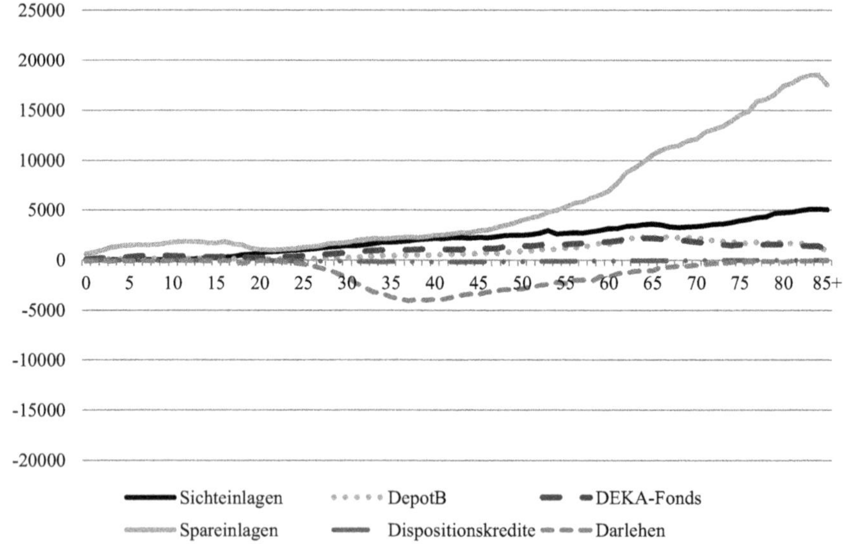

Abbildung 41: Mittlere Anlage- und Kreditbeträge nach Altersklassen; Quelle: eigene Darstellung

Neben den Portfoliovariablen sind für die Ertragsprognose auch die Girokontoquoten in den einzelnen Altersklassen zu berücksichtigen und in die Eigenschaftsmatrix **E** zu integrieren. Hier werden nach obigem Muster für ostdeutsche NUTS II-Regionen die Durchschnitte der ostdeutschen und für westdeutsche Bezirke die Mittelwerte der westdeutschen Sparkassen verwendet. Abbildung 42 fasst die entsprechenden Ergebnisse zusammen.

Abbildung 42: Durchschnittliche Girokontoquoten nach Altersklassen; Quelle: eigene Darstellung

Die in Abschnitt 7.1.2 diskutierte unterschiedliche Wettbewerbssituation in Ost- und Westdeutschland schlägt sich auch in den Girokontenquoten nieder. Die qualitative Struktur über die Altersgruppen ist dabei zwar in Ost- und Westdeutschland identisch, ab dem Alter von 15 Jahren sind jedoch bei den ostdeutschen Sparkassen durchgängig höhere Girokontoquoten zu beobachten, d.h. ein größerer Anteil der Kunden unterhält auch ein Girokonto bei der Sparkasse. Insgesamt verfügen 71% der Kunden westdeutscher Sparkassen über ein Girokonto, bei den ostdeutschen Sparkassen besitzen sogar 81% der Kunden eine Girokontoverbindung.

Für die aus den vorliegenden Datensätzen ermittelten Durchschnittswerte in den einzelnen Altersklassen, die den NUTS II-Sparkassen zugewiesen werden, wird unterstellt, dass sie über den Prognosezeitraum nicht variieren, also konstant sind. Wie bereits in Abschnitt 8.1.1 erläutert besteht prinzipiell die Möglichkeit, Änderungen der durchschnittlichen Beträge über den Vorhersagehorizont zu berücksichtigen, wenn zusätzliche Informationen über zukünftige Entwicklungen und mögliche Determinanten vorliegen. Diese Informationen könnten aus einer ökonometrischen Analyse stammen, wenn ausreichend Beobachtungen in der Zeitdimension vorliegen oder aber Erkenntnisse anderer Untersuchungen berücksichtigen, die regionale Einkommens- oder Vermögensprognosen enthalten. Denkbar ist so z.B. die Modellierung von zukünftiger Altersarmut in bestimmten Regionen (Grabka/Frick [2009]).

Kombiniert man die Eigenschaftmatrizen der ostdeutschen Regionen ($\mathbf{E}_{\mathbf{Ost}}$) und der westdeutschen Bezirke ($\mathbf{E}_{\mathbf{WEST}}$) mit dem Koeffizientenvektor aus Schätzung IV, so resultieren die in Abbildung 43 dargestellten erwarteten Erträge in den einzelnen Altersklassen für ostdeutsche und westdeutsche NUTS II-Regionen. Diese Erträge spielen für die zukünftige Ertragsentwicklung eine elementare Bedeutung, da sie, wie in Abschnitt 8.1.5 erläutert, die Stärke des Altersstruktureffektes mitbestimmen.

Für ost- und westdeutsche Regionen zeigt sich hinsichtlich der prognostizierten Erträge ein ähnliches Bild, d.h. der erwartete Deckungsbeitrag steigt fast stetig mit dem Alter an. Auffällig ist der extrem starke Anstieg der Beträge bei den betagten Kunden ab dem Alter von ca. 75 Jahren, der in beiden Regionen gleichermaßen zu beobachten ist. Die höchsten Deckungsbeiträge werden für die Altersgruppe 85+ prognostiziert (West: 626,70 €; Ost: 591,71 €). Bei jungen Kunden bis zum Alter von 23 Jahren und bei alten Kunden (ab 74 Jahren) ergeben sich nahezu identische Erträge. Im Bereich dazwischen, d.h. bei den Kunden mittleren Alters sind dagegen in Westdeutschland wesentlich höhere Erträge zu beobachten, die hauptsächlich auf die wesentlich höheren Darlehen zurückzuführen sind.[143] Die größte Differenz zeigt sich dabei bei der Altersgruppe der 43-jährigen mit 118,59 €. Über alle repräsentativen Kunden kumulieren sich die Unterschiede zu einem Betrag von 4036,79 €. Da die Ertragsvorteile insbesondere in stark besetzten Kundesegmenten vorliegen, ergeben sich aus einer identischen, typischen Kundenstruktur für westdeutsche Regionen erheblich höhere

143 Eine genaue Analyse der Ertragskomponenten für ost- und westdeutsche Regionen findet sich in Abschnitt 8.2.5. Die angesprochenen Darlehen dürften in der Regel der Immobilienfinanzierung dienen.

erwartete Deckungsbeiträge. Durch Annahme einer konstanten Ertragsstruktur über den Vorhersagezeitraum wird angenommen, dass sich die Struktur aus dem Querschnitt auf den Längsschnitt übertragen lässt. So wird simuliert, dass die repräsentativen Kunden über den Lebenszyklus Vermögen akkumulieren, bzw. sich gemäß den Mustern in Abbildung 41 verschulden.

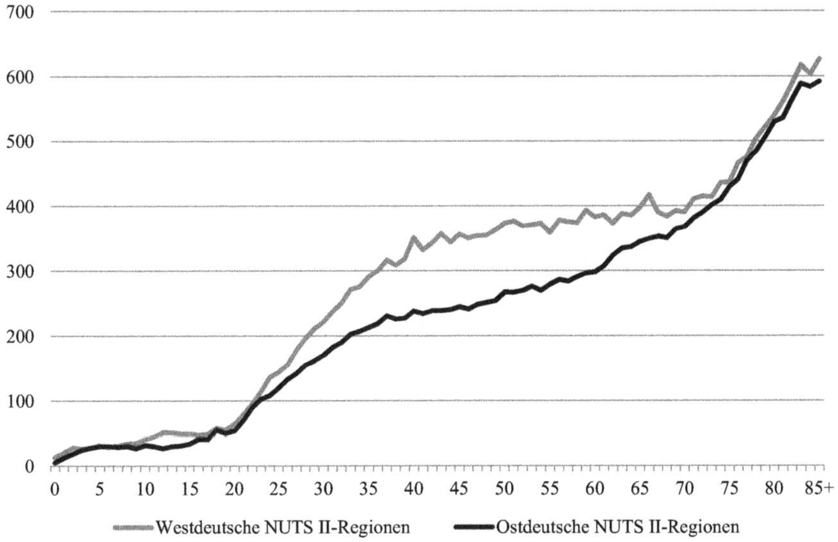

Abbildung 43: Erwarteter Deckungsbeitrag II der repräsentativen Kunden (jährliche Altersklassen, in €) ; Quelle: eigene Berechnungen

8.2.4 Prognose der Ertragsentwicklung bis 2025

Nachfolgend werden die Ergebnisse der Ertragsprognose für die 39 NUTS II-Regionen für die beiden Szenarien I und II präsentiert. Im Unterschied zur Analyse auf Sparkassenebene ergibt sich dabei durch die getroffenen Annahmen weniger Varianz in den Einflussfaktoren der Prognose, so dass die Ergebnisse und die sich ergebenden Unterschiede zumindest innerhalb der westdeutschen und ostdeutschen Gebiete stärker auf die demographischen Grundtendenzen zurückgeführt werden können. Bei einem Vergleich der Ergebnisse zwischen ost- und westdeutschen Regionen muss dagegen berücksichtigt werden, dass zur Modellierung der sich abzeichnenden Unterschiede zwischen west- und ostdeutschen Sparkassen mit regionenspezifischen Determinanten gearbeitet wird. Dies betrifft zum einen die Kundenprognosen, in die wegen der unterschiedlichen Wettbewerbssituation differierende Marktausschöpfungsquoten Ost/West einfließen.[144] Zum anderen werden wegen der unterschiedlichen wirtschaftlichen Leistungsfähigkeit und Vermögenssituation der Kunden in ost- und westdeutschen Regionen unterschiedliche Portfoliostrukturen unterstellt.[145]

8.2.4.1 Szenario I: Demographie (Benchmark)

8.2.4.1.1 Ergebnisse für die NUTS II-Regionen

Legt man die beschriebenen Annahmen und die skizzierte Methodik zu Grunde, ergeben sich für die NUTS II-Regionen im Status Quo-Szenario I Veränderungen des DB II im Zeitraum 2006 bis 2025, die in Abbildung 44 zusammengefasst werden. Zum Vergleich wird der Ertragsentwicklung die Kundenentwicklung im gleichen Zeitraum gegenübergestellt.

Im rein demographischen Szenario I ergeben sich mit Ausnahme von Sachsen-Anhalt (-0,2%) und Chemnitz (-1,4%) bis zum Jahr 2025 Ertragszuwächse, die im Bereich zwischen 0,9% (Saarland) und 19,6% (Brandenburg-Nordost) liegen. Vergleicht man diese Ergebnisse mit der erwarteten Kundenentwicklung im selben Zeitraum, so zeigt sich, dass die Ertragsentwicklung für alle NUTS II-Sparkassen wesentlich besser ausfällt als die Entwicklung der Kundenzahlen vermuten lässt. Neben dem Potenzialeffekt aus der Veränderung der Kundenzahlen spielt demzufolge auch bei der Analyse auf Bezirksebene der Altersstruktureffekt eine wesentliche Rolle. Dieser c.p. ertragssteigernde Mechanismus, der aus der Alterung der Kundenbasis und altersabhängig ansteigenden Pro-Kopf-Erträgen resultiert, spielt wegen der stärkeren Alterungsdynamik in Ostdeutschland eine wesentlich größere Rolle als in den westdeutschen Regionen.[146]

---

144 Vgl. Abschnitt 7.2.2.

145 Vgl. Abschnitt 8.2.3.

146 Zur Veränderung der Altersstruktur in den NUTS II-Regionen siehe Abschnitt 7.2.4.

die zukünftige Ertragsentwicklung. Da sich dies in Ostdeutschland wegen der in der Ausgangssituation höheren Marktausschöpfungsquoten stärker auswirkt, fällt auch der erwartete Deckungsbeitrag im Vergleich zum Basisszenario deutlicher als in den westdeutschen Regionen. Die ostdeutschen Sparkassen verlieren in Relation zu Szenario I somit im Zeitablauf nicht nur mehr Kunden als die westdeutschen Institute, sondern sie verlieren vor allen Dingen auch mehr ertragsstarke ältere Kunden. Die regional asymmetrische Wirkung des Altersstruktureffekts und die in Szenario II deutlicher zu Tage tretenden Unterscheide in der zukünftigen Kundenentwicklung verstärken die Differenzen in der Ertragsentwicklung zwischen ost- und westdeutschen Regionen und führen insbesondere bei den ostdeutschen Sparkassen zu drastischen Einbrüchen in der prognostizierten Ertragskraft.

Wie in Szenario I ist die Ertragsentwicklung auch im komplexeren Szenario II relativ gut durch die demographischen Faktoren erklärbar. Die elementare Richtung der Ertragsprognose wird durch den Potenzialeffekt, d.h. die Entwicklung der absoluten Kundenzahl vorgezeichnet. Diese wiederum hängt maßgeblich von der Bevölkerungsentwicklung ab. Analog dazu determiniert die zukünftige Altersstruktur der Bevölkerung maßgeblich die Alterung der Kundenbasis und sorgt damit für die relativierende Wirkung der Kundenaltersstruktur.

8.2.4.2.2 Ergebnisse für den Sparkassensektor

Analog zur Vorgehensweise in Szenario I können auch im realistischeren Szenario II die regionalen Teilergebnisse zusammengefasst werden, um Aussagen für die Aggregate West-/ Ost- und Gesamtdeutschland zu erhalten. Die Ertragsentwicklung über den Prognosehorizont für diese Regionen ist in Abbildung 47 abgetragen.

In Westdeutschland ergeben sich bis 2025 nur geringe Effekte aus dem Abschmelzen der Marktausschöpfung. Die Wirkungen auf die zukünftigen Kundenzahlen erweisen sich als nicht sehr bedeutend. Folglich sind die negativen Konsequenzen hinsichtlich der zukünftigen Erträge (Potenzialeffekt) ebenfalls begrenzt. Die c.p. ertragsmindernde Variation des Altersstruktureffekts durch die langsamere Alterung der Kundenbasis fällt ebenfalls nicht sehr groß aus. Insgesamt resultiert somit aggregiert immer noch ein Anstieg der prognostizierten Deckungsbeiträge von 4,3%. Demgegenüber steht ein leichter Rückgang der Kundenbasis von 1,6%.

Bei den ostdeutschen Sparkassen spielen dagegen beide skizzierten Effekte eine entscheidende Rolle. Durch die im Zeitablauf geringere Marktausschöpfung bei den alten Kunden verlieren die ostdeutschen Institute erheblich an Kunden (-21,6%), was zu deutlichen Verlusten an Ertragskraft führt. Zusätzlich führt die abgeschwächte Alterungsdynamik der Kundenbasis zu einem im Vergleich zu Szenario I geringeren ertragssteigernden Altersstruktureffekt. Im Aggregat ergibt sich ein Rückgang des erwarteten Deckungsbeitrags von 11,6%. Für den deutschen Sparkassensektor insgesamt folgt durch die Dominanz der westdeutschen Entwicklung ein Ertragsanstieg bis 2025 von 1,7% bei einem moderaten Rückgang der prognostizierten Kundenzahlen von 5,2 %.

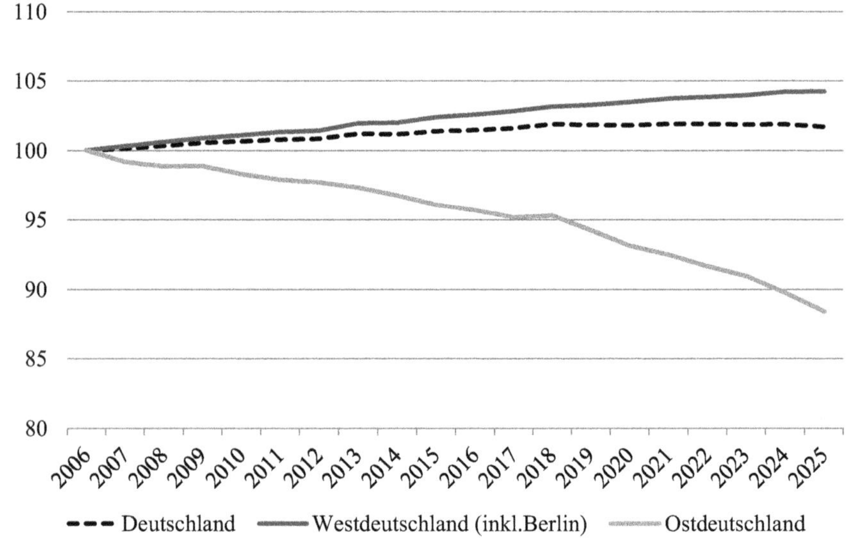

Abbildung 47: Ertragsentwicklung 2006 bis 2025 im Szenario II (Aggregate, jährliche Ergebnisse, 2006 = 100); Quelle: eigene Berechnungen

8.2.5 Analyse der Ertragsstruktur

Nachdem deutlich wurde, dass die durchschnittlich erwarteten Erträge mit dem Alter anwachsen, kann zusätzlich analysiert werden, aus welchen Komponenten diese prognostizierten Werte bestehen und wie sich die Komposition über den Lebenszyklus verändert. Hierzu werden die erwarteten Erträge in jeder Altersklasse in ihre einzelnen Bestandteile zerlegt, d.h. die Ertragswirkungen jeder ertragsrelevanten Eigenschaft werden separat ermittelt und isoliert betrachtet. Für die Portfoliovariablen Spareinlagen, Sichteinlagen, Deka-Fonds, DepotB, Darlehen und Dispositionskredite sind hierzu die durchschnittlichen Anlage-/ Kreditbeträge, mit dem zugehörigen Koeffizienten zu multiplizieren. Bei den Eigenschaftsvariablen „D_Giro“ und „D_org“ wird ähnlich verfahren.[149] Berücksichtigt werden müssen zudem die Konstante und die isolierten Alterseffekte, die eine gewichtige Rolle für die erwarteten Erträge spielen. Abbildung 48 und Abbildung 49 fassen die resultierenden Ergebnisse für die repräsentativen Kunden ost- und westdeutscher Sparkassen für die Altersklassen 0 bis 85+ zusammen.

In beiden Regionen ist dabei zu beobachten, dass der Beitrag der einzelnen Komponenten zum erwarteten Ertrag vom Lebensalter der Kunden abhängt. Dies zeigt sich am deutlichsten bei den Produkten Spareinlagen und Darlehen. So generieren insbesondere westdeutsche Sparkassen bei Kunden mittleren Alters erhebliche Deckungsbeiträge aus der Kreditvergabe. Hier ergibt sich beispielsweise für einen durchschnittlichen 40-jährigen Kunden ein erwarteter Deckungsbeitrag von 146,82 €. Dies sind fast 42% des gesamten prognostizierten Ertrags in dieser Altersklasse. Bei den jungen und älteren Kunden spielt dieses Produkt in beiden Regionen dagegen keine nennenswerte Rolle. Hinsichtlich der Spareinlagen ist bis in die mittleren Jahrgänge ein relativ kleiner Beitrag zum erwarteten Ertrag zu beobachten. Mit zunehmendem Alter der Kunden steigt die Relevanz dann erheblich an und die Spareinlagen entwickeln sich in beiden Gebieten zur bedeutendsten Ertragsquelle bei der älteren Klientel. Im Durchschnitt ergibt sich für einen repräsentativen 85-jährigen Kunden einer west- bzw. ostdeutschen Sparkasse ein prognostizierter Ertrag von 207,95 € respektive 200,42 €, was in beiden Fällen ungefähr ein Drittel des erwarteten Gesamtdeckungsbei-

149 Bei den repräsentativen Kunden der westdeutschen Sparkassen muss der Koeffizient von D_org mit 1 multipliziert werden, bei den Kunden ostdeutscher Institute erfolgt eine Multiplikation mit 0. Der Koeffizient von D_giro wird für jede Altersklasse mit der zugehörigen westdeutschen bzw. ostdeutschen Girokontenquote multipliziert.

trags in dieser Altersgruppe entspricht. Neben Darlehen und Spareinlagen liefern schließlich auch die Sichteinlagen einen signifikanten Beitrag zum Ertrag, der jedoch kleiner ausfällt. Es ergeben sich mit dem Alter ansteigende prognostizierte Deckungsbeiträge, der Anteil am Gesamtertrag bleibt mit Ausnahme der ganz jungen Kunden über den Lebenszyklus aber nahezu konstant bei ungefähr 10%. Die Ergebnisse für ost- und westdeutsche Sparkassen weisen dabei wie bei den Spareinlagen einen hohen Grad an Übereinstimmung auf. Die restlichen Portfoliovariablen variieren zwar auch mit dem Alter, sind jedoch hinsichtlich ihres prognostizierten Ertragsvolumens in beiden Regionen weniger bedeutend.

Neben den prognostizierten Deckungsbeiträgen aus den Anlage- und Kreditprodukten erweisen sich insbesondere die Erträge aus der Existenz eines Girokontos als relevant. Im Unterschied zu den Portfoliovariablen variieren die erwarteten Deckungsbeiträge aus dem Zahlungsverkehr jedoch kaum mit dem Lebensalter. Für alle repräsentativen Kunden mit einem Alter von über 17 Jahren ergibt sich ein stabiler Betrag, der in beiden Regionen nur leicht um 100 € schwankt.

Eine weitere bedeutende Ertragskomponente bilden die isolierten Alterseffekte, die mit Hilfe der Altersdummyvariablen ermittelt wurden.[150] Da mit dem Alter differierende Konditionen bzw. eine systematische altersabhängige Wahl innerhalb der Produktaggregate nicht direkt beobachtbar sind, schlagen sich existierende Unterschiede in den isolierten Alterseffekten nieder. Die nicht durch andere Variablen erklärten Wirkungen des Alters auf den Deckungsbeitrag sind wegen des identischen Koeffizientenvektors in Ost- und Westdeutschland identisch. Es liegt nahe anzunehmen, dass die negativen Ertragswirkungen bei Kunden im Alter zwischen 11 und 25 Jahren insbesondere aus speziellen Girokontokonditionen oder anderen Maßnahmen zur Kundengewinnung und -bindung resultieren. In den anderen Altersklassen ab 27 Jahren besitzt das Alter einen positiven Effekt auf den erwarteten Ertrag, der mit dem Alter ansteigt und bei den Kunden über 70 Jahren einen erheblichen Einfluss besitzt. So machen die Alterseffekte bei den 85-jährigen mit 223,38 € in beiden Regionen mehr als ein Drittel des erwarteten Deckungsbeitrags aus. Bei den älteren Kunden ist anzunehmen, dass hier weniger besondere Konditionen eine Rolle spielen, sondern dass innerhalb der Produktkategorien systematisch für die Sparkassen ertragsstärkere Produkte gewählt werden. Hierfür könnten z.B. mit dem Alter varii-

---

150 Die erwarteten Ertragswirkungen des Lebensalters, die nicht durch die anderen Variablen erklärt werden, ergeben sich direkt aus den entsprechenden Koeffizienten der Altersdummyvariable.

8.3 Ein weiteres Szenario: Zunehmende Preissensitivität

Wie in Abschnitt 6.3.1 in Abbildung 18 dargestellt, liefern die älteren Sparkassenkunden einen signifikant höheren Deckungsbeitrag, selbst dann, wenn man für die altersspezifisch höheren Vermögenswerte korrigiert. Wie bereits diskutiert wurde, ist dieses Ergebnis vermutlich darauf zurückzuführen, dass die älteren Kunden weniger preissensitiv sind und innerhalb der einzelnen Produktkategorien unattraktivere Produkte besitzen. Dies erhöht den Deckungsbeitrag der Sparkassen aus diesen Kunden offenbar erheblich. Es ist sehr fraglich, inwiefern dieses Phänomen erhalten bleiben wird, wenn die heute noch jüngeren und wesentlich preissensitiveren Kunden in die höheren Altersklassen aufrücken. Aus diesem Grund wurde noch ein weiteres Szenario entwickelt, das im Folgenden als Szenario III bezeichnet wird.

Das Szenario III unterstellt die gleiche Kundenentwicklung wie das Szenario II.[151] Es wird aber zusätzlich noch davon ausgegangen, dass sich die in der Regel ab dem 70. Lebensjahr ansteigenden Altersdummies über den Prognosehorizont sukzessive "auswachsen" und letztendlich auf dem Niveau der heute 70-Jährigen verbleiben. Konkret wurde so vorgegangen, dass die Altersjahrgänge bzw. Kohorten über 70 ihre Koeffizienten aus dem Basisjahr (z.B. 2006) beibehalten. Dies bedeutet für das erste Prognosejahr 2007, dass allen über 70-Jährigen der jeweilige Altersdummy des Vorjahresjahrgangs zugewiesen wurde. So bekommen beispielsweise die 71-Jährigen den Koeffizienten der 70-Jährigen in 2006. Für das Prognosejahr 2008 besitzen dann bereits die 70-, 71- und 72-Jährigen den Koeffizienten der 70-Jährigen und entsprechend alle älteren Jahrgänge den Wert von zwei Jahrgängen zuvor. Bei einer Prognose bis zum Jahr 2025 weisen gegen Ende des Prognosezeitraums schließlich alle Altersgruppen von 70 bis 85+ den gleichen Koeffizienten der 70-Jährigen in 2006 auf.

Die Veränderung der Altersdummies über den Prognosezeitraum ist in Abbildung 50 exemplarisch für die Ergebnisse der Schätzung IV des aggregierten Datensatzes aller Sparkassen graphisch illustriert.

---

151 Im Szenario II werden die Marktausschöpfungsquoten bis zum Alter von 35 Jahren konstant gehalten. Für jede höhere Altersklasse wird angenommen, dass die Marktausschöpfung kohortenspezifisch konstant bleibt, sich also für die einzelnen Geburtsjahrgänge nicht mehr ändert.

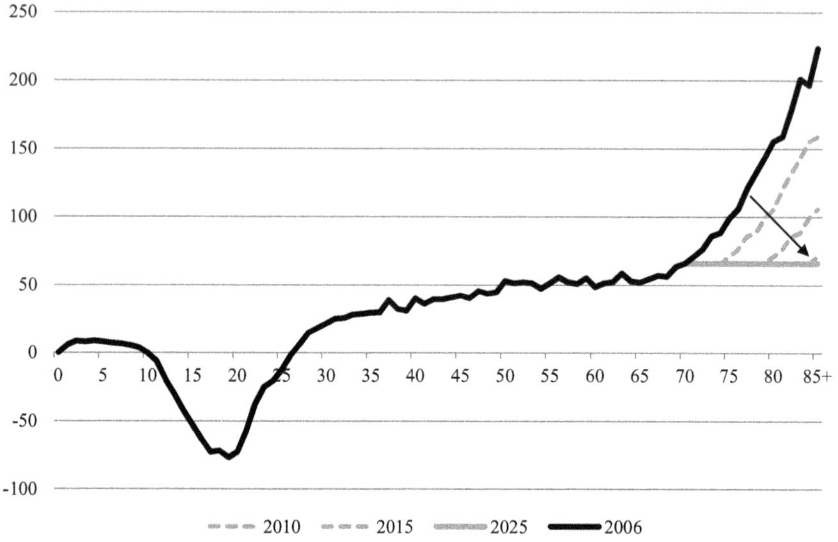

Abbildung 50: Veränderung der Altersdummies über die Zeit in Szenario III (Schätzung IV, Koeffizienten D_age(i) mit i=0,...,85+); Quelle: eigene Berechnungen

Diese Vorgehensweise lässt sich auch formal am Beispiel der Ertragsprognose für eine synthetische NUTS II-Sparkasse darstellen. Im Unterschied zur bereits bekannten Methodik der Ertragsprognose, die ausführlich in den Abschnitten 8.1.1 (Sparkassenebene) und 8.2.1 (Hochrechnung) vorgestellt wurde, muss im ersten Schritt die Matrix der ertragsgenerierenden Eigenschaften **E** nun nicht mit einem einzelnen Koeffizientenvektor sondern mit einer Koeffizientenmatrix **C** multipliziert werden, da für jedes Prognosejahr ein unterschiedlicher Koeffizientenvektor verwendet werden muss. Entsprechend enthält die Hilfsmatrix **R** für jedes zukünftige Jahr die erwarteten Deckungsbeiträge der repräsentativen Kunden in den einzelnen Altersklassen, die sich jetzt aber bei den älteren Kunden wegen der Annahme kohortenspezifischer Koeffizienten unterscheiden und nicht mehr konstant über den Prognosezeitraum sind.[152] Für die Ertragsprognose einer NUTS II-Region ergibt sich die Hilfsmatrix **R** somit wie folgt:

---

152 Erst gegen Ende des Prognosezeitraums, wenn alle Altersgruppen den Koeffizienten der 70-jährigen des Basisjahrs besitzen, verändern sich die altersspezifischen Deckungsbeiträge nicht mehr.

(13) $$\mathbf{R}_{a\,x\,t} = \mathbf{E}_{a\,x\,e} \cdot (\mathbf{C}_{t\,x\,e})^{T}$$

Die Matrix **C** besitzt die Dimension **t** x **e**, wobei **t**, die Länge des Prognosehorizonts in Jahren, durch **t** = 19 (2007 bis 2025) gegeben ist. **e** beschreibt die Anzahl der zu berücksichtigenden Koeffizienten.[153] Die Eigenschaftsmatrix **E**, die im Fall der Prognose auf NUTS II-Ebene für ost- und westdeutsche Regionen unterschiedlich ist, hat die Dimension **a** x **e**. **a** repräsentiert hierbei wie in der bisherigen Analyse die Anzahl der Altersklassen. Die Dimension der Matrix **R** ist somit gegeben durch **a** x **t**.

Zur abschließenden Ermittlung der Ertragsmatrix **P**, in der die zu erwartenden Deckungsbeiträge jeder Altersklasse für jedes Jahr des Prognosehorizonts zusammengefasst sind, wird wie aus den Abschnitten 8.1.1 und 8.2.1 bekannt, die Ertragsmatrix der repräsentativen Kunden **R** elementweise mit den korrespondierenden Elementen der Kundenmatrix **K** multipliziert.[154] Aus der Ertragsmatrix **P** kann der zu erwartende Deckungsbeitrag in den einzelnen Prognosejahren durch spaltenweise Summation über alle Altersklassen ermittelt werden. Teilergebnisse für spezielle Altersgruppen ergeben sich entsprechend durch partielle Aggregation.

Bei einer Prognose für einzelne Sparkassen aus dem Datensatz wird analog vorgegangen. Wegen der Betrachtung auf Kreisebene und des in der Regel differierenden Prognosehorizonts ergeben sich hier jedoch entsprechend andere Matrizengrößen.

Im Folgenden (Kapitel 8.3.1) werden zunächst die Ergebnisse für die elf Sparkassen unter der Annahme einer steigenden Preissensitivität zusammengefasst. Im Anschluss erfolgt die Präsentation der Hochrechnung bis 2025, indem zuerst die disaggregierten Ergebnisse für die fiktiven NUTS II-Sparkassen dargestellt werden (Abschnitt 8.3.2.1), die die Grundlage der Prognose für den deutschen Sparkassensektor im finalen Abschnitt 8.3.2.2 bilden.

---

153 Im Unterscheid zu der bisherigen Vorgehensweise müssen wegen der Annahme kohortenspezifischer Eigenschaften nun zwingend alle Koeffizienten der Altersdummies der Altersgruppen von 70 bis 85+ in den Koeffizientenvektor aufgenommen werden, d.h. auch wenn der Koeffizient insignifikant sein sollte und somit Null ist.

154 Da in Szenario III die Kundenentwicklung des Szenarios „Demographie und Wettbewerb" verwendet wird, ist präziser gesagt die Kundenmatrix dieses Szenarios II zu verwenden.

8.3.1 Ergebnisse auf Sparkassenebene bis 2020

Berücksichtigt man die Veränderungen der isolierten Alterseffekte in der Ertragsprognose für die beteiligten elf Sparkassen, so ergeben sich abhängig vom zukünftigen Anteil der älteren Kunden und der Bedeutung der Altersdummies unterschiedliche Auswirkungen auf den prognostizierten Deckungsbeitrag. Tabelle 20 fasst die Ergebnisse für die Banken 1 bis 11 zusammen. Der Veränderung des Deckungsbeitrags zwischen 2007 und 2020 im Szenario III wird zum Vergleich die Ertrags- und Kundenentwicklung in Szenario II/III gegenübergestellt. Zusätzlich wurde auch die normierte Differenz der Erträge zwischen den beiden Szenarien im Jahr 2020 aufgenommen.

Tabelle 20: Ertragsentwicklung in den Szenarien II und III (2007/2020) (Geschäftsgebiete, in %); Quelle: eigene Darstellung

	Ertragsentwicklung			Zum Vergleich: Kundenentwicklung
	Szenario II	**Szenario III**	**Differenz***	**Szenario II/III**
Bank 1	-7,37	-13,56	**-7,08**	-17,81
Bank 2	-5,95	-11,56	**-6,29**	-12,47
Bank 3	-9,74	-14,79	**-5,76**	-17,41
Bank 4	-6,28	-11,51	**-5,98**	-15,48
Bank 5	-1,59	-8,02	**-7,32**	-10,84
Bank 6	-7,05	-12,19	**-5,80**	-16,48
Bank 7	-11,92	-16,73	**-5,60**	-16,62
Bank 8	-7,79	-12,78	**-5,65**	-16,32
Bank 9	-4,58	-7,39	**-2,80**	-8,87
Bank 10	1,59	-4,27	**-5,86**	-4,51
Bank 11	2,87	2,87	**0,00**	-0,25

* Differenz der Deckungsbeitragssummen im Jahr 2020 zwischen Szenario II und Szenario III im Verhältnis zum DB II im Basisjahr 2006 bzw. 2007.

Durch den Abbau der nicht durch die anderen Variablen erklärten altersspezifischen Sondereffekte geht mit Ausnahme der Sparkasse 11 bei allen Sparkassen das erwartete Ertragsvolumen bis zum Jahr 2020 z.T. deutlich zurück. Der

Im Vergleich zu Szenario II ist durch das Abschmelzen der Alterseffekte in allen Regionen ein Rückgang des erwarteten Ertrags zu beobachten. Der dämpfende Effekt auf die zukünftigen Deckungsbeiträge gewinnt dabei im Zeitablauf zunehmend an Bedeutung, was auf den wachsenden Anteil an älteren Kunden und den sukzessive geringer werdenden Einfluss der altersspezifischen Sondereffekte zurückzuführen ist.

Vergleicht man im letzten Prognosejahr 2025 die Erträge zwischen den beiden Szenarien, so fällt auf, dass die Ertragsverluste gegenüber Szenario II in den ostdeutschen Regionen durchgängig größer ausfallen als im Westen. Normiert am Deckungsbeitrag des Jahres 2006, sinken die Erträge der fiktiven Sparkassen in den ostdeutschen Regionen zwischen 6,6% (Brandenburg-Nordost) und 6,2% (Sachsen-Anhalt). Im Westen ist eine etwas größere Varianz zu beobachten, hier ist ein prognostizierter Rückgang zwischen 4,0% (Hamburg) und 5,1% (Schleswig-Holstein) festzustellen. Im Durchschnitt ergibt sich in den westdeutschen NUTS II-Bezirken ein Ertragsverlust gegenüber Szenario II von 4,6% des Ertrags in 2006, in Ostdeutschland resultiert ein mittlerer Rückgang von 6,4%. Insgesamt fällt der Rückgang innerhalb der beiden Teile Deutschlands jedoch sehr homogen und gleichmäßig aus. Bildet man eine Rangordnung der 39 Regionen nach ihrer Ertragsentwicklung im Zeitraum 2006-2025, so ergeben sich zwischen Szenario II und III keine nennenswerten Unterschiede. Die relative Entwicklung der Regionen untereinander bleibt nahezu unverändert.[155] Das Szenario III wirkt somit wie eine im Zeitablauf zunehmende Niveauabsenkung des Ertrags.

Da für die Ertragsprognose in allen Regionen ein identischer Koeffizientenvektor verwendet wird, resultieren die beobachtbaren Niveaueffekte im Wesentlichen aus der differierenden Kundenstruktur in Ost- und Westdeutschland. Entscheidend für die Stärke des Ertragsrückgangs gegenüber Szenario II ist der zukünftige Anteil der älteren Kunden über 70 Jahre, der wegen der demographischen Faktoren und der unterschiedlichen Marktstellung in den ostdeutschen Regionen durchgängig größer ausfällt.

---

155 Die ostdeutschen Regionen verlieren zwar stärker an Ertrag als die westdeutschen, da Sie aber mit Ausnahme des Berliner Umlandes bereits in Szenario II über die ungünstigste Entwicklung verfügen, wird die Reihenfolge hierdurch kaum beeinflusst.

8.3.2.2 Ergebnisse für den Sparkassensektor

Aggregiert man die Resultate der NUTS II-Regionen zu Ergebnissen für Ost- bzw. Westdeutschland auf, so ergibt im Zeitablauf von 2006 bis 2025 eine prognostizierte Entwicklung des Deckungsbeitrags, die in Abbildung 52 dargestellt wird.

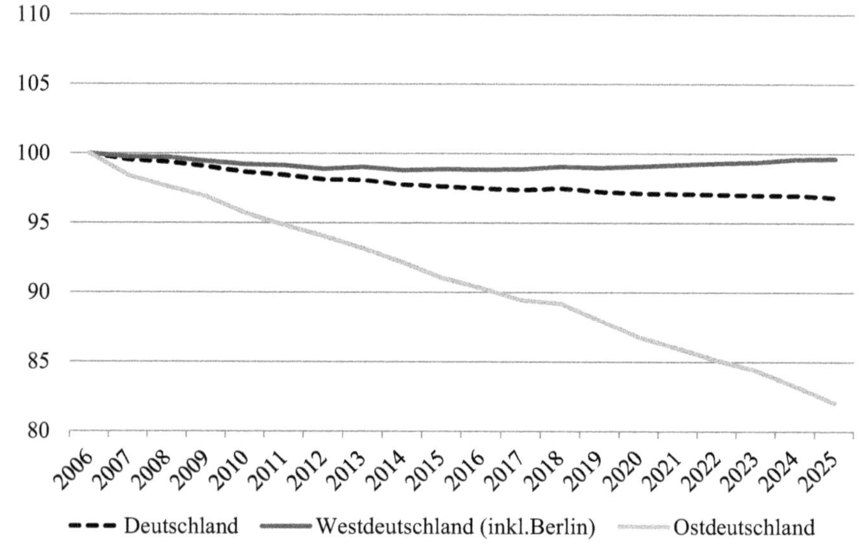

Abbildung 52: Ertragsentwicklung (DB II) 2006 bis 2025 im Szenario III (Aggregate, jährliche Ergebnisse, 2006 = 100); Quelle: eigene Berechnungen

Trotz regional z.T. erheblicher Auswirkungen stellt der demographische Wandel im Aggregat auch im pessimistischsten Szenario III für die westdeutschen Sparkassen kein gravierendes Problem dar. Bis zum Jahr 2014 sinkt der Ertrag ganz leicht auf 98,8% des Ausgangsniveaus um danach wieder anzusteigen. Bis 2025 sind nur marginale Verluste von 0,4% zu erwarten. In Ostdeutschland ergibt sich dagegen ein ganz anderes Bild. Durch die zusätzlich getroffenen Annahmen ist ausgehend vom Basisjahr ein stetiger sinkender Ertrag zu beobachten. Bis zum Jahresende 2025 bricht in den ostdeutschen Regionen fast ein Fünftel des Ertrags weg (-18,0%).

Die Entwicklung für den gesamten Sparkassensektor ergibt sich schließlich als gewichteter Durchschnitt. Wie in Ostdeutschland sind hier zwar ebenfalls stetig sinkende Erträge zu erwarten, die Einbußen sind jedoch wesentlich geringer. Bis zum Ende des Prognosezeitraums ist durch die Dominanz der günstigeren Entwicklung der westdeutschen Regionen lediglich erwarteter Verlust von 3,2% zu konstatieren.

Wie durch die Analyse in Abschnitt 8.3.1 zu erwarten, ergibt sich im Vergleich zu Szenario II in beiden Teilen Deutschlands ein Ertragsverlust, der im Osten größer ausfällt und im Zeitablauf zunimmt. Nach 2021 sind die Alterseffekte komplett abgeschmolzen, was zu einer Stabilisierung der Ertragsunterschiede führt. Abbildung 53 illustriert diesen Zusammenhang.

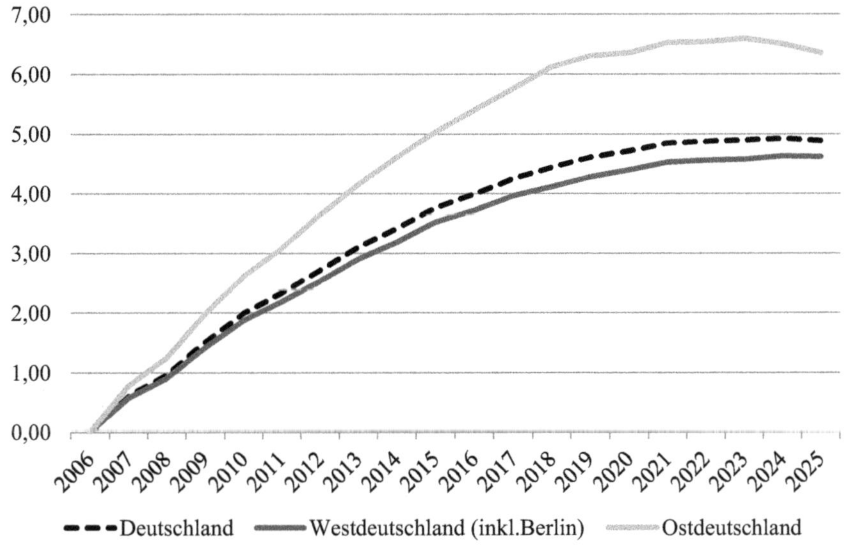

Abbildung 53: Ertragsdifferenzen zwischen Szenario II und III (Aggregate, jährliche Ergebnisse, in % des Ertrags in 2006); Quelle: eigene Berechnungen

9 Zusammenfassung und Fazit

Die mittelfristige Bevölkerungsdynamik in Deutschland ist durch substantielle Alterungs- und Schrumpfungsprozesse gekennzeichnet, die regional jedoch stark divergieren. Bislang existieren in der wissenschaftlichen Literatur jedoch kaum Anhaltspunkte, welche Konsequenzen sich daraus für Banken und deren Ertragslage ergeben. In der vorliegenden Arbeit wurde deshalb erstmals versucht, diese Auswirkungen abzuschätzen.

Im Fokus der Untersuchung steht dabei das Privatkundengeschäft der Sparkassen, die aus verschiedenen Gründen ein geeignetes Untersuchungsobjekt sind. Zum einen spielen Sparkassen eine bedeutende Rolle im deutschen Bankensystem und verfügen insbesondere im Privatkundengeschäft, das direkt von demographischen Prozessen betroffen sein wird, über sehr große Marktanteile. Zweitens können Sparkassen aufgrund ihrer spezifischen Charakteristika den demographischen Risiken in ihrem Geschäftsgebiet schwer ausweichen. So ist ihre Geschäftstätigkeit nach dem Regionalprinzip prinzipiell auf das Gebiet ihres Trägers restringiert. Zudem können sie sich aufgrund ihres öffentlichen Auftrags nicht ohne weiteres aus der peripheren Fläche zurückziehen. Eine Diversifikationsstrategie über Internationalisierung oder Verlagerung der Geschäftstätigkeit scheint ihnen somit verbaut. Da Sparkassen zudem ihre Eigenkapitalbasis in der Regel nur durch thesaurierte Gewinne vergrößern können, ist für sie eine Quantifizierung demographisch induzierter Ertragsrisiken essentiell und hat darüber hinaus wegen ihres Gewichts im Bankensektor auch für die Finanzmarktstabilität gewisse Relevanz.

Zur Prognose der Ertragswirkungen steht im Rahmen dieser Untersuchung eine einzigartige Datenbasis zur Verfügung, die insgesamt ca. 2,5 Millionen Privatkundendatensätze elf deutscher Sparkassen aus verschiedenen Regionen Ost- und Westdeutschlands aus den Jahren 2006/2007 umfasst. Der verwendete Datensatz enthält dabei detaillierte Informationen zu Ertrag, Produktnutzung und –inanspruchnahme, sowie zu soziodemographischen Kriterien wie Einkommen, Alter und Wohnort. Diese kundenindividuellen Informationen fließen zusammen mit geeigneten Bevölkerungsprognosen in ein mikroökonometrisch fundiertes Simulationsmodell ein, um die Auswirkungen des Demographischen Wandels auf den Sparkassenertrag zu prognostizieren.

Das prinzipiell universell anwendbare Modell wurde dabei auf zwei Untersuchungsebenen implementiert. Zum einen erfolgte eine Simulation demographisch induzierter Auswirkungen auf Kundenbasis und Ertrag für die involvierten elf Sparkassen. Anschließend wurden auf Basis dieser Ergebnisse Hochrechnungen für die 39 deutschen NUTS II-Regionen durchgeführt, um schließlich durch Aggregation Aussagen für den Sparkassensektor als Ganzes zu treffen und regional divergierende Entwicklungen zu identifizieren.

Die Analysen wurden dabei für drei Szenarien durchgeführt. Szenario I unterstellt, dass die Wettbewerbsposition der Sparkassen (die in der Untersuchung durch die altersspezifische Marktanteilsstruktur abgebildet wird) unverändert bleibt. Mit Hilfe dieses Basisszenarios werden die Effekte quantifiziert, die unter sonst unveränderten Rahmenbedingungen aus der Veränderung von Bevölkerungszahl und -struktur entstehen. In Szenario II wird zusätzlich angenommen, dass die Sparkassen ihre exponierte Stellung im Segment der älteren Kunden nicht aufrechterhalten können und sukzessive Marktanteile verlieren. Zusätzlich wurde jeweils noch ein drittes Szenario gerechnet, in das aufbauend auf der Kundenentwicklung des Szenarios II zusätzlich eine steigende Preissensitivität bei den zukünftig alten Kunden integriert wird (Szenario III). Dieses Szenario bildet die zukünftige Entwicklung im Privatkundengeschäft vermutlich am realistischsten ab.

In allen drei Szenarien wurde deutlich, dass der demographische Wandel über mindestens zwei Wirkungskanäle den Ertrag beeinflusst. Erstens kann ein „Volumeneffekt" identifiziert werden. Wächst bzw. schrumpft die Bevölkerung in einer Region, so spiegelt sich dies zumindest partiell auch in der Kundenbasis und damit letztendlich auch in den Erträgen wider. Die erwartete Wettbewerbssituation wirkt dabei wie ein „Filter", der über die Bevölkerungsprognose gelegt wird und die zukünftige Kundenzahl und -struktur determiniert. Unterstellt man z.B. wie im (unrealistischen) Basisszenario I zukünftig konstant hohe Marktanteile bei älteren Kunden, so ergeben sich automatisch zukünftig steigende Kundenzahlen in diesem Segment, da bevölkerungsstarke Kohorten in diese Altersklassen hineinwachsen.

Zweitens ist zusätzlich ein „Altersstruktureffekt" festzustellen. Es zeigt sich, dass der durchschnittliche Ertrag, den Sparkassen mit einem Kunden generieren werden, auf Grund steigender Vermögen und abnehmender Mobilität nahezu kontinuierlich mit dem Alter ansteigt. Altert die Kundenbasis der Sparkassen, steigt auch der Anteil ertragsstarker älterer Kunden und damit c.p. der Gesamtertrag. Die Gesamtwirkung auf die Ertragslage ergibt sich durch die komplexe Interaktion beider Effekte.

Insgesamt resultiert für den ost-, west- und gesamtdeutschen Sparkassensektor in den drei Szenarien eine Kunden- und Ertragsentwicklung, die in Tabelle 21 zusammengefasst ist.

Tabelle 21: Ergebnisübersicht Kunden- und Ertragsentwicklung (Szenario I – III); Quelle: eigene Berechnungen

		Prognostizierte Entwicklung 2006/2025 (in%)		
Szenario	**Region**	**Kunden**	**Ertrag (DB II)**	**Bevölkerung**
I Demographischer Wandel (DW)	West	1,86	9,53	0,43
	Ost	-9,81	5,66	-13,61
	Gesamt	**-0,22**	**8,91**	**-1,83**
II DW + Wettbewerb	West	-1,59	4,25	0,43
	Ost	-21,60	-11,61	-13,61
	Gesamt	**-5,15**	**1,71**	**-1,83**
III DW + Wettbewerb + Preissensitivität	West	-1,59	-0,36	0,43
	Ost	-21,60	-17,97	-13,61
	Gesamt	**-5,15**	**-3,18**	**-1,83**

Im rein demographischen Szenario I wird deutlich, dass die Bevölkerungsdynamik per se für den Sparkassensektor keine Bedrohung darstellt. Gelingt es den Sparkassen auch zukünftig ihre gute Marktposition bei der älteren, tendenziell ertragsstarken Bevölkerung zu halten, resultiert ein marginaler Kundenverlust von 0,2%. Gleichzeitig wird ein Anstieg der Erträge um 8,9% erwartet. Dieses Ergebnis ist primär dem Altersstruktureffekt geschuldet. Durch die Annahmen in Szenario I resultiert eine verhältnismäßig alte und zugleich ertragsstarke Kundenbasis, da wie oben beispielhaft skizziert, starke Jahrgänge in Altersklassen mit relativ hohen Marktanteilen „hineinwachsen".

Etwas anders stellt sich die Situation in Szenario II dar. Wenn die hohen Marktanteile bei den älteren Kunden sukzessive zurückgehen, müssen die Sparkassen insgesamt mit einem Kundenrückgang von 5,2% rechnen. Da die unter diesen Prämissen prognostizierte Kundenbasis zwangsläufig kleiner und jünger ist als in Szenario I, kommt zum einen nun ein negativ wirkender Volumeneffekt zum Tragen, zum anderen fällt der positiv wirkende Altersstruktureffekt deutlich schwächer aus, da der Anteil relativ ertragsstarker älterer Kunden im Vergleich zu Szenario I deutlich kleiner wird. Beide Effekte spielen insbesondere für Ostdeutschland eine Rolle, wo der erwartete Ertrag deutlich einbricht. Für die deutschen Sparkassen insgesamt kann allerdings immer noch mit einem Anstieg des DB II um 1,7% gerechnet werden. Im Szenario III schließlich, das auf der Kundenentwicklung des Szenarios II basiert, wird zusätzlich eine steigende Preissensitivität älterer Kunden implementiert, die insbesondere in bei ostdeutschen Sparkassen nochmals deutlich ertragsdämpfend wirkt. Sie verlieren in diesem Szenario 18,0% ihres Ausgangsertrags aus 2006. Dennoch ergibt sich für den Sparkassensektor insgesamt bis 2025 nur ein überschaubarer Ertragsrückgang von 3,2%. Für den Sparkassensektor insgesamt sind also selbst im vermutlich realitätsnahesten Szenario, das gleichzeitig das pessimistischste ist, keine dramatischen Konsequenzen zu befürchten.

Die aggregierten Ergebnisse verschleiern dabei aber die starke Heterogenität innerhalb Deutschlands. Es wird deutlich, dass die Entwicklung zwischen den einzelnen Regionen erheblich divergiert. So existieren in Westdeutschland prosperierende städtische Regionen (wie z.B. Oberbayern mit +6,9%), in denen selbst in Szenario III mit einem Ertragsanstieg zu rechnen ist. Gleichzeitig werden für alle Regionen Ostdeutschlands Ertragseinbrüche bis hin 24,0% im Bezirk Chemnitz prognostiziert. Die zu erwartenden demographischen Prozesse schlagen sich somit im Großen und Ganzen deutlich in der Ertragsprognose nieder.

Mögliche Erweiterungen

Das verwendete Simulationsmodell kann und soll in weiteren Analysen über die in der Arbeit verwendete Methodik hinaus erweitert werden. Erstens ist es (bei Vorliegen von entsprechenden Kundendatensätzen) denkbar, die Untersuchung auf andere Banken wie Kreditgenossenschaften oder private Banken zu erweitern. Dies ist insbesondere für die Genossenschaftsbanken von Interesse, da sie ebenfalls nur regional agieren, dabei aber noch wesentlich fragmentierter auftreten und vor einer vor einer ähnlichen demographischen Herausforderung stehen. Informationen zu den anderen Bankengruppen würden es zudem ermöglichen, eine Ertragsprognose für das gesamte deutsche Privatkundengeschäft durchzuführen. Zweitens ist angestrebt, einen Paneldatensatz aufzubauen, d.h. die Untersuchung um mehrere Zeitpunkte zu erweitern. Diese Vorgehensweise hätte diverse Vorteile. So wäre es zumindest mittelfristig bei ausreichender Frequenz möglich, konjunkturelle Effekte auf den Ertrag zu modellieren. Weiter könnte man die Prognose des zukünftigen Wettbewerbs zumindest auf Basis einer Referenzentwicklung operationalisieren und fortschreiben. Dies gilt ebenfalls für die Eigenschaften der Kunden, d.h. insbesondere für die zukünftige Produktinanspruchnahme, die bislang als konstant über den Prognosezeitraum angenommen wurde. Durch Variation dieser zukünftigen Volumina könnten z.B. in bestimmten Regionen zu erwartende Szenarien der Altersarmut simuliert werden. Drittens soll aufbauend auf der deterministischen Szenario-Prognose mit Hilfe von Monte Carlo Simulationen eine stochastische Variante erstellt werden, die es z.B. erlaubt, Konfidenzintervalle für die zukünftigen Erträge zu ermitteln.

Literaturverzeichnis

Abel, A. B. (2001): Will bequests attenuate the predicted meltdown in stock prices when baby boomers retire? The Review of Economics and Statistics, 83 (4), 589-595.

Ashauer, G. (2005): Sparkassen und Banken im Wettbewerb - Strukturwandel im deutschen Kreditgewerbe, Stuttgart.

BA - Bundesagentur für Arbeit (2005): Arbeitslose und Arbeitslosenquoten (abh. EP) sowie ausgewählte Strukturen (Frauen, Ausländer, unter 25 Jahre, Langzeitarbeitslose, Schwerbehinderte) nach Kreisen ab Dezember 1984, Nürnberg.

BBR (2008): Raumordnungsprognose 2025. BBR-Berichte KOMPAKT 2/2008.

BBR (2008a): INKAR - Indikatoren zur Regionalentwicklung, Ausgabe 2007. CD-ROM, Bonn.

BBR (2009): Raumordnungsprognose 2025/2050. Berichte, Band 29. Bonn.

BBR (2009a): Raumordnungsprognose 2025/2050. Teilprognose Bevölkerung bis 2025. Elektronische Sonderauswertung auf NUTS II-Ebene.

BCG – Boston Consulting Group (2007): The Demographic Time Bomb: Human resources Challenges in Banking. Opportunites for Action. Onlinequelle: https://bcg.com/documents/file15015.pdf (letzter Zugriff: 12.12.2010)

Blume, H. (2000): Sparkassen im Spannungsfeld zwischen öffentlichem Auftrag und kreditwirtschaftlichem Wettbewerb, Baden-Baden.

Boersch-Supan, A. (2003): Labor market effects of population ageing. Review of Labour Economics and Industrial Relations 17, 5-44.

Brachat-Schwarz und Walla, W. (2008): Zur Treffsicherheit von Prognosen – oder: Was können Vorausrechnungen leisten? Statistisches Monatsheft Baden-Württemberg 7/2008. 48-54

Brandt, H.-D. (1993): Wem gehören die Sparkassen? In: Sparkasse, Heft 2/93, 54-55

Braunstein, S. und Welch, C. (2002): Financial Literacy: An Overview of Practice, research and policy. Federal Reserve Bulletin. November: 445-457.

Bretz, M. (1986): „Bevölkerungsvorausberechnungen: Statistische Grundlagen und Probleme". In: Wirtschaft und Statistik 4/1986, S.233-260

Bretz, M. (2001): „Zur Treffsicherheit von Bevölkerungsvorausberechnungen". In: Wirtschaft und Statistik 11/2001, S. 906-916.

Buchmann, P. (2001): Hat die Sparkassenorganisation eine Zukunft? In: Zeitschrift für das gesamte Kreditwesen, Nr. 10, 578-583.

BVR – Bundesverband der Deutschen Volksbanken und Raiffeisenbanken (2001): Bündelung der Kräfte - Die gemeinsame Strategie, Bonn.

BVR – Bundesverband der Deutschen Volksbanken und Raiffeisenbanken (2009): Vermögensbildung der Bundesbürger: Der Osten Deutschlands holt auf. Volkswirtschaft: Meinung, Analysen, Fakten, Special Nr. 11/09, Berlin.

BVR – Bundesverband der Deutschen Volksbanken und Raiffeisenbanken (2010): Alle Volksbanken und Raiffeisenbanken per Ende 2009. Onlinequelle:
http://www.bvr.de/public.nsf/AFA42263F055F5CFC1257129005CC5B9/$FILE/Liste_alle_Banken2009.pdf. (letzter Zugriff: 01.11.2010)

Casamatta, G., Cremer, H. und Pestieau, P. (2001): Demographic shock and social security: A political economy perspective. International Tax and Public Finance, 8 (4), 417-431.

Cattaneo, M. und Wolter, S. (2009): Are the elderly a threat to educational expenditures? European Journal of Political Economy 25, 225-236.

Cicholas U. und Ströker, K. (2009): Vorausberechnung der Bevölkerung in den kreisfreien Städten und Kreisen Nordrhein-Westfalens 2008 bis 2030/2050. Statistische Analysen und Studien NRW, Band 60. Düsseldorf.

Conrad, A. (2007): Das Konzept des Reverse Mortgage : eine Alternative für Deutschland? In: Bank-Archiv, 55(8), 631-642.

Conrad, A. (2008): Banking in schrumpfenden Regionen – Auswirkungen von Alterung und Abwanderung auf Regionalbanken. Thünen-Reihe Angewandter Volkswirtschaftstheorie. Working Paper No.94, Universität Rostock.

Conrad, A. und Neuberger, D. (2007): Ergebnisse zur schriftlichen Sparkassenbefragung im Rahmen des Forschungsprojekts: „Banking in schrumpfenden Regionen – Auswirkungen von Alterung und Abwanderung auf Regionalbanken unter besonderer Berücksichtigung der Sparkassen", Broschüre erhältlich auf Anfrage, Universität Rostock.

Conrad, A., Neuberger, D. und Trigo Gamarra, L. (2009): Der Einfluss regionaler und demographischer Umfeldfaktoren auf die Kosten- und Ertragssituation von Sparkassen - Eine Effizienzanalyse. Thünen-Reihe Angewandter Volkswirtschaftstheorie. Working Paper No.107, Universität Rostock.

Demange, G. und Laroque, G. (1999): Social security and demographic shocks. Econometrica, 67 (3), 527-542.

Deutsche Bank (2010): Deutsche Bank im Überblick – Zahlen und Fakten. Onlinequelle:

http://www.db.com/medien/de/downloads/Deutsche_Bank_im_Ueberblick.pdf (letzter Zugriff: 07.12.2010)

DBB – Deutsche Bundesbank (2005): Bankstellenbericht. Entwicklung des Bankstellennetzes im Jahr 2004. Onlinequelle: http://www.bundesbank.de/download/bankenaufsicht/pdf/bankstellenbericht05.pdf (letzter Zugriff: 01.11.2010)

DBB – Deutsche Bundesbank (2009): Bankstellenbericht. Entwicklung des Bankstellennetzes im Jahr 2008. Onlinequelle: http://www.bundesbank.de/download/bankenaufsicht/pdf/bankstellenbericht09.pdf (letzter Zugriff: 01.11.2010)

DBB – Deutsche Bundesbank (2010): Bankstellenbericht. Entwicklung des Bankstellennetzes im Jahr 2009. Onlinequelle: http://www.bundesbank.de/download/bankenaufsicht/pdf/bankstellenbericht10.pdf (letzter Zugriff: 01.11.2010)

DSGV (2006): Sparkassen und Bankenmarkt in Deutschland. Aktualisierte Fassung 2006, Berlin.

DSGV (2009): Die Geschichte der Sparkassen-Finanzgruppe. Onlinequelle: http://www.sparkassenfinanzgruppe.de/owx_medien/media230/23049.pdf (letzter Zugriff: 01.11.2010)

DSGV (2010a): Finanzbericht 2009. Onlinequelle: http://www.dsgv.de/_download_gallery/Publikationen/Finanzbericht2009_D.pdf (letzter Zugriff: 01.11.2010)

DSGV (2010b): Sparkassenrangliste 2009. Onlinequelle: http://www.dsgv.de/_download_gallery/statistik/Sparkassenrangliste_2009.pdf. (letzter Zugriff: 01.11.2010)

DSGV (2010c): Sparkassen-Finanzgruppe in Zahlen. Statistisches Beiheft zum Jahresbericht 2009. Onlinequelle: http://www.dsgv.de/_download_gallery/Publikationen/Statistisches_Beiheft_JB_2009.pdf (letzter Zugriff: 07.12.2010)

Ellgering, I. (2002): Sparkassen im Spannungsfeld von Solidarität und Wettbewerb, Stuttgart.

Engerer, H. und Schrooten, M. (2004): Untersuchung der Grundlagen und Entwicklungsperspektiven des Bankensektors in Deutschland (Dreisäulensystem). Gutachten im Auftrag des BMF, DIW, Berlin.

EU-Kommission (2007): Report on the retail banking sector inquiry. Commission Staff Working Document SEC(2007) 106.

EZB – Europäische Zentralbank (2006): The Impact of Ageing on EU Banks. Report on EU Banking Structures. Frankfurt am Main, 21-37.

EZB – Europäische Zentralbank (2006b): Macroeconomic Implications of Demographic Developments in the Euro Area. Occasional Paper Series No. 51, Frankfurt am Main.

Fehr, H. (2000): Pension reform during the demographic transition. Scandinavian Journal of Economics, 102 (3), 419-443.

Fendt, M., Hautz, J., Puntscher, S. (2008): Demographischer Wandel – Strategische Implikationen für den Bankensektor. In: Bank-Archiv, 56(6), 404-414.

Gärtner, S. (2008): Ausgewogene Strukturpolitik: Sparkassen aus regionalökonomischer Perspektive. Beiträge zur Europäischen Stadt- und Regionalforschung, Band 5, Berlin.

GFK – Gesellschaft für Konsumforschung (2009): GfK Marktdaten - Kaufkraft Deutschland 2009. CD-ROM.

Gottschling, M., Saier, M. und Weber, K. (2008): Alte Kunden, Gute Kunden: Reorganisation einer Regionalbank im Hinblick auf den demographischen Wandel. Marburg.

Gondat-Larralde, C. und Nier, E. (2004): The Economics of Retail Banking - An Empirical Analysis of the UK Market for Personal Current Accounts. Bank of England Quarterly Bulletin, Summer.

Grabka, M. und Frick, J. (2007): Vermögen in Deutschland wesentlich ungleicher verteilt als Einkommen, DIW Wochenbericht 74(45), 665-672.

Grabka, M und Frick, J. (2009): Gestiegene Vermögensungleichheit in Deutschland, DIW Wochenbericht, 76(4), 54-67.

Gruber, K. (2003): Demografie und Bankgeschäft: Internationalisierung als Lösung. In: Deutsche Bank Research (Hrsg.): Aktuelle Themen, Demographie Spezial, Nr. 269, Frankfurt am Main.

Güde, U. (1995): Geschäftspolitik der Sparkassen – Grundlagen und aktuelle Probleme, Stuttgart.

Hackl, P. (2005): Einführung in die Ökonometrie, München.

Hartmann-Wendels, T., Pfingsten, A. und Weber, M. (2007): Bankbetriebslehre. 4. Auflage. Berlin.

Häder, M. (Hrsg.) (2002): Delphi-Befragungen. Ein Arbeitsbuch, Wiesbaden.

Henschel, B., Pohl, C. und Thum, M. (2008): Demographic change and regional labour markets: The case of Eastern Germany. CESifo Working Paper No. 2315.

Hinde, A. (1998): „Demographic Methods". New York. Hodder Arnold.

Hoffman-Theinert, R. (Hrsg.) (2000): Rechtsprechung zum Sparkassenrecht. 4. Folge, Untersuchungen über das Spar-, Giro- und Kreditwesen. Band 33/V, Berlin.

Juncker, K. und Nietert, B. (Hrsg.) (2010): Demographic Banking: Demographische Entwicklung als Herausforderung für Kreditinstitute, Frankfurt am Main.

Keilman, N. (1997): Ex-post errors in official population forecasts in industrialized countries. Journal of Official Statistics 13, 245–277.

Keilman, N. (2005): Erroneous Population Forecasts. In: Keilman, N. (Hrsg): Perspectives on Mortality Forecasting II. Social Insurance Studies No.2, 7-26.

Keyfitz, N. (1981): The Limits of Populations Forecasting. Population and Development Review, 7(4): 579-593

Kim, M., Kliger, D. und Vale, B. (2003): Estimating switching costs: The case of banking. Journal of Financial Intermediation, 12 (1), 25-56.

Klein, M. (2003): Die Privatisierung der Sparkassen und Landesbanken – Begründungen, Probleme und Möglichkeiten aus ökonomischer und rechtlicher Perspektive. Europäische Hochschulschriften Reihe V, Frankfurt am Main (u.a.).

Kleinheyer, N. und Lötzer, A. (2006): Restrukturierung der Kreditwirtschaft in den neuen Ländern – eine Erfolgsgeschichte. In: Emmerich, N. und Roßbach P. (Hrsg.): Der Bankensektor im Wandel, Frankfurt am Main, 19-34.

Klüpfel, W., Gaberdiel, H. und Gnam, P. (2001): Kommentar zum Sparkassengesetz. Das Sparkassenrecht in Baden-Württemberg, 6.Auflage, Stuttgart.

Köhler, M. [2008]: Trends im Retail-Banking: Ausländische Banken im deutschen Bankenmarkt. ZEW Dokumentation Nr. 08-03.

Krause, P. und Schäfer, A. (2005): Verteilung von Vermögen und Einkommen in Deutschland: Große Unterschiede nach Geschlecht und Alter, DIW Wochenbericht 72(11), 199-207.

Lindh, T. und Malmberg, B. (1998): Age structure and inflation - A wicksellian interpretation of the OECD data. Journal of Economic Behavior & Organization 36, 19-37.

Lindh, T. und Malmberg, B. (2000): Can age structure forecast inflation trends? Journal of Economics & Business 52, 31-49.

Lindbergh, J., Nahum, R.-A. und Sandgren, S. (2008): Population ageing: Opportunities and challenges for retail banking. International Journal of Bank Marketing, 26(1), 6-24.

Little, R.J. und Rubin, D.B. (2002): Statistical analysis with missing data. 2nd Edition, New York.

Lütke-Uhlenbrock, C. (2007): Bewertung öffentlich-rechtlicher Sparkassen, Wiesbaden.

Nierhaus, M. und Stern, K. (1991): Das Regionalprinzip im öffentlich-rechtlichen Sparkassenwesen. Seine Geltung und Reichweite im Sparkassenorganisationsrecht und Geschäftsrecht, Stuttgart.

Marshall, A.W. und I. Olkin (1979): Inequalities. Theory of Majorization and Its Application. Academic Press: New York.

Matschke, M. und Witt, C. (2004): Entscheidungswertermittlung bei der Vereinigung öffentlich-rechtlicher Sparkassen. In: Burkhardt, T., Körnert, J. und Walther, U. (Hrsg.): Banken, Finanzierung und Unternehmensführung, Berlin, 249-271.

Matthews, C. und MacRae, M. (2006): The demographics of switching. Paper presented at 11th Finsia/Melbourne Centre for Financial Studies Conference, Melbourne, Australia.

Matthews, C. und Murray, D. (2007): Helping bank customers switch: A case study. Journal of Financial Services Marketing, 11, 360–369.

Matthews, C., Moore, C. und Wright, M. (2008a): Why not switch? Switching costs and switching likelihood. Paper presented at 13th Finsia and Melbourne Centre for Financial Studies Banking and Finance Conference, Melbourne, Australia.

Matthews, C., Moore, C. and Wright, M. (2008b): Is Switching Banks Easy? Perception vs. Experience. 21st Australasian Finance and Banking Conference Paper.

Matthews, C. (2009): Switching costs in the New Zealand banking market. Ph.D. Thesis, Massey University, New Zealand.

Montén, A. und Thum, M. (2010): Ageing municipalities, gerontocracy and fiscal competition. European Journal of Political Economy, 26 (2), 235-247.

Nagelschmidt, M. und Neymanns, H. (1999): Wandel bewältigt? Perspektiven der ostdeutschen Genossenschaftsbanken, Frankfurt am Main.

Neuberger, D. und Schindler, M. (2001): Nutzen und Kosten des öffentlichen Auftrags bei Sparkassen und Landesbanken. In: Zeitschrift für öffentliche und gemeinwirtschaftliche Unternehmen. Sonderdruck, Beiheft 27, 86-117.

Neuberger , D., Conrad, A. (2008): Banking in schrumpfenden Regionen – Herausforderung für die Sparkassen. In: Wissenschaft für die Praxis, Heft 65, 18-21.

Oberbeckmann, H.-L. (1982): Stichwort Regionalprinzip. In: Handwörterbuch der Sparkassen, Bd.3, Stuttgart, 443-445.

OECD (2005): Improving financial literacy: analysis of issues and policies, Paris: OECD Publications.

Pohl, H. (2001): Die rheinischen Sparkassen - Entwicklung und Bedeutung für Wirtschaft und Gesellschaft von den Anfängen bis 1990, Stuttgart.

Poterba, J. (2001): Demographic structure and asset returns. The Review of Economics and Statistics, 83 (4), 565-584.

Poterba, J. (2004): Impact of population ageing on financial markets in developed countries. Economic Review, 89 (4), 43-53.

Raskin, P. (2001): Das Regionalprinzip und (neue) elektronische Vertriebswege im Retailbanking, Berlin.

Ronzal, W. und Muthers, H. (Hrsg.) (2007): Wettlauf um die Alten: Bankmarketing für die Zielgruppe 50plus, Wiesbaden

Rosar, M. (2006): Konsequenzen des quantitativen und qualitativen demographischen Wandels für Regionalbanken in migrationsbenachteiligten Regionen am Beispiel einer Sparkasse, unveröffentlichtes Working Paper.

Rosar, M. und Queck, S. (2007): Chancen und Risiken sind regional unterschiedlich verteilt. Wie reagieren Sparkassen auf den demographischen Wandel? In: Betriebswirtschaftliche Blätter, Nr. 03, 145- 147.

Schafer, J.L. (1997): Analysis of incomplete multivariate data. London.

Schierenbeck, H. (2003): Ertragsorientiertes Bankmanagement. Band 1: Grundlagen, Marktzinsmethode und Rentabilitäts-Controlling. 8. Auflage. Wiesbaden.

Schlierbach, H. und Püttner, G. (2003): Das Sparkassenrecht der Bundesrepublik Deutschland, 5. Auflage, Stuttgart.

Schmitz, S. (2007): Demographischer Wandel – Strategische Implikationen für den Bankensektor und Konsequenzen für die Finanzmarkstabilität. Österreichische Nationalbank, Finanzmarktstabilitätsbericht 13, 106-127.

Schrooten, M. (2010): Landesbanken: Megafusion allein ist kein Ausweg. DIW-Wochenbericht Nr. 18, 9-15.

Schulz, B. (2005): Senioren als Bankkunden: Ein Beratungs- und Betreuungskonzept für Finanzdienstleister, Wiesbaden.

Schütz, M. (2006): Das Regionalprinzip öffentlich-rechtlicher Sparkassen im Spannungsfeld geschäfts- und rechtspolitischer Entwicklungen. In: Emmerich, N. und Roßbach P. (Hrsg.): Der Bankensektor im Wandel, Frankfurt am Main, 61-78.

Smith, S.K., Tayman, J. und Swanson, D. A. (2001): „State and Local Population Projections: Methodology and Analysis". New York. Kluwer Academic/Plenum Publishers.

Sommerfeld, O. (2005): Wettbewerb kontra Daseinsfürsorge. Die Strukturmerkmale der kommunalen Sparkassen in Deutschland im Lichte des EG Wettbewerbsrechts, Hamburg.

Statistisches Amt der DDR (Hrsg.) (1990): Statistisches Jahrbuch 1989 der DDR, Berlin (Ost).

Statistische Ämter des Bundes und der Länder (2007): Demographischer Wandel in Deutschland. Heft 1: Bevölkerungs- und Haushaltsentwicklung im Bund und in den Ländern. Wiesbaden.

Statistische Ämter der Länder (2007a): Einkommen der privaten Haushalte in den kreisfreien Städten und Landkreisen Deutschlands 1995 bis 2006. Reihe 2 Kreisergebnisse, Band 3. Wiesbaden.

Statistische Ämter der Länder (2007b): Bruttoinlandsprodukt, Bruttowertschöpfung in den kreisfreien Städten und Landkreisen Deutschlands 1992 und 1994 bis 2006. Reihe 2 Kreisergebnisse, Band 1. Wiesbaden.

Statistisches Bundesamt (2006): 11. Koordinierte Bevölkerungsprognose - Annahmen und Ergebnisse. Bericht. Wiesbaden.

Statistisches Bundesamt (2006a): Bevölkerung Deutschlands bis 2050. Ergebnisse der 11. koordinierten Bevölkerungsvorausberechnung. Elektronische Auswertung. Wiesbaden.

Statistisches Bundesamt (2006b): Bevölkerung Deutschlands bis 2050. Übersicht der Ergebnisse der 11. koordinierten Bevölkerungsvorausberechnung – Varianten und zusätzliche Modellrechnungen. Wiesbaden.

Statistisches Bundesamt (2006c): Ergebnisse der 11. koordinierten Bevölkerungsvorausberechnung auf Bundeslandebene. Elektronische Sonderauswertung. Wiesbaden.

Steria Mummert Consulting AG (2008): Branchenkompass 2008 - Kreditinstitute, Hamburg.

Stiele, M. (2008): Wettbewerb im Bankensektor - Eine Untersuchung unter besonderer Berücksichtigung des Wettbewerbsverhaltens der Sparkassen, Wiesbaden.

Stern, K. (1999): Die institutionellen Grundlagen der Sparkassenorganisation. In: Sparkasse, Heft 9/09, 470-475.

Stern, K. und Nierhaus, M. (1992): Regionalprinzip und Sparkassenhoheit im europäischen Bankbinnenmarkt, Frankfurt am Main.

Stoto, M. (1983): The Accuracy of Population projections. Journal of the American Statistical Association, 78: 13-20.

Varmaz, A. (2006): Rentabilität im Bankensektor - Identifizierung, Quantifizierung und Operationalisierung werttreibender Faktoren, Wiesbaden.

Vesala, J. (2007): Switching costs and relationship profits in bank lending. Journal of Banking & Finance, 31(2), 477-493.

von Auer, L. (2007): Ökonometrie. Eine Einführung, 4. Auflage, Berlin u.a.

Winker, P. (2006): Empirische Wirtschaftsforschung, 2. Auflage, Berlin u.a.

White, H. (1980): A heteroskedasticity-consistent covariance matrix estimator and a direct test for heteroskedasticity. Econometrica 48: 817–830.

Datenquellen

AGV-Banken - Arbeitgeberverband des privaten Bankgewerbes [Beschäftigtenstatistik] 2010. Beschäftigte im Kreditgewerbe 2000 bis 2009 aufgeschlüsselt nach Bankengruppen. Online verfügbar unter: http://www.agvbanken.de/AGVBanken/Statistik/_doc_Statistik/Statistik_Beschäftigte.pdf
(Letzer Zugriff: 07.12.2010)

DBB-Deutsche Bundesbank [Bankstellenstatistik] 2001-2010. Online verfügbar unter:
http://www.bundesbank.de/bankenaufsicht/bankenaufsicht_dokumentation_statistiken.php.
(Letzer Zugriff: 07.12.2010)

DBB-Deutsche Bundesbank [Bankstellenstatistik, detailliert] 2004. Regionale Sonderauswertung der Bankstellenstatistik auf Kreisebene.

DBB-Deutsche Bundesbank [Bankenstatistik]. Online verfügbar unter:
http://www.bundesbank.de/statistik/statistik_banken.php
(Letzer Zugriff: 07.12.2010)

DBB-Deutsche Bundesbank [Depotstatistik] 2005-2010. Wertpapier-Kundendepots bei einzelnen Bankengruppen (Stand 06/2010). Online verfügbar unter:
http://www.deutsche-bundesbank.de/statistik/statistik_veroeffentlichungen_sonderveroeffentlichungen.php#sonder9
(Letzer Zugriff: 07.12.2010)

DBB – Deutsche Bundesbank [Ertragslage] 2009. Die Ertragslage der deutschen Kreditinstitute - Relative Bedeutung wichtiger Ertrags- und Aufwandspositionen für einzelne Bankengruppen (Stand 09/2009). Online verfügbar unter:
http://www.bundesbank.de/download/statistik/bankenstatistik/guv_tab2.pdf
(Letzer Zugriff: 07.12.2010)

Gesetze und sonstige Rechtsquellen

KWG-Gesetz über das Kreditwesen. Online verfügbar unter: http://bundesrecht.juris.de/kredwg/index.html (Letzer Zugriff: 09.12.2010)

MuSa-Hessen - Mustersatzung für kommunale Sparkassen in Hessen vom 27.01.2010. Online verfügbar unter: http://starweb.hessen.de/cache/STANZ/2010/08.pdf (Letzer Zugriff: 09.12.2010)

NSpG-Niedersächsisches Sparkassengesetz vom 14.12.2004. Online verfügbar unter: http://www.mf.niedersachsen.de/download/1462 (Letzer Zugriff: 09.12.2010)

Satzung der Sparkasse Darmstadt vom 1.7.2010. Online verfügbar unter: https://www.sparkasse-darmstadt.de/pdf/AGB/satzung.pdf?IFLBSERVERID=IF@@044@@IF. (Letzer Zugriff: 09.12.2010)

Sparkassengesetz für Baden-Württemberg vom 19.07.2005. Online verfügbar unter: http://www.landesrecht-bw.de/jportal/?quelle=jlink&query=SparkG+BW&psml=bsbawueprod.psml&max=true&aiz=true (Letzer Zugriff: 09.12.2010)

Sparkassenverordnung Sachsen (Fassung 2003). Online verfügbar unter: http://www.osv-online.de/der_verband/ueber_uns/rechtsgrundlagen/SpkVO-Sachsen.pdf (Letzer Zugriff: 09.12.2010)

ThürSpkG – Thüringer Sparkassengesetz vom 19.07.1994 (letzte Änderung 23.10.2007). Online verfügbar unter: http://th.juris.de/th/gesamt/SparKG_TH.htm (Letzer Zugriff: 09.12.2010)

Sonstige Internetquellen

VÖFS- Verband der Deutschen Freien Öffentlichen Sparkassen e.V.: http://www.verband-freier-sparkassen.de/ [Letzer Zugriff: 09.12.2010]

OpenGeoDB Geokoordinatendatenbank: http://opengeodb.hoppe-media.com/index.php. [Letzter Zugriff am 6.7.2009].

Postleitzahlenzuordnung zu Kreisen: http://www.manfrin-it.com/postleitzahlen/plz.html [Letzter Zugriff am 6.7.2009].

Deutsche Post – Postleitzahlensuche: http://www.postdirekt.de/plzserver/ [Letzter Zugriff am 6.7.2009].

Statistisches Bundesamt – Gemeindeverzeichnis: http://www.destatis.de/gv) [Letzter Zugriff am 6.7.2009].

Anhang

Korrelationsmatrizen

A1. Aggregierter Datensatz der ostdeutschen Sparkassen

Korrelation nach Pearson

	DB II	Y	DP	DL	SE	TE	DPB	DK	SP
DB II	1								
Y	0,2598	1							
DP	0,0211	0,031	1						
DL	0,2425	0,0693	0,0362	1					
SE	0,4193	0,2639	-0,0195	0,0044	1				
TE	0,0849	0,0126	-0,0014	0,0011	0,038	1			
DPB	0,2225	0,0961	-0,0049	0,0042	0,106	0,0288	1		
DK	0,183	0,0967	-0,0097	0,0079	0,0912	0,0026	0,167	1	
SP	0,589	0,1313	-0,0254	-0,0282	0,1723	0,0275	0,1363	0,1265	1

Rangkorrelation nach Spearman (n=1.923.154)

	DB II	Y	DP	DL	SE	TE	DPB	DK	SP
DB II	1								
Y	0,5868	1							
DP	0,0476	0,0611	1						
DL	0,2063	0,0852	0,1115	1					
SE	0,6447	0,6322	-0,2724	-0,0744	1				
TE	0,0406	0,0129	-0,0024	-0,0071	0,0302	1			
DPB	0,2259	0,1352	-0,0087	-0,0196	0,1888	0,0019	1		
DK	0,1514	0,1199	-0,0457	0,0084	0,1321	-0,0062	0,2036	1	
SP	0,4611	0,1051	-0,125	-0,1221	0,2493	0,0047	0,1725	0,1115	1

A.2 Aggregierter Datensatz der westdeutschen Sparkassen

Korrelation nach Pearson

	DB II	Y	DP	DL	SE	TE	DPB	DK	SP
DB II	1								
Y	0,1218	1							
DP	0,1745	0,0473	1						
DL	0,5698	0,0561	0,1318	1					
SE	0,2002	0,3179	0,0137	0,0421	1				
TE	0,0717	0,0414	0,0185	0,0172	0,4174	1			
DPB	0,2237	0,1309	0,0176	0,0402	0,1105	0,0682	1		
DK	0,1174	0,0357	-0,0002	0,0057	0,0387	0,0499	0,0636	1	
SP	0,3107	0,0488	-0,0046	-0,0096	0,1497	0,0238	0,0304	0,0583	1

Rangkorrelation nach Spearman (n=549.331)

	DB II	Y	DP	DL	SE	TE	DPB	DK	SP
DB II	1								
Y	0,6248	1							
DP	0,2099	0,1678	1						
DL	0,4032	0,1977	0,2475	1					
SE	0,5455	0,6688	-0,3003	0,0196	1				
TE	0,1528	0,0928	-0,043	-0,0149	0,1332	1			
DPB	0,2745	0,1924	-0,0382	0,0191	0,2402	0,1831	1		
DK	0,1732	0,1338	-0,0182	0,0402	0,129	0,0516	0,1931	1	
SP	0,3379	0,2193	-0,1484	-0,0509	0,2734	0,1308	0,1739	0,1103	1

A.3 Gesamtdatensatz

Korrelation nach Pearson

	DB II	Y	DP	DL	SE	TE	DPB	DK	SP
DB II	1								
Y	0,1647	1							
DP	0,1242	0,0429	1						
DL	0,4421	0,0554	0,1197	1					
SE	0,3094	0,2863	0,0044	0,0265	1				
TE	0,0591	0,0354	0,0181	0,018	0,2908	1			
DPB	0,1904	0,1199	0,0168	0,0386	0,0907	0,0678	1		
DK	0,1509	0,0567	-0,0025	0,0053	0,0668	0,0331	0,0676	1	
SP	0,4534	0,0776	-0,0093	-0,0169	0,1619	0,0176	0,0405	0,0963	1

Rangkorrelation nach Spearman (n=2.472.485)

	DB II	Y	DP	DL	SE	TE	DPB	DK	SP
DB II	1								
Y	0,5948	1							
DP	0,0866	0,083	1						
DL	0,2597	0,1046	0,1481	1					
SE	0,6175	0,6486	-0,2763	-0,0599	1				
TE	0,0791	0,0265	-0,0192	0,0044	0,0497	1			
DPB	0,2375	0,147	-0,0157	-0,006	0,1986	0,0845	1		
DK	0,1556	0,1277	-0,04	0,0111	0,1364	0,0096	0,1991	1	
SP	0,4322	0,1351	-0,1295	-0,1066	0,2549	0,0477	0,171	0,1129	1

SCHRIFTEN ZUR WIRTSCHAFTSTHEORIE UND WIRTSCHAFTSPOLITIK

Herausgegeben von Klaus Beckmann, Michael Berlemann, Rolf Hasse, Jörn Kruse, Franco Reither †, Wolf Schäfer, Klaus W. Zimmermann †

Band 1 Lars Bünning: Die Konvergenzkriterien des Maastricht-Vertrages unter besonderer Berücksichtigung ihrer Konsistenz. 1997.

Band 2 Andreas Henning: Beveridge-Kurve, Lohnsetzung und Langzeitarbeitslosigkeit. Eine theoretische Untersuchung unter Berücksichtigung des Insider-Outsider-Ansatzes und der Entwertung des Humankapitals. 1997.

Band 3 Iris Henning: Die Reputation einer Zentralbank. Eine theoretische Untersuchung unter besonderer Berücksichtigung der Europäischen Zentralbank. 1997.

Band 4 Rüdiger Hermann: Ein gemeinsamer Markt für Elektrizität in Europa. Optionen einer Wettbewerbsordnung zwischen Anspruch und Wirklichkeit. 1997.

Band 5 Alexander Tiedtke: Japan und der Vorwurf des Trittbrettfahrerverhaltens in der US-amerikanisch-japanischen Allianz. 1997.

Band 6 Wolfgang Grimme: Ordnungspolitisches Konzept der Regionalpolitik. Darstellung der Defizite und des Reformbedarfs der Regionalpolitik am Beispiel Mecklenburg-Vorpommerns. 1997.

Band 7 Christian Ricken: Determinanten der Effektivität der Umweltpolitik. Der nationale Politikstil im Spannungsfeld von Ökonomie, Politik und Kultur. 1997.

Band 8 Christian Schmidt: Real Convergence in the European Union. An Empirical Analysis. 1997.

Band 9 Silvia Marengo: Exchange Rate Policy for MERCOSUR: Lessons from the European Union. 1998.

Band 10 Jens Kleinemeyer: Standardisierung zwischen Kooperation und Wettbewerb. Eine spieltheoretische Betrachtung. 1998.

Band 11 Stefan M. Golder: Migration und Arbeitsmarkt. Eine empirische Analyse der Performance von Ausländern in der Schweiz. 1999.

Band 12 Stefan Kramer: Die Wirkung einer Internationalisierung des Yen auf die japanischen Finanzmärkte, die japanische Geldpolitik und die Usancen der Fakturierung. 1999.

Band 13 Antje Marielle Gerhold: Wirtschaftliche Integration und Kooperation im asiatisch-pazifischen Raum. Die APEC. 1999.

Band 14 Tamim Achim Dawar: Deutsche Direktinvestitionen in Australien. Eine Evaluation der theoretischen Erklärungsansätze und der Standortattraktivität des Produktions- und Investitionsstandortes Australien. 1999.

Band 15 Hans-Markus Johannsen: Die ordnungspolitische Haltung Frankreichs im Prozeß der europäischen Einigung. 1999.

Band 16 Annette Schönherr: Vereinigungsbedingte Dimensionen regionaler Arbeitsmobilität. Wirkungen unter analytisch einfachen Bedingungen und potentielle individuelle Migrationsgewinne in Deutschland nach der Vereinigung. 1999.

Band 17 Henrik Müller: Wechselkurspolitik des Eurolandes. Konfliktstoff für die neue währungspolitische Ära. 1999.

Band 18 Lars H. Wengorz: Die Bedeutung von Unternehmertum und Eigentum für die Existenz von Unternehmen. Eine methodenkritische Analyse der Transformation des Wirtschaftssystems in Russland. 2000.

Band 19 Eckart Bauer: Konzeptionelle Grundfragen eines Kinderleistungsausgleichs im Rahmen einer umlagefinanzierten zwangsweisen Rentenversicherung. 2000.

Band 20 Hubertus Hille: Enlarging the European Union. A Computable General Equilibrium Assessment of Different Integration Scenarios of Central and Eastern Europe. 2001.

Band 21 Tobias Just: Globalisierung und Ideologie. Eine Analyse der Existenz und Persistenz von Partisaneffekten bei zunehmender Internationalisierung der Märkte. 2001.

Band 22 Simone Claber: Großbritannien und die Europäische Integration unter besonderer Berücksichtigung ordnungspolitischer Aspekte. 2002.

Band 23 Silvia Rottenbiller: Essential Facilities als ordnungspolitisches Problem. 2002.

Band 24 Peggy Dreyhaupt von Speicher: Die Regionen Polens, Ungarns und der Tschechischen Republik vor dem EU-Beitritt. Interregionale Disparitäten, Bestimmungsfaktoren und Lösungsansätze. 2002.

Band 25 Gerhard Rösl: Seigniorage in der EWU. Eine Analyse der Notenbankgewinnentstehung und -verwendung des Eurosystems. 2002.

Band 26 Jörn Quitzau: Die Vergabe der Fernsehrechte an der Fußball-Bundesliga. Wohlfahrtsökonomische, wettbewerbspolitische und sportökonomische Aspekte der Zentralvermarktung. 2003.

Band 27 Małgorzata Stankiewicz: Die polnische Telekommunikation vor dem EU-Beitritt. 2003.

Band 28 Sarah Schniewindt: Einführung von Wettbewerb auf der Letzten Meile. Eine ökonomische Analyse von Netzinfrastruktur und Wettbewerbspotential im Teilnehmeranschlussbereich. 2003.

Band 29 Jens Bruderhausen: Zahlungsbilanzkrisen bei begrenzter Devisenmarkteffizienz. Ein kapitalmarkttheoretischer Ansatz. 2004.

Band 30 Philip Jensch: Einkommensteuerreform oder Einkommensteuerersatz? Alternative Ansätze einer Reform der direkten Besteuerung unter besonderer Berücksichtigung steuerpraktischer Gesichtspunkte. 2004.

Band 31 Karsten J. Adamski: Mikroanalyse eines Grundrentenkonzeptes der Alterssicherung. Eine empirische Studie zur Wirkung einer Grundrente auf Basis des Sozioökonomischen Panels. 2004.

Band 32 Sven Schulze: Anreizwirkungen und Arbeitsmarkteffekte der Ausgestaltung einer Arbeitslosenversicherung. 2004.

Band 33 Alkis Henri Otto: Makroökonomische Effekte der Direktinvestitionen. 2005.

Band 34 Stefan Hardege: Informationstechnologische Entwicklung und der Schutz von Verfügungsrechten für Informationsgüter. Eine ökonomische Analyse zur Ausgestaltung des Urheberrechts. 2006.

Band 35 Christoph Kimmel: Vermögenspreisinflation als wirtschaftspolitische Herausforderung. 2008.

Band 36 Axel Czaya: Das Europäische Normungssystem aus der Perspektive der Neuen Institutionenökonomik. 2008.

Band 37 Jana Brandstätter: International divergierende demographische Entwicklungen und internationale Kapitalbewegungen. 2008.

Band 38 Annette Olbrisch: Die Zinsmarge und ihre Determinanten. Eine theoretische und empirische Analyse unter besonderer Berücksichtigung von Protektion im Bankensektor. 2009.

Band 39 Hien Phuc Nguyen: National Competitiveness of Vietnam: Determinants, Emerging Key Issues and Recommendations. 2009.

Band 40 Heiko Geruschkat: Zur Ökonomie politischer Systeme. 2010.

Band 41 Reto Schemm-Gregory: Europa als ein Club voller Clubs. Eine clubtheoretische Betrachtung des politischen Systems der Europäischen Union. 2010.

Band 42 Cordula Wandel: Industry Agglomerations and Regional Development in Hungary. Economic Processes during European Integration. 2010.

Band 43 Klaus Beckmann / Christian Müller / Katrin Röpke (Hrsg./eds.): Politikberatung für Marktwirtschaft in Transformationsstaaten: Grundlagen, Visionen und Anwendungen. Policy Advice on the Social Market Economy for Transformation Economies: Principles Vision, and Applications. 2010.

Band 44 Elena Pavlova: Interest-Rate Rules in a New Keynesian Framework with Investment. 2011.

Band 45 Marco Oestmann: Bankertrag und Bevölkerungsdynamik. Eine empirische Untersuchung für deutsche Sparkassen. 2014.

www.peterlang.com

www.ingramcontent.com/pod-product-compliance
Ingram Content Group UK Ltd.
Pitfield, Milton Keynes, MK11 3LW, UK
UKHW021822290926
8980IPUK00004B/223

9 783631 619360